本研究得到教育部人文社会科学青年基金项目（项目号：17YJC740113）
"认知视角下聋人手语与汉语习得实证研究"资助

A Study on Chinese Acquisition and Teaching of Deaf Students
from the Cognitive Perspective

认知视角下
聋人学生汉语习得与教学研究

张　帆◎著

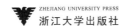
浙江大学出版社

图书在版编目(CIP)数据

认知视角下聋人学生汉语习得与教学研究 / 张帆著.
—杭州:浙江大学出版社,2019.6
ISBN 978-7-308-19219-4

Ⅰ.①认… Ⅱ.①张… Ⅲ.①汉语－聋哑教育－教学
研究 Ⅳ.①H193

中国版本图书馆 CIP 数据核字(2019)第 117428 号

认知视角下聋人学生汉语习得与教学研究

张　帆 著

责任编辑	周　群
责任校对	杨利军　陈　欣
封面设计	海　海
出版发行	浙江大学出版社
	（杭州市天目山路 148 号　邮政编码 310007）
	（网址:http://www.zjupress.com）
排　　版	浙江时代出版服务有限公司
印　　刷	虎彩印艺股份有限公司
开　　本	710mm×1000mm　1/16
印　　张	18.5
字　　数	306 千
版 印 次	2019 年 6 月第 1 版　2019 年 6 月第 1 次印刷
书　　号	ISBN 978-7-308-19219-4
定　　价	74.00 元

前　言

聋人可以不说汉语,但不能不写汉语。聋人的语言学习问题很复杂,他们既要掌握第一语言——手语,还要学习主流社会的语言,如汉语书面语。在语言学习历程中,他们付出了比健听人更多的努力。无数聋人教育参与者,包括聋人学生(以下简称"聋生")自己、教师、家长以及特殊教育研究者,都在不断地探索如何提高聋人语言水平的问题。随着心理学、教育学、语言习得研究的不断深入,人们越来越意识到,聋生学习汉语具有将汉语作为第二语言学习的特点,可以将与二语学习相关的心理学、教育学成果应用于聋生汉语教学,探索聋生汉语学习的认知特点与规律,在此基础上开展有的放矢的教学。

20世纪70年代末80年代初,一些西方学者开始应用认知心理学的信息加工概念、模型和方法对英语作为第二语言习得的问题展开研究。80年代初,我国心理学家也开始引进认知心理学理论,并应用认知方法开展汉语习得研究,在汉语作为第二语言习得的语音、字词、句法等领域取得了诸多进展,但有关汉语作为第二语言的聋生汉语认知研究却比较贫乏。为什么聋生学习汉语要比健听学生困难得多? 汉语,一种有时间顺序性的有声语言,在聋人的认知中是如何与手语这种空间语言建立对应关系的? 基于以视觉为主的认知习惯和手语实践发展起来的认知策略,是怎样影响聋人大脑中语言的处理过程的? 应进行怎样的汉语课程改革以满足聋生语言学习的特殊需求,并落地为课堂教学实践? 上述问题一直在笔者脑中盘旋,教学中遇到的困惑又时时鞭策笔者做更深的思考。

结合语言学、心理学、教育学相关理论和自身教学实践,笔者对近些年聋生汉语习得与教学研究的思考进行了梳理,以"语言—习得—教学"为整体思路,构建本书的研究框架,设计了五章内容。第一章为绪论,围绕"聋生学汉语具有二语习得性质"这一基本问题展开讨论,介绍了研究背景、相关概念以及主要研究方法。第二章"手语与作为聋生第二语言的汉语习得",从手语本体研究出发,阐述在视觉主导的空间认知策略下,手语和汉语转译中凸显出的"省略""倒装""重复"三种句法变换关系及其对聋生汉语学习的影响。第三章"认知视角下聋生汉语习得研究",介绍了国内外聋生汉语习得研究的新进展,运用心理学实验研究方法,从汉字、词汇、句子等不同层面探讨聋生汉语学习的认知特点和规律。汉语认知与习得研究的最终目的应该是服务于教学,因此在第四章、第五章,笔者结合多年来的教学经验,提出将认知成果应用于课程改革的设想与思路,给出具体的教学案例,开展基于聋生汉语学习特点的教学实践。

　　为推进这项研究,课题组申报了"认知视角下聋人手语与汉语习得实证研究"课题,并立项为教育部人文社科青年基金项目(项目号:17YJC740113)。在书稿撰写过程中,得到了浙江特殊教育职业学院领导的支持和鼓励,也得到了学院教科研基金的资助,在此一并致以诚挚的感谢。聋生汉语教学领域尚有许多问题亟待解决,希望本书能抛砖引玉,吸引更多的同行来关注该项研究。由于笔者水平有限,书中错误在所难免,敬请读者和相关专家不吝指正!

目　录

第一章 绪 论

第一节 研究背景

大量调查表明,与健听人相比,聋人的读写能力普遍较差,汉语能力低下。聋人学生(以下简称"聋生")汉语书面语水平落后于同龄健听学生(以下简称"听生"),步入社会之后存在诸多交往困难,以至影响其工作、生活乃至后续的生存与发展。聋生语言水平存在较大个体差异,这种差异与听力损失的程度、听力残疾发生的年龄、入学年龄、家庭教养方式、学校教育等多种因素相关。从学校教育角度看,提高聋生汉语读写能力、笔谈与沟通能力,既是聋教育汉语教学的根本目的,也是聋教育工作者的使命。研究聋生汉语习得与教学问题,首先要界定手语的语言地位,在此基础上讨论聋生汉语学习的二语习得性质,以及是否应以"二语习得观"为指导开展聋生汉语教学实践。

一、手语的语言地位

本书所讨论的"中国手语"(Chinese sign language)(以下简称"手语")是指中国聋人使用的,有独立语法体系的一种自然语言,即通常所说的中国聋人的"自然手语"(native sign language),而不是将汉语手势化的"手势汉语"(signed Chinese)。语言观决定习得观,习得观决定教学观,这三者之间互相联系、互相影响,并最终决定如何将语言学理论应用到二语教学中去。在聋教育领域,一百多年来,人们对手语是否具有独立语言属性这一问题曾有过长期争议,直至 20 世纪末 21 世纪初,国内学者们才达成初步共识。对于手语语言性质的讨论,不外乎两种观点:一种持肯定态度,认可手语的独立语言地位,将其视为一种与有声语言并列的视觉语言;一种持否定态度,否认手语的独立语言属性。

聋人使用的手语究竟是一种怎样的语言? 手语是否具有语言学意义上的独立语言属性? 对手语语言学属性持否定态度的主要有两种观点。一种是依据词典中对"语言"的定义——"人类所特有的用来表达意思、交流思想的工具,是一种特殊的社会现象,由语音、词汇和语法构成一定的系统"[①],认为语言是音义结合的符号系统,手语没有语音,怎么能称为"语言"呢? 另一种观点也被民众普遍接受:手语不就是一些手势符号的简单比划,或是一些具体物象的模拟吗?

复旦大学龚群虎教授在《手语问题讲话》中曾有过这样的解释:每一种语言都是某个特定民族或群体为了交际而约定俗成的符号系统,缺失听力的聋人丧失了听觉渠道的沟通方式,他们自然而然地使用了视觉渠道,在交往过程中,聋人群体内部自然产生了手势语言。手语没有声音,手语语言系统是以"视觉—动作"的管道而不是"听觉—发声"的管道作为沟通载体的。也就是说,与有声语言一样,手语也属于人类语言中的一种,无非使用了不同的符号系统。[②] 那么,有声语言的"语音"在手语中对应的是什么呢? 1960 年,手语语言学之父、美国学者威廉·C. 斯多基(William C. Stokoe)发表了第一篇美国手语研究专论——《手语的构造》(*Sign Language Structure*),他发现手势的构成好似有声语言中的语音系统,手势和口语中的单词一样,也可以分解成更小的语音单位,有声语言中的"语音"在手语中也有相应的单位:语形(handshape)。汉语的语音可以切分为更小的单位,如音节、音素、音位,相应地,聋人手语中的"语音"单位——语形也可以从手形、位置、运动、方向等要素出发做进一步的切分。

认知神经科学、生理病理学研究者对"手语是一些手势符号的简单比划"提出批驳。关于聋人大脑皮层功能的脑电研究证实:在接近中枢神经的高层次脑系统中,口语和手语共用大量的神经区域,手语和口语

---

① 中国社会科学院语言研究所词典编撰室. 现代汉语词典[M]. 7 版. 北京:商务印书馆,1997:1539.

② 龚群虎. 中国聋人语言及语言教育问题[M]//沈玉林,吴安安,褚朝禹. 双语聋教育的理论与实践. 北京:华夏出版社,2005:41-47.

绝大多数的功能区是重叠的，语言优势半球均为左侧半球，左侧半球的布洛卡区和威尼克区对手语起着关键的作用，而右侧负责视觉–空间能力的大脑半球对支持手语的作用不大[①]；手语、口语不同的语言加工方式会激活同样的脑区[②]。虽然在感觉末端，手语和口语的初级处理通道有别[③]。手语不是简单的手势符号，它具有人类自然语言所具备的基本要素与功能。

　　20 世纪 60 年代之前，在美国，聋人使用的手语一直被认为是一种支离破碎的、简化的英语语言形式，是一种视觉接收的手势代码英语，手势也被认为是无法分析的一个整体，且没有内在的结构。威廉·C.斯多基之后，手语语言学界尝试用手形、位置、运动、方向这四种参数的不同组合来描述和记录各种手势，就好像是手语的书面符号系统一样，美国手语的语言学特征得以凸显。70 年代以来，语言学家对美国手语语言学特征的研究，再加上许多富有影响力的手语著作的出版，有力地改变了人们对美国手语的错误认知，手语不再以简化而支离破碎的视觉英语的形式现身，而是一种复杂、富有生机的自然语言，和世界上所有的口头语言一样，具有自身独立的语法体系。在国内，近二十年来，以复旦大学龚群虎教授和香港中文大学邓慧兰教授为代表的研究团队对中国手语的系列研究成果也表明：中国手语不以汉语为基础，中国手语构词的象形特征并不能否认手语的抽象性；手语与汉语一样可以表达细微的情感与抽象的概念；手语词汇量的多少与聋人个体的社会生活实践相关；手语词与汉语词相似，都有单纯词和合成词；手语有省略、倒装、否定词前置、动宾一体、类标记等不同于汉语的语法现象；手语没有书面语形式；世界各国的手语不是通用的。这些结论在国内手语语言学界已达成初步共识。

二、聋生学汉语具有二语习得性质

　　如果承认手语的独立语言属性，那么对语前聋人来说，汉语就是他们需要通过学校教育学习并掌握的第二语言。所谓语前聋人，一般是指

[①] 方俊明,何大芳.中国聋人手语脑功能成像的研究[J].中国特殊教育,2003(2):50-57.

[②] 李俊宏,丁国盛.手语和口语理解及产生的脑机制对比[J].心理科学进展,2013(9):1560-1569.

[③] Hickok G, Bellugi U, Klima E S.人脑如何处理语言[J].秦心月,译.科学,2001(9):38-45.

耳聋发生在两岁半之前的聋人，也包括先天聋人。除特别说明外，本书研究对象所指的"聋生"均为语前聋人学生，他们自幼丧失听力，他们因交往所需在家庭内部自然发展出一套手势符号系统；手语是第一语言，汉语是目的语，是他们正在学习并希望掌握的第二语言。这似乎和以往人们对"第二语言"概念的理解有很大不同。人们通常把学会了本国语言（如汉语）之后再学习其他国家的语言（如英语）的学习称为二语学习，人们也常常假设作为本国语言的汉语通用语应该是本国人民的第一语言，是母语。可是对聋人而言，汉语是他们进入学校之后才开始学习的语言，从这个角度说，他们的汉语学习与我国少数民族地区儿童学习汉语有相近之处。

那么，对聋生来说，步入学校教育之后，他们的汉语学习与听生有何不同呢？张宁生教授对此曾有过较为全面的论述。他指出，与听生相比，聋生的语言学习特点主要表现在如下方面[①]：

第一，掌握语言与文字的顺序不同。人类的种族发展或个体发展，都是语言先于文字，凡听觉正常的人都如此。但聋生与此不同，聋生无论是学习发音还是说话，以至系统地掌握一种语言，总是结合着发音符号、文字、篇章等书写形式来学习的。听生是"先语后文，由语及文"，即通过语言来学文字，"语"是"文"的基础；聋生是"文语并进，依文学语"，即通过文字来学语言，"文"是"语"的支架。听生进入学校教育后的语言学习，只要把声音符号转换成文字符号就行，但聋生没有有声语言的基础，对汉语书面语的学习也就特别吃力了。

第二，语言学习的途径特殊。听生的语言是在日常生活中通过口耳相传自然形成的，聋生的语言主要是在教学情境中专门培养的。在教学活动中学习语言，缺乏生活情境的真切感。教学活动中要学习的那些词，可能并非由交际需要引发，而只是教学内容的规定。即便是组织得再好的课堂教学，也只是生活情境的部分模拟。这就导致聋生在学校学习了一年之后，可能还不清楚"透明"是什么意思，把"马虎"误解成"马"和"虎"的组合，把"五环"简单地理解成"五个圆"。

第三，语言的学习与使用脱节。听生的语言学习与使用是融为一体的，语言是交际的工具，他们在交际中学习并使用语言。可聋生汉语学

---

① 张宁生.教学实践中耳聋儿童学习语言的某些特点[J].心理学报,1980(4):390-396.

习活动往往局限在课堂内,他们口谈不能、笔谈不便,课后还是以手语交流为主,这就导致聋生的语言学习与使用脱节,制约了其语言与思维能力的发展。与同龄听生相比,聋生头脑中缺乏音义联系,缺乏触类旁通的能力。例如五六岁的健听儿童听到"汽车"一词后,能随口说出"客车""卡车""救护车""警车""公交车",在概念之间建立联系,但这对聋生来说非常困难,他们缺乏举一反三、将词根不断组成新词的能力,这些词在聋校汉语教学中需要一个个地教。

第四,手语对书面语学习有影响。聋生的第一语言(手语)对第二语言(汉语书面语)的学习会产生影响,这是毫无疑问的。以往的研究多从手语对书面语的负面作用出发,认为手语的词汇、语法和作为有声语言的汉语之间存在较大差异,这种差异造成聋生汉语学习困难,这也是很多聋人教育工作者、家长、政策制定者反对聋人学习手语的原因之一。但随着不同背景二语习得者中介语语料调查的推进以及新的研究成果的出现,人们逐渐认识到:第一语言对第二语言的学习具有促进作用,第一语言学习所获得的背景知识能帮助对第二语言的理解;对第一语言的"借用"可以帮助第二语言环境中交际任务的达成。人们应该辩证地看待手语对书面语学习的影响。

三、"手口之争"

习得观决定教学观。如果从第二语言学习的角度来看待聋生的汉语学习,用"二语习得观"来指导聋生汉语教学,聋生汉语教学"少、慢、差、费"的现象可能会大为改观。可世界上任何事物的发展都不是一帆风顺的,作为新生事物,聋教育近百年来走过了一条曲折起伏的道路,直至21世纪初这场"手口之争"才逐渐平息。对于聋生应通过何种途径学习本国语,教师应以何种方法开展聋生汉语教学,历史上有过很大的分歧:一种观点认为,聋生汉语教学应以"口语教学法"为主,学习汉语的最佳效果是让聋儿开口能言,能与听人一样用口语交流。与之针锋相对的观点是,听人社会应跳出以听人习惯为中心的思维模式,不应该从病理角度来看待有听力障碍的人,不能以聋人本不具备的"辨音""发声"等生理能力来要求聋人,这对聋人而言是难以达成的学习目标。因此,强调尊重聋人手语的母语地位,让聋生学会手语,以手语为中介掌握其所在国的主流语言,具备对本国语的读写能力才是聋教育的主要目标。

1880年,对聋教育领域具有重要影响的国际聋教育大会(ICED)在意大利米兰召开,会议通过了重要决议:"聋童在学习语言时,口语教学法远比手语教学法更能获得完整的认知,教导聋童时应使用口语教学法。口语和手语并用对读唇、说话及清晰的思维会有不利影响。"①会议通过的独尊口语而排斥手语的决议,给世界各地的聋教育带来严重影响,手语教学受到了沉重打击。在此历史背景下开端的中国聋教育,深受口语教学法的影响,唯口语是尊。1887 年,美国传教士梅耐德(Annetta T. Mills)在我国山东登州府(今山东省蓬莱市)建立了中国第一所聋校,命名为"启喑学馆"。"启喑"意即"启导聋人开口说话"。梅耐德还根据美国贝尔字母编写了属于口语教学体系的教材《启哑初阶》,倡导以读唇、发音为主的教学法。

　　20 世纪 80 年代以来,随着聋人自我意识的不断觉醒,聋人文化在欧美等发达国家广泛传播,聋人文化活动此起彼伏。美国聋文化鲜活地表现在很多城市的聋文化节庆中,并通过聋人艺术、手语故事及聋人话剧等方式来呈现。与此同时,美国、丹麦、挪威等一些欧美发达国家聋教育逐步推行双语双文化教学,并获得成功。文化学者与人类学者发出共同呼吁,应让不同的族群及文化在人类文明发展的进程中找到共存之道,所谓的"回归主流社会"应建立在尊重聋人的语言选择权基础上。1988年,世界上唯一一所综合性的聋人大学——美国加劳德特(Gallaudet)大学爆发大规模的学生游行,学生们通过抗议示威,罢免了不懂手语的听人校长,并任命聋人校长候选人金·乔丹(King Jordan)博士担任该校校长。金·乔丹成为历史上第一位聋人校长。

　　2010 年,第 21 届国际聋教育大会在加拿大温哥华举行,该届会议的主题是"走进聋人参与和合作的新时代"。大会宣言提到,全球各地有许多聋人公民长期以来一直面临着同样的处境:社会大众把他们视为残障人士,也就是慈善、医疗和社会保护的对象。这样的观点直接影响了所有被认为是"与众不同的人"(包括聋人),他们不但遭到主流社会的排斥,个人的价值和能力也常被低估。许多国家的聋人公民长期以来都被排斥在社会参与之外,不管是政策的决策、就业机会的取得还是优质教育的接受,都遭到一定程度的剥夺。但各国聋人公民仍然非常积极地提升社会的多元化与创造性,他们促成了自己国家的教育、经济、政治、美

---

① 黄玉枝.开启聋人参与和合作的新世纪:第 21 届世界聋人教育会议(ICED)倡议的省思[J].南屏特殊教育,2010(1):101-110.

术和文学艺术的发展。国际社会必须将聋人社群视为一个具有特殊语言和文化的少数族群,他们是社会整体的组成部分,他们具有不可被剥夺的权利……因此,本次会议反对在 1880 年 ICED 上通过的所有结论。①在这样的国际背景下,口语、手语双语教育及双语沟通法受到重视,手语被广泛应用于课堂教学中,开口能言不再是聋人语言学习能力的首要评价标准。越来越多的聋教育工作者认为:应从聋儿的听力损失程度、心理及认知特点出发,对其进行审慎评估,允许并鼓励聋儿使用第一语言手语作为其学习、思考以及沟通的重要工具,以促进其语言能力和认知能力的发展。汉语教师应给予聋生恰切的教学指导,让他们获得适合自己的沟通方式,具备基本的书面语阅读与理解能力,在聋听之间自如交流。美国聋教育先驱加劳德特(Gallaudet)饱含深情地指出:手语是聋人的自然语言,它有着完整和充足的方式来交流思想和感情,最有经验、最有宽广视野的教师在聋人教育中赞成使用手语,手语是方便聋人进行自由、不受约束的终生社交工具。聋人可以用书写,也可以通过发音和唇读交流,在手语的帮助下,还可以进行更为宽广的思想交流。手语能让聋人在社交圈的对话中获得愉悦和益处,享受相互沟通的自由,让他们忘记自己是聋人。② 总之,没有理由拒绝聋人学习自己的母语,也不可能让聋人脱离手语去掌握一门新的语言。

本书正是基于以上背景展开的一种尝试:认可手语的独立语言属性,从认知视角出发开展聋生汉语习得研究,并以二语习得观为指导开展聋生汉语教学实践。

第二节 相关概念的界定

一、第一语言与第二语言

与"二语习得"密切相关的两个概念是"第一语言"(first language)和

---

① 国际聋教育协会.2010 年世界聋教育大会(ICED)温哥华宣言:走进聋人参与和合作的新时代[EB/OL].(2010-07-22)[2015-11-14].http://www.iced2010.com/.

② Gallaudet E M. The value of the sign-language to the deaf[J]. American Annals of the Deaf,1997(3):27-30.

"第二语言"(second language)。"第一语言"简称"一语",是一个人最早接触、学习并掌握的语言。[①] 中国残疾人联合会统计数据表明,我国目前有听力残疾人 2054 万人,占残疾人总数的 24.16%,数量在各类残疾人中居首位。[②] 另有统计表明,在语言发展之前就有严重听力损失(优势耳听力损失≥70dB)的人约占总人口的千分之一。[③] 如果耳聋发生在两岁半之前,这部分聋人被称为语前聋人。语前聋人可能出生在聋人家庭,父母会打手语;也可能出生在听人家庭,父母均不懂手语。不论父母是否会打手语,聋儿在家庭生活中会因交往所需逐步发展出一套家庭内部手势,随着社会交往范围的扩大,其手语词汇量得以逐步增长。在接受学校教育之前,他们可能已经学习并掌握了一定数量的手语词汇。有学者通过对有声语言和自然手语的比较,得出聋儿手语习得过程与有声语言发展大致相同的结论[④]:第一个阶段为出生后第四至七个月,聋儿开始"咿呀学语";第二个阶段为第八到十八个月左右,聋儿习得相当于独词或整体语的单个手语符号;第三个阶段为第十八个月到两岁左右,聋儿开始使用两个手语单词的组合;第四个阶段为两到三岁,聋儿会出现电报式手语的使用,此时语法功能词还未出现。因此,手语是语前聋人伴随着语言关键期发展起来的自然语言,他们没有经历过有声语言的实践。对语前聋人而言,手语是他们的第一语言。

第二语言简称"二语",是指"在第一语言之后学习的另一种语言"[⑤]。第二语言是相对第一语言而言的,从习得顺序来说,第一语言在前,第二语言在后。汉语是聋生进入学校之后,在正规的课堂环境中学习的语言,是聋人的"第二语言"。

---

① 赵杨.第二语言习得[M].北京:外语与教学研究出版社,2015:3.

② 中国残疾人联合会.2010 年末全国残疾人总数及各类、不同残疾等级人数统计情况[EB/OL].(2012-06-26)[2018-03-04]. http://www. cdpf. org. cnsytjcontent/2012-06/26/content_30399867. html.

③ 李德高.青少年聋生的概念结构:一项语言与认知关系的实验研究[M].广州:暨南大学出版社,2010:1.

④ 国华.自然手语习得与有声语言习得之比较及其启示[J].中国特殊教育,2007(3):21-35.

⑤ 赵杨.第二语言习得[M].北京:外语与教学研究出版社,2015:4.

二、二语习得与汉语习得

二语习得广义上包括自然环境下和课堂教学环境中的第二语言学习。20世纪80年代,著名美国语言教育家克拉申(Steven Krashen)提出了"习得-学习假说",对学习和习得进行了区分。根据这一假说,学习与习得是获得语言的两种不同途径,聋人习得手语是自然状态下潜意识的过程,相对而言,聋人学习汉语需要付出更多的认知资源,是通过课堂教学有意识获取知识的过程。但克拉申提出的这种区分只是从学习环境、学习方式上的一种概念区分,人们无法从学习结果来推断哪些语言知识是自然交际产生的,哪些语言知识是学习积累而成的,两种方式无法截然分离。因此,本书沿用"习得"来泛指聋生习得手语之后的汉语学习活动,对"习得"与"学习"不做严格区分。

1953年,周祖谟在《中国语文》上发表题为《教非汉族学生学习汉语的一些问题》的论文,文中首次提出汉语作为二语教学的基本原则和教学目的,可视为新中国成立以来第一篇全面讨论对外汉语教学理论的论文。如果以此为汉语作为二语习得研究的起点,国内汉语习得研究距今只有六十多年的时间。自此以后,汉语界对汉语作为第二语言研究的关注一直以对外汉语教学为主,研究对象也主要集中在将汉语作为目的语的外国留学生身上,从二语习得视角看聋生的汉语学习还是近十多年来的事。2007年,梁丹丹、王玉珍的《聋生习得汉语形容词程度范畴的偏误分析——兼论汉语作为聋生第二语言的教学》一文发表在《中国特殊教育》杂志上,该文首次提出聋生"汉语习得观",从习得偏误视角对聋生形容词程度范畴习得问题进行探讨。之后,从二语习得视角出发探讨聋生汉语教学问题的成果开始陆续出现[①],但尚未引起学界的足够关注。本书认为,聋人和听人虽然生活在同样的社会文化环境中,但聋人在群体内部是用手语交流,与听人是用汉语书面语沟通,因而聋人是特殊的双语者。对中国聋生而言,二语习得就是指汉语习得。当然,他们还有可

---

① 吕会华.聋人和留学生汉语生造词比较研究[J].中国听力语言康复科学杂志,2008(5):43-45;陈凤芸.试论聋童汉语述宾结构的习得特征[J].中国特殊教育,2008(1):50-55;张帆.基于语料库的高职聋生程度副词使用偏误分析:以"很、更、最、极"为例[J].现代特殊教育,2013(5):35-37;金慧媛,严菁琦,刘海涛.从聋生写作中考察"不"和"没(有)"的习得过程[J].中国特殊教育,2013(8):42-47;陈珂,李本友,孙丽.聋生书面语趋向动词习得研究[J].中国特殊教育,2016(2):43-48.

能要学习第三种、第四种语言,如英语或其他国家的语言。

三、认知与语言认知

认知是心理学概念,指人类对信息进行加工的过程。信息加工观点就是将人脑与计算机进行类比,将人脑看作类似于计算机的信息加工系统,一个具有接收、存储、提取、处理和传递信息功能,并能够主动对信息进行加工的系统。[①] 符号(包括语言符号)是认知加工的操作基础,通过符号的产生、排列和组合,实现信息的输入、输出、贮存、复制,并建立符号结构和条件性迁移。[②] 运用认知心理学的方法,组建人类认知过程的模型,研究语言理解和语言产生,就是语言的认知研究。从大的方面看,语言认知研究主要包括语言的性质与语言认知的关系、语言的感知与理解、语言的产生与发展等内容[③]。

(一)语言的性质与语言认知的关系

认知心理学对语言性质的研究主要从语言学习和认知的角度展开,通过比较不同语言之间的性质来发现其共性和差异。作为一种视觉语言,手语与汉语在形态、语序、虚词的使用等方面都存在着不同的表现形式,本书第二章从手语本体研究出发,揭示手语、汉语在句法结构上的主要差异,为探索聋生语言学习认知特点奠定基础。从认知角度看,使用手语和汉语的儿童都能在一个大致相同的时间段完成语言的习得,这是因为人类语言在本质上是相同的,与人类普遍的认知神经机制存在对应关系。手语与汉语应该存在着共同的、普遍的特征,手语与汉语两种不同性质的语言间还有许多共同的认知规律等待人们去发现。

(二)语言的感知与理解

语言感知是语言理解的基础,对语言的感知包括语音知觉与字词识别。语音在聋生汉字识别过程中是否发挥作用? 从字词形式的分析(如汉字的笔画、部件、整字)到意义的通达过程属于字词识别研究范畴。语言理解是指人们借助于听觉的或视觉的语言材料,在头脑中建构意义的

---

① 彭聃龄.汉语认知研究[M].济南:山东教育出版社,1997:3-7.

② 王甦,汪安圣.认知心理学[M].北京:北京大学出版社,2010:2.

③ 彭聃龄.汉语认知研究[M].济南:山东教育出版社,1997:7-10.

心理过程,是从语言表层结构中提取出深层命题的一个积极的推理过程。① 语言理解大体可分为三个水平,每个水平又有相应的操作和处理:(1)词汇识别与词汇理解,即通过词形或语音通达词汇的意义,在记忆系统的语义网络中激活与词条相对应的某个概念节点;(2)句子理解,依据句子的表层结构建构句子的深层命题;(3)话语或篇章理解,建构句子之间的联系,解释篇章或话语的宏观命题。② 语言的感知与理解问题是汉语作为聋生第二语言习得与教学研究的重点,本书的第三章、第四章主要围绕这个问题展开。

(三)语言的产生与发展

与语言理解相反,语言产生是人们将思想或命题进行编码,通过建构、转换、执行等阶段转换成可被识解的符号系统的过程。第二语言学习者所产生的偏误可能会发生在语言产生过程的某一阶段。本书第三章的聋生汉字习得偏误研究即是在揭示聋生汉语习得过程及习得特点方面所做的一点尝试。语言发展与认知能力紧密相关,研究聋生的手语发展过程、汉语习得过程以及影响其发展的社会环境、年龄等因素,对推动语言障碍诊断与治疗、聋生汉语教学等有重要的参考价值。

四、认知与语言习得

认知与语言习得研究紧密相关,认知视角下的二语习得研究主要在认知加工理论框架下展开,研究二语习得者对语言输入的理解、加工并产生语言输出的心理过程。认知视角下的二语习得研究聚焦于学习者的内部因素,主要研究二语习得者的语言系统、习得过程和习得机制,注重对二语习得者语言系统及习得过程的描写和解释。研究内容主要包括如下方面③:

第一,第二语言学习的关键期研究,也就是学习者应该何时开始学习第二语言。

第二,第二语言学习的脑机制研究。大脑是心理的器官,大脑在第二语言学习中是如何发挥作用的? 第二语言学习会不会对大脑的结构和功能产生影响? 第二语言和第一语言表征的脑机制有没有差异? 大

---

① 冯丽萍.认知视角的对外汉语教学论[M].北京:北京大学出版社,2013:5.
② 冯丽萍.认知视角的对外汉语教学论[M].北京:北京大学出版社,2013:5.
③ 王瑞明,杨静,李利.第二语言学习[M].上海:华东师范大学出版社,2016:39.

脑如何有效控制两种语言的加工？

第三,第二语言学习中的双语记忆表征。个体在学习第二语言的过程中是如何表征两种不同的语言的? 双语者的词汇表征和概念表征之间的联系及形成机制是怎样的?

第四,第二语言学习中的词汇和句法加工。学习者是如何掌握二语词汇的? 二语学习者两种语言的句法如何表征?

第五,第二语言学习中的语言转换。个体学习了第二语言后,经常需要根据不同的谈话对象和使用情境,由所掌握的一种语言转换到另一种语言,那么,聋生在手语、汉语两种不同语码间转换的运作机制是怎样的?

第六,第二语言学习对个体认知发展的影响。如何看待第二语言对个人的认知控制、语言能力及非语言能力的影响?

第七,第二语言学习中的个体差异与教学策略。影响二语习得的因素有哪些? 成功的二语习得者使用了哪些策略技巧?

汉语作为聋生第二语言习得的认知研究尚有大量问题等待人们探讨,并期冀多重背景研究者开展跨领域合作。张积家、李德高等一批国内学者对聋人的语言认知问题已开展了较为深入的研究。从大的方面看,目前研究者普遍认同以下理论假设:使用手语会影响聋人的认知方式、认知途径和过程、认知策略,并影响认知结果。聋生汉语认知与习得研究的最终目的是服务于教学。本研究汲取认知心理学研究成果,以语言认知研究为视角,结合手语汉语的对比分析,开展聋生汉语习得与教学研究,探究聋生的汉语习得特点,更好地为教学服务。因此,本书重点关注手语对汉语习得的影响问题,聋生汉语学习过程中的词汇、句法加工问题,聋生语言认知策略以及应采取的教学策略问题。

五、语言认知研究与认知语言学

20 世纪 70 年代以来,以莱考夫(George Lakoff)为代表的认知语言学家强调研究认知、心智、语言与身体经验之间的关系,强调人类的生理构造、身体经验以及人类丰富的想象力在形成概念、进行推理的认知过程中的重要作用,提出了经验现实主义(experiential realism)认知观,认知科学研究因此被划分为第一代认知科学与第二代认知科学两大阵营。在对语言的根本看法上,认知语言学提出了如下语言假设:一是语言和认知不能分离,语言不是独立存在的系统,而是人类整体认知能力的一部分,其描写必须参照认知过程。二是语言结构与人类的概念知识、身体经验以及话语的功能有关,并以它们为理据。三是句法不是一个自足的组成部分,而是与语义、词汇密不可分的。词汇形态和句法形成一个符号单位的连续统,这个连续统只是任意地被分成了单独的成分;语法结构本质上是符号的,并使概念内容符号化。四是语义不只是客观的真值条件,还与人的主观认识息息相关;用以真值条件为基础的形式语义学来分析语词的意义是不充分的。[①]

但是,语言的认知研究不应排斥经典认知科学取得的成就,不应否认计算机科学、信息加工理论在认知科学发展中的重要价值。实际上,实证主义和心智主义的交替发展一直在推动着认知科学的前进。语言学家经常会批判时间上与自己相近的理论观点,而从离自己较远的理论中汲取养分。拒绝传统认知科学的计算和表征理论并不可取。随着计算机模型的不断优化,计算取向的认知研究正得到越来越多研究者的青睐。人们从语言理论出发建立假设,构架计算模型,研究计算特征,再比较人类行为特征,从而验证或优化语言理论。在人工智能突飞猛进的今天,认知语言学的具身认知、范畴化与原型范畴理论、图式、象似性理论、隐喻转喻等概念与经典认知融合,在两者之间搭建桥梁、建立联系,可以帮助人们更好地逼近语言与认知的本质,推动认识的发展。本书第二章的手语汉语对比研究、第四章的词汇教学研究,引入认知语言学象似性、隐喻、语义焦点、范畴化、概念化、图式等概念,从认知视角分析手语、汉语不同表达方式的成因,探究其背后理据,凸显手语在汉语学习中的重要性,使聋生的汉语学习更加有章可循。

聋教育领域目前对手语的重视与认知语言学所倡导的语言的认知观和体验观是吻合的。认知语言学认为,语言是基于人们对现实世界的"互动体验"和"认知加工"形成的[②]。对聋人来说,他们需要通过对外部世界的互动与体验来学习,手语就是聋人对现实体验性认知的产物,是聋人在体验周围世界的过程中自然习得的一种语言。离开手语,聋人无法体认世界,越早让聋人接触手语,他们就能越早体认世界。对丧失听力的聋人来说,手语是唯一可以迅速学会的语言,因此手语在聋人语言学习中的地位非常重要,是伴随他们一生的语言。

---

① 文旭.认知语言学:诠释与思考[J].外国语,2001(2):30.
② 王寅.认知语言学[M].上海:上海外语教育出版社,2006:10-16.

第三节 研究对象和方法

一、研究对象

据调查,在语言发展前听力就严重损失的聋生在聋人群体中占比较高,他们在交流中主要使用手语①。比如在美国,大约有 78.2% 的聋人仅使用手语进行交流,1.0% 的聋人仅使用口语进行交流,其他 20.8% 的聋人既使用手语也使用口语。② 语前聋人(包括先天聋人),他们在语言关键期前就因各种原因失去听觉,因此他们没有经历过有声语言的实践。对这部分聋人群体而言,手语是他们的第一语言,是他们的日常交际工具。目前在国内聋校就读的聋生大多数属于这种。

第二类聋人群体是在口语能力已经得到发展之后发生了严重的听力障碍,如六七岁的时候失去了听力。对这部分聋生而言,曾经获得的口语能力有助于汉语书面语的学习。也有部分已经获得口语能力的聋生在听力丧失之后,口语能力逐渐退化,有的甚至到了大学阶段已经不愿开口与听人交流,与聋人同伴交往时基本用手语。与语前聋人相比,他们经历过有声语言的实践,手语不是他们的第一语言。这部分群体在语言认知机制、汉语习得过程上与语前聋人有较大差异。

还有一类是听力损失程度不严重,能综合运用手语、口语与聋人同学或听人老师交流的聋生。这部分聋生的书面语表达与听生的还存在一定差距,仍需要教师对他们进行书面语与口语交际强化训练。但据笔者观察,这样的聋生在聋校中不多。随着科技的进步,越来越多的聋儿通过早期听力筛查、诊断,佩戴助听器或安装人工耳蜗,接受口语康复训练等手段到普通小学就读。这部分聋儿进入小学后,能用口语与老师和同学交流,康复效果好的聋生能与听生同步学习直至升入大学,并顺利融入社会。值得指出的是,助听器等听力辅助设备并不适用于所有聋

---

① 李德高.青少年聋生的概念结构:一项语言与认知关系的实验研究[M].广州:暨南大学出版社,2010:1.

② Stokoe W C, Jr. Sign Language structure: an outline of the visual communication systems of the American deaf[J]. Journal of Deaf Studies and Deaf Education,2005(1):3-37.

人。实践表明,聋儿听力康复情况受性别、年龄、耳蜗植入时间、父母经济收入以及自身感音神经系统等多重因素的影响[①],因此康复效果不一定都好。

总之,因听力损失而带来的学习困难是一个客观现实,其中又以语前聋人学习困难程度最重,在聋人群体中占比最大,因此本书将以手语为第一语言的语前聋人作为主要研究对象。

二、研究方法

研究方法的科学性决定研究结论的可靠性。本书在研究方法上采取手语和汉语进行横向比较、定量分析与定性分析相结合、理论探讨与教学实践相结合的方法。

(一)手语和汉语进行横向比较

语言的特点在与其他语言的比较映照中才能清晰地体现出来。通过手语和汉语的比较可以发现手语的使用规律,并能了解到哪些特点及规律是手语所特有的,哪些是具有普遍意义的。笔者收集了大量的聋生手语语料和聋生汉语书面语语料,构建了小型的聋生书面语语料库,并结合已有的手语研究文献,通过手语与汉语书面语的比较,聋生书面语习作与听生习作的比较,描写、解释聋生语言习得过程中呈现的种种特点,为开展聋生语言认知心理实验,揭示聋生汉语学习心理与认知特点奠定基础。

(二)定量分析与定性分析相结合

选取聋生汉语学习中的典型语言现象,从字、词、句三个角度选取实验材料,提出实验假设,编制实验程序,以笔者所在的学院2013—2018级聋生为被试开展实验,对收集的数据进行统计分析,对提出的假设命题进行检验,进而推导研究结论。采用文字、数据和图表相结合的方式,对所采集的数据进行系统描写和细致深入的分析,为聋生汉语教学实践提供启示。

---

① 　陈益青,韩睿,龙墨.人工耳蜗植入后言语康复效果的相关因素[J].中国康复医学杂志,2006(7):617-620;王素芳,任红波,刘志印.语前聋儿童人工耳蜗植入后听觉言语康复效果相关因素分析[J].听力学及言语疾病杂志,2015(4):394-396;张道行,刘永祥,杨和钧,等.年龄对语前聋儿人工耳蜗植入听觉言语康复效果的影响[J].听力学及言语疾病杂志,2002(2):113-114.

（三）理论探讨与教学实践相结合

已取得的认知心理学理论、第二语言习得理论、对比语言学理论以及特殊教育理论成果是本书的理论基础。本书将上述理论综合应用于聋生汉语认知与习得研究，应用于面向聋生的汉语课程与教学研究，用上述理论指导面向聋生的汉语教学实践。理论应用于实践，既可为聋生汉语教学提供理论支持，促进和深化教学实践，又可以进一步检验和发展相关理论。

第四节　本章小结

本章从回顾聋教育历史背景入手，通过手语的语言地位辨析、聋教育领域的"手口之争"问题的探讨，提出本书的两个基本出发点：一是从二语习得与二语教学角度出发看待面向聋生的汉语习得与教学；二是从认知视角出发，用认知心理学理论指导聋生汉语习得与教学过程中出现的问题。在此基础上，通过相关概念的梳理，明确了研究对象、研究目的、研究方法与意义。

本书的研究对象是听力损失程度在一级、二级（优势耳听力损失 $\geq$ 70dB）的语前聋人，他们在语言关键期前就因各种原因失去听觉，没有经历过有声语言的实践，手语是他们的第一语言。

本书的研究内容是，通过开展手语与汉语的对比研究，开展聋生汉语习得心理、习得过程的研究，了解聋生汉语学习过程中的特点及认知策略，提出聋教育汉语课程改革方案，给出适合聋生认知特点的教学设计、教学策略建议，并提供教学设计样例。

本书采用手语与汉语进行横向比较、定量分析与定性分析相结合、理论探讨与教学实践相结合的方法开展研究。

本书的研究目的是加深对聋生语言学习和使用中心理过程的认识，更好地了解聋生汉语学习的认知特点与规律，在此基础上开展有的放矢的教学，推进聋教育汉语课程改革，提高聋生汉语应用能力，为聋生顺利融入主流社会奠定基础。

第二章 手语与作为聋生第二语言的汉语习得①

第一节 手语本体研究进展述要

　　手语是一种视觉语言,是"将手的形状、位置、方向和动作,配合面部表情与肢体动作,按照一定的语法规则排列组合,来表达意义的符号系统……是我国聋人交往的重要工具"②。手语是聋人群体内部为了交流的方便而约定俗成的一种自然语言,具备语言的基本属性。对手语的语言学研究,起始于 20 世纪 50 年代末 60 年代初的美国③,国内手语语言学研究稍晚于欧美,20 世纪 60 年代出现了关于香港手语语序、台湾手语词汇分类研究等的零星报道。④ 作为语言学研究的一个新领域,手语语言研究自 20 世纪八九十年代以来逐步引起国内学者关注,并陆续有研究成果出现。本节系统梳理国内手语语言研究的代表性成果,尝试归纳该领域的研究范式与路径走向,为手语与汉语两种语言的对比研究奠定基础。

---

① 除特别注明外,本章图片均出自吴铃主编的《中国聋人手语 500 例》一书。
② 张宁生.手语翻译概论[M].郑州:郑州大学出版社,2009:77.
③ 国华.威廉姆・斯多基和他的手语语言学研究评介[J].中国特殊教育,2006(2):35.
④ 衣玉敏.港台手语语言学研究概况[J].金陵科技学院学报(社会科学版),2009(2):72.

一、结构主义范式下手语本体研究

20世纪上半叶,结构主义语言学成为语言学研究的主流。以索绪尔为代表的持结构主义语言学观的学者认为,语言是完整的符号系统,具有分层级的形式结构,要注重对语言结构内部各个层次、各种成分组合规律的分析。欧美手语语言学的研究起始于对手语是否具有独立语言资格的讨论。20世纪60年代,美国手语语言学研究之父威廉·C·斯多基指出:与有声语言一样,手语具有最小结构单位,手语的音位可分为手形、位置和动作三类[①]。巴蒂斯塔(Battison)在此基础上增加了"方向"[②]。20世纪60年代以来,欧美主要国家从结构语言学视角在手语音位、形态、句法、手语习得及手语神经语言学等方面展开研究。[③] 受结构主义语言学思潮及欧美手语语言学已有研究的影响,国内手语研究也在这几方面着力,并取得了一批有影响力的研究成果。

(一)手语音位研究

手语中的手形、位置、动作、方向这四个参数如同有声语言中的音位一样,是手势的基本构成要素,改变其中任何一个要素都会引起意义的变化。比如中国手语双手同时伸出打"5"的手形,当双手直立从头部两侧向下方移动时,意为"认真";当双手直立一前一后排成一列时,意为"排队";而当双手掌心向内斜置于胸前时,意为"读书"。

上海手语是南方手语的典型代表。国内对上海手语基本面貌的研究做得较为充分。衣玉敏通过调研走访、拍摄上海聋人自然手语录像、采集语料等手段,统计出上海手语的手形数目是69个;上海手语中手的运动方式有整体运动、双手交互运动、手内运动三大类,共计22小类110种;手的位置有28种,手的方向有8种。[④] 手语音节结构、韵律模式以及表情体态等非手控特征如口动等也是手语音位研究的对象。[⑤] 衣玉敏在

---

① Stokoe W C. Sign language structure[M]. Silver Spring, MD: Linstok Press,1960: 14-16.

② Battison R. Lexical borrowing in American sign language[M]. Silver Spring, MD: Linstok Press,1978:17-21.

③ 肖晓燕.欧美手语语言学研究[J].中国特殊教育,2011(8):41-42.

④ 衣玉敏.上海手语的语音调查报告[D].上海:复旦大学,2008:6-7.

⑤ 肖晓燕.欧美手语语言学研究[J].中国特殊教育,2011(8):41-42.

报告中进一步指出：上海手语中的语流音变包括手形、运动、位置、方向等变化，双手手势的脱落以及几种变化的结合；表情体态可分为一般表情体态和口动两种类型，其中有的表情体态是强制性的、符号化的，有的则不是。① 罗琼对上海手语表情体态中的"口动"特征进行了专项调查，指出汉语口语会对上海手语口动产生影响，其中声母中以双唇音、唇齿音影响最大，单元音对口动的影响程度最深；就口动的表意功能而言，有部分是词内成分，有部分则相当于副词，具有表示程度、速度、力度等的功能。②

（二）手语词汇形态研究

词汇形态学是研究词的内部语素组合规律的学科。一般认为，在现代汉语里，语素是构词的最小语言单位，与语素具有对应关系的汉字是目前仅存的一种发展成熟的表意文字。国内手语词汇形态的研究有两种思路。一种是借鉴古人分析汉字结构的经验，探索中国手语语素的构形特征。汉字结构形态理论有影响力的是东汉许慎提出的"六书"观。傅逸亭、梅次开借用许慎分析汉字结构的传统方法"六书"来分析手语的形体结构，认为手语词汇的构词法有五大类：象形、会意、表音、仿字、结合。③ 赵锡安也认为手语构词可从古代汉语象形文字中去寻找关联，如手语中的象形构词法，就是通过模仿事物的整体或部分外貌勾勒出山川草木、飞禽走兽、日月星辰、器械用具以及宫室车船等具体物象的形状特征。④ 从这个角度出发的研究，旨在通过分析手语词的内部结构，并与汉字结构成分类比，探求其同源关系，如手语词是否应有与汉字相似的笔画、偏旁与部件。

在手语词的结构特征方面，学者们依旧从比照现代汉语语法的视角，将"词根""词缀"等术语引入手语研究。傅逸亭、梅次开最早提出手语也有类似于汉语书面语的词根与词缀，词缀在前，词根在后，手语可以通过改变词根和前缀派生新词。如手语词"工厂、学校、宿舍、食堂、医院"等都以"双手搭成'∧'形，如屋顶状"的手势为词根，"教师、教室、教

---

① 衣玉敏.上海手语的语音调查报告[D].上海：复旦大学，2008：113-132.
② 罗琼.上海手语口动调查报告[D].上海：复旦大学，2010：4-5.
③ 傅逸亭，梅次开.聋人手语概论[M].上海：学林出版社，1986：27-51.
④ 赵锡安.聋人双语双文化教学研究[M].北京：华夏出版社，2004：50-51.

养、教育"则是以"教"的手势为前缀。① 沈玉林、赵锡安也曾为手语语素下定义:手语中最小的、有意义的构词单位就叫手语语素。② 如"松树"(图 2-1)由两个手势动作组成:(1)双手伸出食指,交替向上方左右各指几下,表示松树的针状树叶;(2)双手拇、食指相搭成大圆形,向上移动,表示"树干"。手语词"松树"就是由(1)和(2)两个手语语素组成的。

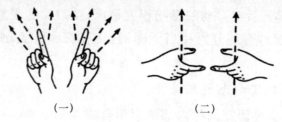

(一)　　　　　(二)

图 2-1　"松树"③

手语利用类似汉语的派生手段组成复合词。派生是手语构词法中比较普遍的类型之一。龚群虎对手语构词内部成分分析得更为细致,他指出:手语词内部也具有语素、词素、词缀、词根等成分;手语也有单纯词、复合词、派生词等,复合词是由两个或多个词根语素组成的,如手语"结婚+男性"表示"丈夫","结婚+女性"表示"妻子"。④

我国台湾地区张荣兴研究团队对台湾姓氏手语、地名手语两类手语中的专有名词进行了专题研究。他们历时六年,广泛收录台湾姓氏手语与地名手语,建成了台湾手语姓氏电子资料库与台湾手语地名电子资料库,这两个资料库目前共计涵盖 407 个手语姓氏和 1000 个手语地名。在广泛调查的基础上,他们从手语与汉语口语接触与借用的角度出发,对这两类手语词的造词策略展开研究。张荣兴提出,台湾手语名字和姓氏的造词方式有很大不同,前者通常根据个人的脸部或身体特征、习惯动作、个性、生活经验等特征而得名,而后者主要是根据汉字的形和义发展而来。⑤ 借用汉语地名时,我国台湾手语往往根据其字形或字义来命名,

————————

　① 傅逸亭,梅次开.聋人手语概论[M].上海:学林出版社,1986:28-63.

　② 沈玉林,赵锡安.中国手语语素分析[M].北京:华夏出版社,1999:170.

　③ 中国残疾人联合会教育就业部,中国聋人协会.中国手语[M].北京:华夏出版社,2003:925.

　④ 龚群虎.中国聋人语言及语言教育问题[M]//沈玉林,吴安安,褚朝禹.双语聋教育的理论与实践.北京:华夏出版社,2005:77.

　⑤ 张荣兴.台湾手语姓氏电子数据库[EB/OL].(2011-08-26)[2018-01-25].http://signlanguage.ccu.edu.twnamefamilynames_database.php.

与美国手语借用英语时所采用的指拼文字（finger spelling）有很大的不同。①

　　手语词汇研究的另一种思路是与语法研究相结合，借鉴欧美表音体系语言的构词法，研究手语词汇的结构以及词形变化的复杂性，从中归纳、发现手语"有限"的结构符号系统。邓慧兰指出，我国香港手语与美国手语从形态看都属于"屈折语"，并通过"我给你"和"你给我"中的动词"给"来举例说明。② 和汉语相比，手语动词的方向性、单复数、名动合一等特征使得手语动词具有复杂的形态变化，因此成为近年来国内手语词汇形态研究的热点。陈小红对上海手语方向性动词与包含方向、方位的类标记结构两个相关问题展开研究，指出上海手语中的方向性动词可以分为空间方向动词、予夺方向动词和施受方向动词三大类。③ 陈秀君从总结英语、汉语等有声语言动宾结构的形式特征出发，从语序、动宾成分对应关系、类标记三个维度探讨上海手语汉语动宾结构的表达特点。④ 倪兰基于田野调查，构建了手语动词研究词库和手语动词篇章语料库，对中国手语动词进行专题深入研究，在手语动词的分类、及物性、类标记、空间位置、数量表达、动名同形等词法特征与句法功能方面进行了非常翔实的描写，形成了对手语动词与汉语的共性特征与个性差异的规律性认识。⑤

　　（三）手语语法研究

　　手语与汉语书面语的语法异同比较，不仅能反映中国手语词句组合规则的整体样貌，其研究成果还能应用于聋生的汉语书面语教学。因此，手语语法结构研究是聋教育工作者的关注重点。作为一种视觉语言，手语与有声语言汉语在语法结构上究竟有怎样的区别和联系？结构主义语言学认为，每种语言都有特定的语法结构系统，都可以对其进行客观、有序的描述，因此可以通过对词法、句法等具体特征的描述来展开

---

①　张荣兴.台湾手语地名电子数据库[EB/OL].（2011-08-26）[2018-01-25]. http://signlanguage. ccu. edu. twnameplacenames_database. php.

②　邓慧兰.手语语言学与语言习得研究的关系[J].当代语言学,2002(3):205-221.

③　陈小红.上海手语动词及类标记结构方向性研究[D].上海:复旦大学,2009:148-150.

④　陈秀君.汉语动宾结构在上海手语中的表达[D].上海:复旦大学,2012:12-53.

⑤　倪兰.中国手语动词研究[M].上海:上海大学出版社,2015:21-162.

对两种不同语言的对比分析,比较其异同,进而预测聋人可能的习得错误。受结构主义语言学影响,国内目前的手语语法研究多采用与汉语语法对比的方式进行,研究主题涵盖手语中的省略和倒序、手语否定式、手语动词、手语数量词、手语类标记等多个方面。

许保生、傅敏列举实例,对手语中的省略现象进行描述,并通过与汉语书面语的对比,得出手语中的省略多属于汉语句子中的形容词、代词、量词、副词、介词等修饰成分的结论。① 杨军辉指出,手语句式中的主题词提前、否定词后置现象与手语要凸显的话题重点有关。② 吴晓波通过对上海手语中的否定现象研究指出:"不"和"没有"是上海手语的两个基本否定词,两者在与动词的搭配与语义特征上有所区别。③ 王晨燕系统梳理了上海手语中有关"数"和"量"两个范畴的语言现象,说明了上海手语表达数量关系的方式,对其构词理据进行了解释,总结了上海手语在数量表达上所体现的特点和功能,并与汉语有声语言进行了对比。④ 手语中的类标记是手语作为视觉语言区别于有声语言的重要语法特征。类标记是一类物体的符号,是与位置、朝向、移动以及表情体态特征相结合构成句子谓语的一种手形。⑤ 洪卡娜⑥、陈小红⑦、李线宜⑧等对上海手语类标记进行集中探讨后指出:上海手语类标记与动词的方向性密切相关,类标记的类型不仅包括名词类、数词类、所有格类和动词类,还包括身体类与工具类,它们在手语句法中具有独特的性质和不可替代的功能。

此外,王静独辟蹊径,列举聋人自然手语与古代汉语书面语语例,并对两者进行比较,发现两者在主谓倒装、宾语前置、修饰语后置、缺乏量词等方面有许多共同之处,并指出自然手语的这种句法特点与我国先民

---

① 许保生,傅敏.聋人文化视角下手语的省略现象及其语言学分析[J].残疾人研究,2015(1):31-33.

② 杨军辉.中国手语和汉语双语教育初探[J].中国特殊教育,2002(1):25.

③ 吴晓波.上海手语否定形式调查报告[D].上海:复旦大学,2013:8-33.

④ 王晨燕.上海手语数量表达调查报告[D].上海:复旦大学,2009:21-45.

⑤ Sutton-Spence R, Woll E. The Linguistics of British sign language: an introduction[M]. Cambridge: Cambridge University Press,1999:43-44.

⑥ 洪卡娜.上海手语类标记调查与研究[D].上海:复旦大学,2008:29.

⑦ 陈小红.上海手语动词及类标记结构方向性研究[D].上海:复旦大学,2009:148-150.

⑧ 李线宜.上海手语类标记结构调查研究[D].上海:复旦大学,2010:6.

的原始思维有关联。①

结构主义范式下的手语研究将手语视作一种自足、封闭的系统，注重对手语结构单位的各种客观的形式的精密描写，为确立中国手语的语言资格和语言学地位做出了巨大贡献。在研究方法上，早期的手语研究多采用举例分析的方法，也就是提出一个观点或理论，然后对实例进行客观定性描述，对观点进行举例佐证。这种列举式的研究方法缺乏系统性，不能全面客观地反映手语研究的真实性和复杂性，因此后来的手语研究者非常注重手语语料的采集工作，走结构与功能相结合的路线，强调将手语作为一种交际工具，主张把手语放在实际的语言环境中加以考察。如上文中许多关于上海手语的研究，研究者采集的手语都来自聋人实际的交际语境。研究者拍摄、录制了大量聋人日常交流的手语视频，然后分析手语在交际中的结构与语用表现。这种研究方法使手语研究逐渐向实证主义范式靠近。

二、实证主义范式下手语本体研究

"实证主义强调感觉经验以及利用科学设备和仪器实现语言理论的可验证性。"②近年来，受实证主义学术思潮的影响，研究者们开始尝试手语的跨界研究，汲取心理学、语言学、计算机科学等领域的成果，着眼于数据收集和科学分析，从认知视角进一步探究手语的本质以及其作为人类语言所具有的共性特征。在这样的背景下，国内手语研究出现了从描写转向解释、从结构转向认知、从静态转向动态、定性定量相结合的研究走向。

(一)手语隐喻与转喻研究

认知语言学以功能主义与实证主义为基础，手语研究者将认知语言学与手语研究相结合，从中开辟新的理论生长点。持认知语言观的手语研究者认为，手语强调身体结构与环境的互动，是认知语言学的哲学基础"体验哲学"的生动实践③。认知语言学的主要研究领域包括"范畴化与原型范畴理论""概念隐喻""意象及其维度""框架理论和脚本理论"等

① 王静.中国聋人自然手语和古代汉语之比较[J].中国特殊教育,2008(2):35-38.
② 李恒.手语语言学方法论研究综述[J].中国特殊教育,2012(6):23.
③ 江桂英,李恒.认知隐喻视阈下的手语研究述评[J].中国特殊教育,2011(12):39-42.

七个方面①。语言是通过怎样的方式影响认知的呢？张积家指出：第一，通过语言标记影响认知。语言标记使某些认知途径、过程和策略更容易被选择。第二，通过范畴和原型影响认知。语言中的范畴和原型给认知结果编码施加了某种限制。第三，通过参考框架、图形与背景、部分凸显等方式影响认知。第四，通过理论与语境影响认知。第五，通过隐喻影响认知。②

　　以"手语"和"认知"为关键词在中国知网进行检索，共检索到文献 13 篇，涉及"手语与聋儿认知发展""认知与手语翻译""认知视角下的手语构词规律"三个研究主题。其中，认知视角下的手语隐喻与转喻研究是目前讨论较多的话题，相关文献有 9 篇，集中于手语象似性、手语隐喻与转喻的考察。研究者们对认知隐喻、转喻理论下的中、美手语先行述评之后，将目光聚焦于中国手语，对中国手语形容词中的情感隐喻、名词中的人体隐喻与时间隐喻、动词隐喻进行了较为深入的探讨。李恒、吴铃采取定量和定性分析相结合的方法，统计中国手语常见的情感隐喻，总结手语的基本隐喻模式，并对比其与汉语表达的异同。研究发现：中国手语和汉语共享"情感是容器中的热气"等本体隐喻；中国手语情感隐喻的转喻表达可分为"行为"和"生理"两类，其中可能存在两次映射；中国手语和汉语的情感隐喻共性大于差异。③ 该研究从听力通道经验缺失和文化影响两方面考察中国手语情感隐喻，并结合认知语言学理论对手语隐喻的理据性做出解释，具有创新意义。李恒、吴铃还对自成一体的少数民族手语——西藏手语的时间隐喻和转喻进行了研究，指出隐喻和转喻是西藏手语时间概念化的两种基本认知方式，就认知理据性来看，西藏手语与汉语时空隐喻和转喻的共性源于聋人和听人均借助身体与周围环境发生互动，差异性则来自西藏文化对隐喻和转喻使用的影响。④ 傅敏梳理了中国手语中以"头""心""手"为代表的人体隐喻词汇，考察手语和汉语中人体隐喻的投射范围、共性和个性及其产生差异的原因，揭

————————

　　① 王铭玉.二十一世纪语言学的八大发展趋势(中)[J].解放军外国语学院学报,1999(5):4.

　　② 张积家.语言关联性理论:语言影响认知[N].中国社会科学报,2015-11-03(3).

　　③ 李恒,吴铃.中国手语情感隐喻的认知研究[J].语言文字应用,2013(4):55-61.

　　④ 李恒,吴铃,吾根卓嘎.西藏手语时间隐喻和转喻的认知研究[J].中央民族大学学报(哲学社会科学版),2013(6):160-164.

示了聋人和听人认知策略的差异。① 刘鸿宇等对手语动词进行词汇和句子层面的分析，指出隐喻也广泛存在于手语动词中，手语抽象动词在构词时所采用的隐喻概念与听人所采用的存在一定的共性，聋人在不同语境下经常通过隐喻进行词义拓展，用具体的人体动作表达抽象概念。②

一方面，认知语言学为手语研究者找到了新的理论武器，为手语研究注入新活力；另一方面，手语研究又反过来为认知语言学理论提供新的证据，拓展理论解释力，推动其发展。

（二）语料库建设及相关研究

如果没有对语料的观察、收集、拍摄与描写，单靠内省思辨式的手语研究显然缺乏足够的理论解释力。基于计算机的语料库研究能提供足够容量的样本，且样本来源于聋人日常生活中的自然语料，因而成为手语研究常用的方法之一。语料库建设通过大量的田野调查获取真实的手语语料，在此基础上对语料进行转写，翻译成有声语言的文字，数据收集工作旷日持久；它不仅能客观记录手语语言的原始样貌，而且在探究手语这一视觉语言音位、构词、句法等本体规律方面做了诸多贡献。

在国内手语语料库建设方面，复旦大学、北京师范大学、南京特殊教育师范学院等高校已取得部分研究成果，其中南京特殊教育师范学院"中国手语词汇语料库"③已向公众开放。该语料库主要采用汉语词表提示法，每个地区以一男一女两名聋人作为采集对象，收录国内 9 个代表性地区的聋人常用手语词汇视频 60000 多个，对应《现代汉语常用词表》词汇 7000 个左右，为手语研究提供了宝贵的视频素材。在采集过程中，该语料库增补了原《中国手语》中序数词、性知识、成语等专题词汇，为开展手语文化专题研究奠定了基础。此外，北京联合大学吕会华、刘辉等应用 ELAN 软件构建了专门的手语句法语料库，服务于手语

① 傅敏. 中国手语和汉语人体隐喻的认知对比[J]. 中国特殊教育，2016(7):32.

② 刘鸿宇,曹阳,付继林. 中国手语动词隐喻调查研究[J]. 中国特殊教育，2018(12):29-33.

③ 国家手语词汇语料库课题组. 中国手语词汇语料库[EB/OL]. (2016-08-30)[2018-01-10]. http://222.192.176.182:8080mainindex1.aspx.

教学研究实践。①

在语料库建设研究方面,国内学者们借鉴国外已有做法并结合自身的建库实践,总结了诸多宝贵经验。李恒、吴玲指出,样本的代表性在语料库建设中具有重要地位,并用多媒体转写软件 ELAN 为例说明构建手语语料库的五个具体操作步骤,对手语语料库在国内的建设和使用提出了方向性的指导。② 任媛媛、赵晓驰总结国外手语采集经验,提出国内手语语料采集应注意语料来源的多样化,要考虑语料拍摄场景、语料类型、话题、时间长短等因素,减少汉语的影响及保证语料的动态更新;③指出"标注"是手语语料库建设中的重点和难点,可借鉴国外手语语料库建设已有经验,对语料进行分层标注,并强调了标注过程中应注意的问题。④

(三)手语的心理实验研究

认知心理学实验为手语研究提供了科学的研究手段,它通过分析人的思维过程,列出人的信息加工模型,并交由计算机模拟,来检验信息加工模型的正确性。在实验研究中,数据是至关重要的,"定量方法也就是数学化和计算机化",通过实验的途径控制和把握各种变量,用统计方法来推断各种实验数据,增强了手语研究结论的说服力。⑤ 近年来,以张积家、李德高、陈穗清等为代表的国内学者开展了系列实验,在手语如何影响聋人的认知方面进行了大量探索。目前的研究结果表明,使用手语的确影响聋人的思维模式,包括但不限于颜色认知⑥、空间认知⑦、时间认

① 吕会华,刘辉.基于 ELAN 软件的中国手语语料库建设研究与实践[J].中国听力语言康复科学杂志,2014(4):298-301.

② 李恒,吴玲.手语语料库建设基本方法[J].中国特殊教育,2013(3):37-40.

③ 任媛媛,赵晓驰.国外手语语料库设计及启示[J].现代特殊教育,2016(14):77-80.

④ 任媛媛,赵晓驰.国外手语语料库的基本标注[J].现代特殊教育,2017(10):38-41.

⑤ 桂诗春,宁春岩.语言学研究方法[J].外语教学与研究,1997(3):18.

⑥ 党玉晓,张积家,章玉祉,等.聋童对基本颜色和基本颜色词的分类[J].中国特殊教育,2008(7):14-19.

⑦ 张积家,芦松敏,方燕红.聋人大学生的空间概念及其组织[J].中国特殊教育,2010(1):28-31.

知①、概念关系②、形象思维③、社会认知④以及聋人第二语言的学习⑤。使用手语会影响聋人的认知方式、认知途径和过程、认知策略，并影响认知结果。

　　心理语言学能够定量测试受试者的心理反应，利用数学公式和模型对数据加以精确描写，并由此推断语言产生和使用过程中的心理和认知基础等特点，因此为越来越多的手语研究者所关注。⑥ 值得一提的是，实证研究方法与内省思辨式的主观研究方法并不是互斥的，两者各有优劣。在今后的手语研究中，需要将两者结合起来，推动手语研究进一步深入。

　　（四）文化语言学视角下的手语研究

　　文化语言学是 20 世纪 80 年代以来中国本土的语言学派，从事的是在文化背景下对语言的人文属性进行挖掘的工作，并由此来关照语言状态与规律上的表现。持文化语言学观点的语言研究者认为，"语言并不都是无意识的约定俗成的产物，在它的背后蕴藏着民族文化因子，它们或是作为影响语言的产生、变迁、组合、运用的因素出现，或是直接以语言的存在形式和结构规律出现"⑦，手语不仅是文化载体，它本身就是文化的产物，是聋人观察世界的方式。从文化语言学研究的角度来说，人们有责任把蕴含在手语内部，隐藏在手语背后的文化因素挖掘出来，展示中国手语的存在状态及演变规律。

　　文化语言学视角下的手语研究，其重要意义在于它不只是满足于结构主义范式下手语内部的精细描写，还要求深入认识手语的文化属性并对其做出解释。比如，手语重功能、重内容、重意会、轻形式的特点是与

---

　　① 孙雨圻,陈穗清,张积家.听觉通道缺失和使用手语对聋生时间空间隐喻的影响[J].中国特殊教育,2012(10):20-26.

　　② 李德高.青少年聋生的概念关系模式[J].南京师范大学文学院学报,2018(3):17-25.

　　③ 张积家,陈磊,陈穗清.语言符号的象似性对手语具体名词语义加工的影响[J].语言文字应用,2013(1):89-98.

　　④ 陈穗清,张积家,李艳霞.聋人的亲属词概念结构:兼与汉族健听人的亲属词概念结构比较[J].中国特殊教育,2015(1):27-34.

　　⑤ 陈穗清,张积家,吴雪云,等.语义类标记在中国手语词词汇识别和语义提取中的作用[J].心理学报,2012(8):1004-1014;李德高.语义表征双语共享性新解[J].浙江大学学报（人文社会科学版）,2017(4):104-116.

　　⑥ 李恒.手语语言学方法论研究综述[J].中国特殊教育,2012(6):25.

　　⑦ 苏新春.文化语言学教程[M].北京:外语教学与研究出版社,2006:3-4.

聋人观察世界朴素、笼统的整体观念,注重直觉体悟的具象思维方式分不开的,聋人善于用表象、具体、生动传神的概念来转喻视觉上难以表现的抽象事物或规律,并使人直觉体悟。手语与汉语书面语一样是表意体系语言,聋人手语文化心理上的整体性、辩证性、直观性等特点与汉语存在许多共通之处。

　　文化语言学视角下的手语研究在国内已初露端倪:中国手语国名探源①、人名理据研究②、中草药手语名称研究③、聋人性知识手语调查④、手语禁忌语调查⑤、中国手语舞蹈⑥、手语歌曲⑦、手语诗歌文化源流与艺术特征研究⑧以及通用手语与地方手语、聋人文化保护的思考⑨等都显示出该领域的活力。《无声的绽放:走近聋人文化》⑩一书采集拍摄了手语流行语、成语、歇后语、地名、人名等手语词汇以及手语故事、手语情景剧、手语笑话等手语文学作品,成为近年来较为全面展示聋人手语及文化的一部著作。今后可继续探索中国背景下的手语研究新思路,将聋人手语与文化语言学结合起来开展双向性研究,使之成为具有中国本土特色的手语语言学新方向,并争取在世界舞台上的学术话语权。

　　总之,进入 21 世纪以来,手语研究与心理语言学、认知语言学、社会语言学、文化语言学、机器翻译⑪(语言信息处理、人工智能)、神经语言学、病理语言学等各个领域开展合作,手语研究呈现出多学科交叉研究

---

① 方玉千.国家名称手语的手势探源[J].现代特殊教育,2015(4):65-66.

② 丁志清,唐勤.中国手语名字与手势汉语名字比较研究[J].现代特殊教育,2013(10):8-10.

③ 曹阳,张宁生.聋人常用中草药手语词汇调查报告[J].绥化学院学报,2011(6):22-24.

④ 周改丽.聋人性知识手语调查报告.第七届世界手语大会论文选[M].郑州:郑州大学出版社,2014:120-128.

⑤ 姜诚.上海手语禁忌语的调查研究[D].上海:复旦大学,2014:214-215.

⑥ 庞佳.论手语与舞蹈交融现象研究的逻辑起点[J].北京舞蹈学院学报,2015(5):42-45.

⑦ 张帆.指尖上的吟唱:手语歌曲的文化源流与艺术特征[J].浙江艺术职业学院学报,2017(1):90-96.

⑧ 李恒,吴玲.手语诗歌研究综述[J].中国特殊教育,2014(4):32-35.

⑨ 张帆.通用手语建设与地方手语保护的思考[J].现代特殊教育,2016(16):64-68.

⑩ 张帆,卢苇.无声的绽放:走近聋人文化[M].杭州:浙江大学出版社,2017:117-177.

⑪ 姚登峰,江铭虎,阿布力孜,等.中国手语信息处理述评[J].中文信息学报,2015(5):217-227.

的趋向,总体趋势是从结构主义范式向功能主义、实证主义范式转向,研究路径上呈现出从描写向解释螺旋式递进,描写推动解释,解释又进一步推动更高层次的描写的特征。国内手语语言研究以开放包容的姿态,吸纳各学科领域的研究成果,不断加强学科体系建设,并反哺其他学科的发展。在上述研究中,手语与认知的结合研究关注度较高,影响力较大。以陈穗清、张积家为代表的研究者提出了新的语言关联性假设:语言塑造大脑,语言影响认知,语言构建民族①。语言是世界观的体现,使用不同语言的人对世界有不同的看法,不同的语言在一定程度上决定了不同的认知方式。② 可以预见,认知视角下的手语研究必将持续推动手语本体研究的发展,并发挥其广泛的应用价值,为探索聋生汉语习得规律、聋生汉语教学策略等提供理论依据。

第二节　手语与汉语本体对比研究

比较是人们认识事物的基本方法,通过与其他语言的对比,一种语言的特点可以被明确地揭示出来。不同语言之间的比较,最早也与二语教学有关。20 世纪 50 年代,对比语言学创始人、美国著名语言学家拉多(Lado)曾指出,比较两种语言的结构以确定它们之间的差别,是寻找二语学习困难原因的重要所在。"最好的外语学习教材应有两个立足点:一是对所学外语进行科学的描写;二是对学生的本族语进行平行描写,并加以仔细的比较";"教师如果将学生的本族语与他们所学的外语加以比较,便可更好地了解真正的学习困难所在,并能更好地组织教学"。③

不仅在国外,国内著名语言学家王力、吕叔湘等也在不同场合多次指出,语言间的对比对学习外语具有重要作用。吕叔湘在《中国人学英语》的修订本"序"中指出:"我相信,对于中国学生最有用的帮助是让他认识英语和汉语的差别,在每一个具体问题——词形、词义、语法范畴、

---

① 陈穗清,张积家. 论手语对聋人认知的影响[J]. 中国特殊教育,2016(7):38.

② Whorf B L, Carroll J B. Language, thought, and reality: selected writings of Benjamin Lee Whorf[M]. Cambridge: The MIT Press,2011.

③ Lado R. Linguistics across cultures: applied linguistics for languageteachers [M]. Ann Arbor: University Michigan Press,1957:58-59.

句子结构上,都尽可能用汉语的情况来跟英语作比较,让他通过这种比较得到更深刻的体会。"[①]

　　虽然二语习得中的偏误并非都因两种语言的差异引起,两种语言的对比也并不能预测到学习者所犯语言错误的全部,但人们不能就此否认语言对比在二语习得中的重要作用。手语与汉语的对比,从语言学视角看,涉及形态、语义、句法、语用等不同层面。通过对比发现手语与汉语的不同之处,不仅能加深人们对手语的认识,更深地洞察手语的特点,揭示聋人与听人之间的认知差异,还可以推动整个语言学研究的深入,更好地服务于聋生汉语习得与教学。

　　从语言对比角度看,手语与汉语既有相同之处,又有不同之处。聋人与听人生活在同样的社会文化环境中,聋人与听人的关系极为密切,这使得手语在与汉语的长期接触过程中深受汉语影响。手语中有许多来自汉语中的借用、兼用与转用现象,这在手语词汇中表现得尤为明显,汉语中许多网络流行词、俗语新词都能在手语中找到相应表达。手语与汉语一样,具有能产的词汇、复杂的语法结构、丰富的表意功能,都表现为一整套的意义、隐喻、表征及陈述系统。

　　但作为一种视觉语言,手语与汉语之间的差异也是显而易见的。汉语是世界上最古老的语言之一,属于汉藏语系,汉字是表意体系的文字。汉语属于孤立语,缺乏形态变化,词和语素一一对应,语法手段依靠语序和虚词。而手语是聋人群体使用的形义结合的手势——视觉沟通符号体系,手语选择手势作为表达载体,依靠视觉来接收信息,手语有视觉形式而没有文字形式。"手语作为一种视觉模块的语言,它不完全是线性的。由于打手语有两个可用的、相同的发音器官——双手,再加上非手控特征(non-manual features),三者或两两同现或三者同现从而使手语具有同时性(simultaneity)的特点"。[②]"手语中存在着大量动宾结构、主谓结构的手语动词,这种结构是在空间中架构的,不同于有声语言的线性排列。"[③]在目前的手语研究中,有的学者倾向于把中国手语看作是复综语,一个动词结合了多个句子成分。与汉语相比,手语的词和短语都

————————

　　① 吕叔湘.中国人学英语[M].北京:中国社会科学出版社,2005:1.

　　② 吕会华.中国手语和汉语句法比较:以两类简单句和关系从句为例[J].北京联合大学学报,2017(1):19.

　　③ 倪兰.中国手语动词研究[M].上海:上海大学出版社,2015:3.

可以独立成句,有的词可以相当于一个句子;手语的语法关系主要靠动词的形态变化来表示,词形变化比较明显,如"鸟在海面上飞"(图 2-2)这个例子。

图 2-2 "鸟在海面上飞"

在这个例子中,左手是辅手,掌心向下,向右侧做波浪状移动,打"海"的手势;右手是主手,同时用"6"手形向左移动打"飞"的手势,意为"鸟在海面上飞"。双手组合即可完成一个独立表意的句子。如果要表达"鸟一直在飞"的持续状,可以在"6"手形划过头顶时加上停顿及目光的注视,来表示动作的持续进行;还可以通过"6"手形动作路径的变化(如弧线、环形等)并配合动作的重复,来表达"鸟在海面上飞来飞去"的意思。

汉语中,语素是最小的语义单位,汉字是语素的代表。手语中,手势(sign)是最小的语义单位,一个手势可以分解成手形、手形的位置、手形的动作、手形的方向四个基本参数。其中任何一个参数的变化,都有可能生成新的手语词(最小的音义结合体)①。这几个成分中最直观的就是手形,它是指打出手势时单手或双手所呈现的形状。手形不同,手势的意义也就不同。同样一个手形,双手伸出五指如"5"手形,如果手的位置不同,动作不同或方向不同,手势的意义也会有所区别,如图 2-3。

手语是一种丰富生动、肢体表现力非常强的语言。除双手之外,面部表情及肢体动作也具有表意功能,这在手语中被称为"非手控特征",一些非手控特征也具有语法功能。

聋教育语文老师都有体会,就是聋生打手语时能眉飞色舞、津津有味地"聊"上半天;可一到写成汉语书面语时,就变得干巴巴的或错误百出。聋生写下来的汉语书面语有几个通病:一是成分缺失,语句不通;二

---

① 邱云峰,姚登峰,李荣,等.中国手语语言学概论[M].北京:中国国际广播出版社,2018:23.

是语意含混,颠三倒四;三是内容干瘪,枯燥乏味。

　　本节旨在通过手语、汉语的比较,描述手语在词汇形态、句法方面的特征,在此基础上寻求手语与汉语转译中的对应、变换关系,为聋生汉语习得与教学提供参考。

图 2-3　手形"5"的各种手势①

一、手语中的"省略"

（一）汉语量词与手语"类标记"

　　手语:想 ／ 1,扁 ／ 盘,盛 ／ 汤,薄薄一层 ／ 给(仙鹤)。

　　汉语:(狐狸)想到一个坏主意:它用一个扁盘子,盛了薄薄一层汤,端给(仙鹤)。

----

　　①　该图由课题组聋人成员卢苇老师提供。

手势动作如图 2-4 所示。

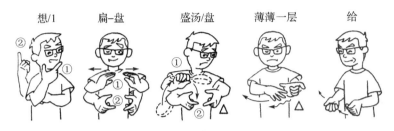

图 2-4 量词"一层"

汉语名词"坏主意""扁盘子""汤"前需加上量词"一个"或者"一层"来修饰。手语中,"薄薄一层"所修饰的名词"汤"去哪儿了呢? 仔细考察发现,手势动作"薄薄一层"与"汤"结合在一起了:"左手拇、食指张开呈圆形,其余三指握拢;右手五指张开,边抖动边向右移动"这个手势动作表示"盘里有一层薄薄的汤水"之意。这句话中"五指张开,边抖动边向右移动"这个手势动作,既指"薄薄一层",又修饰"汤水";换作别的语境,这个手势还可以修饰"湖海""雪花""布料""草皮""面粉"等具有相似形状或特征的物体。

类标记是表示一类事物的标记,汉语量词具有类标记功能:小而圆的东西,如豆子、种子、珍珠等,可用量词"颗"搭配;细而长的东西,如教鞭、粉笔、竹竿、香烟等,可用量词"支""根"来搭配;量词"张"可搭配平面的东西,如纸、床、桌子;量词"滴"用于滴下的液体,如一滴水、一滴油、两滴眼泪。汉语中,量词具有描摹后面名词的特征,量词与名词的组合在一定程度和范围内是有理据的,不同的量词与名词搭配,能唤起人们形象的心理体验。

如上例所示,手语中的情况与汉语有类似之处。形状相同或相近的名词,手语中会通过一些固定的手形来标记这类事物:美国手语中 F 类标记描述小的、平的、圆圆的实物,如钱币、纽扣;C 类标记描述小的容器的实物,如茶杯、瓶子、玻璃杯、罐子。[①] 手语中,"果"的手形可表示"苹果""桃子""罐子""茶杯",描述圆形的或圆柱状物体;"票"的手形可以表示"车票""饼干""牌子",指代扁平、片状类的物体。手语中的类标记和汉语书面语中的量词都具有描摹事物的特性的功能,但与汉语不同的

---

① 吴铃.手语语法和汉语语法的比较研究:寻找聋人失落的书面语[J].中国特殊教育,2006(8):51-52.

是,手语中没有独立的量词词类,手语模拟物品形状的手势动作中已经包含了量词的意义,量词是与其后要修饰的名词"黏合"在一起的。聋生将手语转写成汉语书面语时,如果忽略手形所描摹的形象,就会造成量词的遗漏。

手语量词的类标记特征与古代汉语有相似之处。古代汉语文言文中也不常用量词,有的名词词义经过"引申",成为跟原名词相关的量词。比如"条(條)"原本意思是"小枝",后来,很多细长的东西都可以用"条"来表示了。从语言发展史来看,现代汉语许多量词都是从其名词(原词性)的意思衍生出来的,模拟某事物或动作所处的状态,慢慢固定语法化后,就成为汉语中的一个词类,如"个、朵、条、张、台、根、次、回、趟"等等。汉语用象形字和会意字——通过描画事物的形象或状态来指代事物,这种描画的形式使得名词具有了转化为量词的可能。与汉语相比,作为一种自然语言,手语的抽象化程度远不如汉语那么高,手语更多地呈现出语言的最初样貌。手语不像汉语那样抽象出了脱离与具体的名词结合的量词,手语中的类标记尚处在一种从"名词"向"量词"过渡的状态,与名词结合得更紧密,但又具有量词的功能。

美国手语能够对所有类标记进行分类,并逐一解释和命名,但国内尚未对指代相似物体手形的中国手语名词类标记进行系统研究。如果加以细细归类,中国手语名词类标记应该也可以像美国手语那样析出"范围类"手形、"周长–形状类"手形、"器具类"手形、"深度–宽度类"手形以及"表面类"手形等。国内还有一种观点,认为"类标记"术语应严格限制在谓语上,是与位置、朝向、移动以及其他非手动特征相结合作句子谓语的一种手形[1],将名词类标记手形排除在"类标记"研究之外。搁置争议,从教学语法角度看,研究名词类标记对解释聋生汉语书面语写作中量词的缺失有重要意义,可以指导聋生重视汉语中的特殊词类——量词的学习、使用,今后应继续加强这方面的研究。

此外,手语中没有量词的说法并不是绝对的。受汉语书面语影响,课堂上也观察到,聋生会通过指拼的方式,即双手模拟汉字字形,拼出"个""只"等量词。汉语书面语表达的精细化要求对聋生的手语使用产生了影响。

---

① 倪兰.中国手语动词研究[M].上海:上海大学出版社,2015:96-114;陈小红.上海手语类标记结构调查研究[D].上海:复旦大学,2010:2-4.

（二）手语"类标记"与动词

手语动词在句子中处于核心地位。依据倪兰的研究,从大的分类看,手语动词可依据动词运动方向的有无区分为"简单动词"（无方向动词）和"方向动词"两大类。其中,简单动词又包括动作动词、性状动词、心理动词与关系动词四类,方向动词包括空间动词、一致动词、双向动词三类。[①]

手语中类标记与动词的结合是指表示某类物体的手形与动词词根结合在一起,并且已经固定化、词汇化,两者不可拆分。类标记与上述各类动词均可结合,但在动词词根的结合方式上有所区别。与一般手语表达中的辅手手势不同,类标记结构中的辅手手势在手语构词中具有独立的语素形态地位,辅手与主手各自充当独立的意义角色,并形成"图形"（figure）与"背景"（background）的关系,配合起来表达话题事物的语义及空间关联[②]。

1. 主谓一体

手语:独＋1＋桥 / 宽度 / 小,两人相遇 / 摇摇晃晃。

汉语:两个人相遇在独木桥上,摇摇晃晃。

如图 2-5 所示。

独+1+桥　　宽度/小　　两人相遇　　摇摇晃晃

图 2-5　"两人相遇"

这句话中有一个有趣的手势"两人相遇",它在手语中用左右手分别搭成直立的"Y"手形并相碰一下来表示。"相遇"在手语中属于空间动词,它与类标记手形"Y"相结合来表示"人"这个移动体,其中大拇指借指人的头面部,中间三指相握借指人的躯干,小指指代下肢。手势动作"头

①　倪兰.中国手语动词研究[M].上海:上海大学出版社,2015:27-28,39-41.

②　陈秀君.汉语动宾结构在上海手语中的表达:以常用动作性及物动词为例[D].上海:复旦大学,2012:38-39.

面部的触碰"与真实空间关系中的"相遇"相近,非常形象。可是,如果聋生忽略了手势动作中的类标记成分"两人",不注意记录动词中的类标记要素,就有可能在转写成书面语的过程中遗漏句子的主语。与"相遇"类似的动词还有"来""去""到""坠落""摔倒""逃""追"等,它们都属于手语空间动词,这些动词都结合了主语类标记"Y"手形。

作为视觉语言,手语总是尽可能地发挥手势动作的象似性特征,采用与人类空间认知相同的方式来表达语法关系,通过双手在空间中的移动、变换关系来隐喻性地传达动作行为。"Y"手形看起来像一个包括头部、躯干、下肢的直立的人形,是中国手语动词中一个典型的类标记手形。此外,"A"手形(视觉焦点凸显人的"头部")与"I"手形(视觉焦点凸显人的"身躯")也是手语中"人"的类标记。结合手语动词的分类,表 2-1 对表示"人"这一概念范畴的中国手语类标记常用动词进行了归类。

表 2-1　表示"人"概念范畴的类标记动词

动词类型		手语词
无方向动词 (简单动词)	动作动词	坐、玩、表演、做梦、起床、站/立、参加、火化、跳、蹒跚
	性状动词	死、躺
	心理动词	爱、恨
	关系动词	—
方向动词	空间动词	走、来、去、到、进、退(退休)、相遇、掉落、逃跑、躲、离开、摔倒
	一致动词	压迫、督促、比较、结婚、支持、追、分离、杀、捕
	双向动词	—

2.动名同形

聋教育领域早就注意到,聋生汉语书面语书写中存在容易遗漏动词或动词后所支配的名词的现象,如手语"穿衣服"写成书面语变成"穿"(如"女人没有穿"),"打电话"写成书面语变成"电话"(如"妈妈不在家,电话找不到")[①],"撑雨伞"写成书面语变成"雨伞"(如"人们雨伞看电影")[②],类似的例子在聋生作文中比较常见。

人们猜测,这可能与手语中存在着动宾关系的动词有关,如图 2-6

---

① 吴铃.汉语手语语法研究[J].中国特殊教育,2005(8):18.

② 刘德华.聋生书面语中动词及相关成分的异常运用[J].中国特殊教育,2002(2):44.

书—翻书、图 2-7 梳子—梳头。常见的还有如下手语词：门—开门、窗户—开窗、车—开车、船—乘船、火车—乘火车、熨斗—熨衣服、滑冰鞋—滑冰、扫把—扫地、钢琴—弹钢琴、足球—踢足球、助听器—戴助听器。

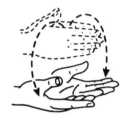

图 2-6　动名同形"书—翻书"①　　　图 2-7　动名同形"梳子—梳头"②

这类手语动词与名词之间缺乏形态变化，"梳子"和"梳头"在手语中打法一样，"钢琴"与"弹钢琴"打法一样。傅逸亭、梅次开最早注意到这一问题，将手语动词中本身就包含宾语成分的现象称为"动宾不分家"③，吴铃称之为"动宾一体"④，邱云峰等称之为"从动词中派生出名词"⑤。动宾关系是用来描述汉语中的动词名词关系的，汉语中动词在前、名词在后，依靠语序连接，呈线性排列。但中国手语中这种包含了宾语成分的手语动词不是线性排列的关系，而是同时性的。因此，笔者更倾向于从构词法角度将其表述为"动名同形"，即手语中这部分词的动词打法与名词打法是相同的，名词宾语已经包含在动词打法之中，或者说，动词谓语包含在名词打法之中，两者是"你中有我、我中有你"的关系。汉语中"洗衣服、走楼梯、拿水杯"是动宾词组，动词与其后修饰的名词可拆分。手语中则不然，这些动宾词组在手语中已经融合为一个词，动词与其后修饰的名词结合得非常紧密。

有学者尝试对这类动名同形词做打法上的进一步区分，《美国手语基础教程》指出：在美国手语中，"有些名词和动词在意义和形式上是相

① 中国残疾人联合会教育就业部，中国聋人协会. 中国手语[M]. 北京：华夏出版社，2003：738.

② 中国残疾人联合会教育就业部，中国聋人协会. 中国手语[M]. 北京：华夏出版社，2003：126.

③ 傅逸亭，梅次开. 聋人手语概论[M]. 上海：学林出版社，1986：1-140.

④ 吴铃. 汉语手语语法研究[J]. 中国特殊教育，2005(8)：20.

⑤ 邱云峰，姚登峰，李荣，等. 中国手语语言学概论[M]. 北京：中国国际广播出版社，2018：65.

互关联的,不同的只是在移动上。动词有简单的移动,关联的名词动作小一些"①。也有学者提出这样的假设:改变运动、方向、手形、位置、非手动特征五个参数中任何一个,都有可能改变动名同形类动词的词性,使之转化为名词。比如:手语动词"喝酒"和名词"酒"的区别就在于,前者多了一个仰头的动作;手语动词"操作"与名词"机器"的区别在于改变了手形。② 但笔者认为,这类手语词的动词与名词打法差别即使有也是非常细微的,这类词手势动作的进一步细分对教学实践的指导意义不大,究竟是"钢琴"还是"弹钢琴",需要结合聋生手语会话语境,以及词语所在的句子来具体分析。

通过进一步研究,近年来有学者指出手语中的动名同形词可以统一归类到手语"工具动词"中去,这一观点颇具启发性,为人们从手语本体视角解释"动宾一体"现象提供了新思路。具备"动名同形"特征的手语动词都通过类标记手形将工具结合在动词之中,类标记手形与动词词根结合得非常紧密,两者不可拆分。从调查情况来看,这类工具性动词一般为生活中最常用的动词,这些手势动作具有较强的模仿性和较高的辨识度。举例来说:"梳子"是类标记,"梳头"这个手语动词中已经结合了"梳子"这个类标记手形;"窗户"是类标记,"开窗"这个手语动词也已经结合了"窗户"这个类标记手形。类标记手形与动词词根结合的方式还可以细分:一种是模仿工具的手形,如手语动词"刷""削""梳";一种是模仿拿这些工具的手形,如手语动词"铲""擦""钓"。③ 在教学实践中,教师可有意识地对手语中的这类工具动词进行归类,让聋生意识到动名同形类工具动词的特殊性,注意联系上下文区分词性,转写成汉语时,要特别注意补足动词或其后支配的名词。如图 2-8 中,"穿夹脚拖鞋"与"夹脚拖鞋"是同一个手势,转写成书面语时,不能遗漏动词"穿"。

手语:人 / 夹-脚 / 拖鞋 / 走 / 嗒啦 / 嗒啦。

汉语:人穿着夹脚的拖鞋,嗒啦嗒啦地走着。

此外,手语中动词与趋向动词也是一体的,手语没有类似于汉语中

---

① Humphries T, Padden C, O'rourke T J. A basic course in American sign language [M]. T. J. Publishers, 1981:26.

② 邱云峰,姚登峰,李荣,等.中国手语语言学概论[M].北京:中国国际广播出版社,2018:65-66.

③ 倪兰.中国手语动词研究[M].上海:上海大学出版社,2015:109.

图 2-8 动名同形"穿夹脚拖鞋"

的趋向动词成分,汉语中动词词组中"写下来""爬起来""走下去""跳过去"中的"下来""起来""下去""过去",在手语中是通过动作的方向和移动来表达的。手语动词"写"本身就包含了一顿一顿沿横线运动的轨迹,如果忽略手语动词方向和移动表示的词义,转写成书面语,就容易造成趋向动词的遗漏。

(三)手语中的人称代词与叙述视角

代词是有代替、指示作用的词。现代汉语代词主要包括人称代词(如"你、我、他、它、咱们、大家、自己")、指示代词(如"这、那、这儿、那边、各、每")、疑问代词(如"谁、什么、哪、怎么、哪里、几")三类。代替人或事物名称的称为人称代词,指称或区别人、物、情况的是指示代词,表示疑问的属于疑问代词。

手语中是否存在代词系统,人们对此尚存疑问,有一种观点认为它无异于有声语言中"指来指去"的副语言手势(paralinguistic gestures)。但心理学家和手语研究者发现,以母语为手语的聋儿在习得手语这种空间语言的代词指称体系时,他们所犯的代词使用错误与习得有声语言的听人孩子极为相似,这种相似不仅表现在发展阶段上,而且还表现在错误类型上[1]。手语与有声语言一样,可能也存在代词系统,聋人使用的指示性手势不是简单的身体动作,而是具有语言属性的符号。[2] 手语中有疑问代词"什么、谁、哪里"以及人称代词"大家、自己、我",这些都属于常用词,但聋生写作中存在着较为普遍的汉语人称代词省略现象,这是什么原因造成的呢?

---

① Bishop M. Language development in exceptional circumstances[M]. East Sussex: Psychology Press Ltd,2000:132-150.

② 吴铃,李恒.手语代词系统研究综述[J].中国特殊教育,2013(9):21-22.

1. 人称代词省略与方向动词

人称代词省略与手语中的"方向动词"有关,方向动词通过手势动作在空间中不同位置的移动来表示主语和宾语的人称与数,动词的运动和掌心朝向的变化表明是谁发出这个动作,谁受到这个动作的影响。[①] 如,"我给你钱",手语只需打"给""钱"的手势动作,因为打手势的人直接面向对方,方向动词"给"的方向是从"我"到"你",在"给"的动作中已经表明了"我给你"的意思,所以手语表达时就省略了人称代词"你"和"我",如图 2-9 所示。"骂、帮助、支持、借"等也属于方向动词,"你看我、我看你、他看我、你们看他、彼此对视"等等,语境不同,手语"看"的动作方向就不同。"平视、鄙视、俯视、仰视",看的心态不一,手语"看"的角度就有变化。手势的运动方向在手语表达中具有重要的语法意义,可指代人称的变化,这是视觉语言的特点。

a."我给你钱" b."你给我钱"

图 2-9　方向动词"给"[②]

2. 人称代词省略与叙述视角

人称代词省略还与聋人手语的叙述策略有关。聋人在叙述过程中会自觉变换叙述视角。所谓叙述视角是指叙述人对事件观察和讲述的角度。汉语必须借助人称代词来表示说话人、听话人以及所谈及对象的人称变化,即必须通过变换人称代词来表达这种变化。而手语可以不需要借助人称代词的变化,仅利用身体躯干朝向、头的转动和倾斜或身体姿势的变化来表示语言交际或语言事件中人物角色的变换[③],如图 2-10所示。

---

① 倪兰.中国手语动词研究[M].上海:上海大学出版社,2015:49.

② 该图由课题组聋人成员卢苇老师提供。

③ 刘鸿宇.类型学视角下的手语代词系统研究[J].中国特殊教育,2013(5):21-25.

噢/等等/我　　（指）哥哥饼大　咬（熊哥哥的饼）　（指）弟弟饼大　咬（熊弟弟的饼）

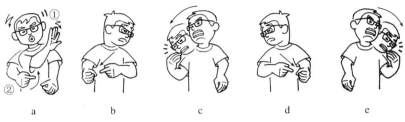

　　　　　a　　　　　　b　　　　　c　　　　　d　　　　　e

图 2-10　人称代词的省略

　　手语：(狐狸)噢／等等／我……(熊弟弟)指(熊哥哥的饼)，(狐狸)咬(熊哥哥的饼)，(熊哥哥)指(熊弟弟的饼)，(狐狸)咬(熊弟弟的饼)。

　　汉语：狐狸说："噢，等等，我……。"熊弟弟说："哥哥的饼大！"熊哥哥说："弟弟的饼大！"于是狐狸左一口、右一口地吃着哥俩的饼。

　　在这个句子里，手语说话人同时扮演了三个角色：狐狸、熊弟弟、熊哥哥。他是如何在三者之间进行角色转换的呢？首先，手语说话人在身前划定三个空间，以区分不同的概念。中间的空间指代"狐狸"(a、c、e)，左边的空间指代"熊弟弟"(b)，右边的空间指代"熊哥哥"(d)，说话人以自身为参照物创造了三个空间。然后，通过非手控标记(如转头、侧身以及眼神等)来实现叙述视角的切换，而不需要在第二次提到熊弟弟、熊哥哥时，再特意去说明指代的对象，这可能是手语作为视觉语言出于认知经济性考虑的结果。手语能够利用空间方位在不同角色之间实现简便的切换，这一叙述策略与汉语有很大的不同。汉语需要通过不同的人称代词来指称所谈及对象的人称变化，人称代词"你、我、他（她）"在叙述视角的切换中是实现语篇衔接的重要手段，一般是不能省略的。

　　此外，在汉语口语中，说话人在转述他人经历时通常会采用观察者视角，多以一种叙事者的姿态讲述事件，一般只有在直接引语中才有可能采取角色视角，直接转述他人的原话；但手语与之不同，手语说话人会更多地运用角色视角策略来叙述，手语语篇中角色视角出现的频率远高于汉语会话。[①] 这也可以解释为什么人们看到聋人打手语，会觉得聋人具有表演的天赋，一个人就可以表演一场默剧。

　　手语与汉语在叙述策略上的差异给聋生书面语写作带来了一定的困难，汉语、手语两种叙述视角的切换会增加他们的认知负荷，书面语表

① 李恒，吴玲.中国手语空间指代的语篇衔接作用[J].中国特殊教育，2015(5)：39-43.

达能力弱的聋生往往会为故事情节中复杂的角色变换而出现人称代词使用遗漏或混乱的现象。

(四)虚词的省略

聋生打手语时从不需要打"的、地、得"等结构助词,但这并不妨碍他们彼此间的自如交流。这一点也与汉语有很大的不同。汉语是一种形态特征不发达的分析性语言,许多在印欧语言中分别由各类实词的屈折形式承担的语法任务,在汉语中往往要借助于助词、副词、语气词、标记词乃至方位词、趋向动词等各种虚词成分来完成。① 汉语虚词绝对数量不多,但因其功能、用法纷繁多样,使用范围广且频率高,其语法作用不可忽视。与汉语虚词相较,中国手语中没有与汉语虚词对应的手语"虚词",手语中缺省了"助词、介词、连词、助词、叹词和拟声词"等词类,汉语虚词要表达的语法意义在手语中通常是通过表情体态、手势动作的停顿、移动、重复等方式来实现的。如,手语心理动词往往需要结合不同的表情来体现,表情可以传递程度副词的语法意义,如图 2-11 所示。

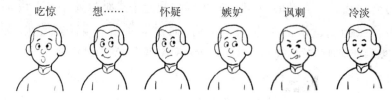

图 2-11   手语中的面部表情词语

1.表情词语

国内手语研究界习惯引用"非手控特征"来泛指除手势动作以外的手语发音系统,但"非手控特征"是一种概括性说法,稍显粗略。国内有研究者从身体部位和组合方式角度对手语词汇进行初步分类,把手语词语分成手势词语、表情词语、聋式词语、身体词语和口型词语五大类②,这虽然只是手语外部"发音器官"角度的一种分法,但能够比较直观地解释为什么"手语是一种全身的语言"。除手势动作外,脸部(包括眉毛、眼睛、鼻子、嘴巴、脸颊、下颌)以及躯干都是聋人的"发音"部位,面部表情和身体动作是手语词汇的重要组成部分。毫不夸张地说,打手语的时候

---

① 张谊生.30 年来汉语虚词研究的发展趋势与当前课题[J].语言教学与研究,2016(3):74-82.

② 吴铃.汉语手语语法研究[J].中国特殊教育,2005(8):15-22.

聋人全身都在"说话",手语绝不仅是"手"的语言。手语词"佩服"的打法是:身体微微前倾,做点头状。手语词"喜悦"的打法是:嘴角上扬,面部露微笑状。手语词"愤怒"的打法则是:眉头紧锁,双眼圆睁,面露不悦状。

表情是手语中不可忽略的重要组成部分,它具有汉语中形容词、副词、叹词、连词、语气助词等多种功能,在句中可修饰手语名词与动词,充当叹词(如口动),在句末可起到语气助词的作用。

表情词语具备动词语义,如图 2-12 所示。

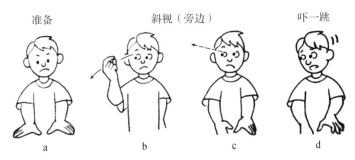

图 2-12　表情词语具备动词语义

手语:准备 / 斜视(旁边),吓一跳。

汉语:准备时,我往旁边一看,吓我一跳。

这句手语句子中,表情词语构成了句子的主要成分。a 目光朝向正前方表示比赛开始前的准备出发状;b 眼睛朝向侧边并配合手势表示"往侧边看";c 是 b 表情的停顿与延续,意指看到的内容;d 仍用表情表示看到的结果。

表情词语可以充当叹词,如图 2-13 所示。

图 2-13　表情词语充当叹词

手语:我 / 睡 / 不管 / 1234,最后 / 错 / 唉 / 罪过。

汉语:我不管三七二十一地睡觉了,最后错了,唉,真是罪过!

"唉／罪过"通过低头、垂眉、嘴角下挂等表情传递出手语说话人"我"内心的自责,带有较强的感叹色彩,转写成书面语时,句末可加上感叹号。

手语没有与汉语对应的"啊、吗、呀、吧、呢、了"这类常见的语气助词,手语语气助词通常通过面部表情来传达,表情承担了传递语气的功能。表达陈述语气时,手语说话人面部表情相对平静平和;表达疑问语气时,会面露疑问表情;表达祈使语气时,面部表情严肃,相应的手势动作干脆利索;表达感叹语气时则嘴巴张大,眼睛直视前方。如手语表达"知道了"这一意义,就是由手部动作结合"点头"的动作完成的,其中"点头"表达了陈述语气;如果要表达"知道吗?"这一意义,就要由手部动作结合"扬眉、张嘴"等表情来完成,其中"扬眉"表达了疑问语气。同样一句话,配合不同的面部表情,在手语中会表达不同的语气,意思就有可能大相径庭。如果把手语说话人的脸蒙住只露出眼睛,这会使聋人交际受阻,无法完成交际任务。因为捂住了脸就像抹去了有声语言中的语气语调一样,让聋人无法准确领会语义。

2.汉语连词在手语中的表达

汉语连词的表意功能在手语中主要是通过动作停顿时间的长短、面部表情的变化等来实现的,如图 2-14所示。

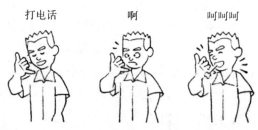

图 2-14　手语词"啊"

手语:打电话／啊?／呵呵呵……

汉语:我接起电话,(吃了一惊)"啊"?(但过了一会儿)又"呵呵呵"笑了起来。

这句话中有一处转折,"我"接起电话之后,电话那头的消息令我吃惊,但是等"我"明白了事情原委后又笑了。在这句话中,手势动作"啊"之后有一个明显的停顿,面部表情也配合着从吃惊转向喜悦,两者配合,共同完成语义关系的转折任务。

再看图 2-15。

图 2-15　汉语条件关系在手语中的表达

手语：(神情)严肃 / 剃平头 / 一样 / 是 / 朝鲜 / 人。

汉语：如果你看到神情严肃、剃着平头的人，那就是朝鲜人。

　　手语如何表达汉语的复句关系？中国手语没有表示因果、转折、假设等的关联词，但汉语连词要表达的意义在手语中并没有省略，汉语的复句关系有时需要通过手势动作、结合表情甚至整句话的语义来理解。这句话中，"剃平头 / 一样"这两个手势之后，会有一个停顿，身体有稍向后倾的动作，脸部表情也稍显紧张，说明其后还有事情要表述。接下来的手势"是 / 朝鲜 / 人"表达了手语说话人对这类体貌特征人群的一个综合判断。停顿前后两部分的手势合在一起，共同完成条件关系的叙述。这是听人看聋人手语时极易忽略的细节，稍纵即逝，反过来说也是聋生学习汉语的一个难点，需要教师在教学中开展专题教学，加以专门强调。转写成汉语时，聋生需要具备敏锐的语感，将这些反映在手语动作节奏、停连上的汉语连词补足。

　　3.汉语程度副词在手语中的表达

　　聋生作文语料中经常会有这样的例子："周末我们去西湖玩，心里开心。""新来的班主任张老师漂亮。""食堂的菜好吃，红烧肉美味。"这三个句子都遗漏了汉语程度副词"很(真、非常)"。程度副词虽然在汉语中是一个小类，但使用频率高，而且不同的程度副词除了语义上的程度有差别外，语法功能也不完全一样[①]。现代汉语的程度副词不仅可以用来修饰形容词，表示不同性状的不同程度，还可以用来修饰表示心理活动的动词。那么，手语中是如何来表现形容词或动词程度的呢？在同一种心理状态(比如"喜悦")下，又是如何体现程度(比如"笑逐颜开、眉开眼笑、开怀大笑、兴高采烈、喜极而泣")几者之间的区别的呢？

　　手语的程度副词更多体现在交流时的脸部表情以及手势语的幅度、

---

① 　朱德熙.语法讲义[M].北京:商务印书馆,1982:197.

停顿、重复上。如果需要对动作情态进行修饰,手语会通过手势动作的屈折变形,或重复,或扩大,或缩小,以此来表达程度的变化,如图 2-16 所示。

图 2-16　程度副词"很"

手语:第一次 / 赢-得 / 大家 / 掌声 / (我)光荣。

汉语:第一次赢得大家的掌声,我很光荣。

手语怎么来表达"我很光荣"这句话中"光荣"的程度? 如果要表达"光荣"的程度"很",如图所示,手语说话人会头往后仰,面带微笑,眉毛上抬,脸上露出喜悦的表情,同时配合手势动作来表现。如果要表达"我非常光荣""我特别光荣""我光荣极了","光荣"的程度逐级递进,那么头部后仰的幅度会更大,面部表情会更夸张一些,同时手势动作也会逐级加重,幅度逐级加大。

上面两个例子"食堂的菜好吃""红烧肉美味",聋生在手语表达中会通过赞赏、肯定的表情以及打"好吃""美味"手语时,大且有力的动作幅度来传达"很好吃""非常美味"的意思,其意义已包含在所修饰的词语中。但在把手语转写成书面语时,如果只记录手势动作,而忽略了手势动作的力度、幅度、方向、停连或面部表情的变化,就容易忽略汉语中的形容词、程度副词,给人造成聋生汉语词汇贫乏的印象,而且省略了程度副词,这在汉语中也是不符合语法规范的表达。

那么,手语如何表达程度的递减呢? 如图 2-17 所示。

图 2-17　程度副词"越来越"

手语:(左)咬,(右)咬,(饼)小 / 小 / 小。

汉语:左一口、右一口地咬着,两边的饼越来越小。

在这个句子中,汉语"越来越小"的程度语义通过同一个手形"小"的三次重复来实现,双手拇、食指逐渐相捏成圆形,同时手臂逐渐向里收拢,通过这样的运动轨迹变化,形象地演示出饼由大变小的过程,相当于汉语"越来越小"的意思。

4. 汉语方位介词在手语中的表达

介词是虚词的一种,主要功能是引出跟动词所指动作行为或形容词所指性质状态有关的对象、施事者、受事者、时间、处所、方向、方式、原因、目的、根据、范围等等。介词大多跟后边的词语组成介词短语,一起修饰后边的或补充前边的谓词性词语①,常用介词有"在、跟、对、和、给、从、往、到、朝、向"。有学者对一至五岁汉族听人儿童运用方位句及方位介词情况的调查后发现,两岁左右的儿童对动态趋向开始有所认识,会使用隐含方位的趋向动词句,例如想到外面去玩会说"出去",会招手要别人"来、来呀",要从板凳上下来会说"下";随后又发展出不带方位介词的方位句,例如"街街玩""这边走""放里面""坐这边来"等等。② 笔者收集到的聋生汉语作文中的方位句,与该研究中指出的两岁听人儿童方位句表达有相似之处,如:

＊聋人喜欢世界各地旅游。(遗漏"到……去")

＊我手抱住长瓶子,放桌子上。(遗漏"在")

＊猎枪打响,子弹飞过,鸟歪头。(遗漏"从……",应为"子弹从鸟头部飞过")

聋生作文中往往会缺省这类表现位置移动、动作趋向和处所变换的方位介词。从语义表达看,上述三个句子中都有方位隐含,但聋人不像听人儿童那样能自然地发展出方位标记,并在句子中自如地运用方位介词。听人儿童的方位介词习得,经历了从方位隐含(有动作无方位)到无方位标记(有方位无介词)再到有方位标记(有方位有介词)的发展过程,他们在三四岁时便已经能自如运用许多常用方位介词了③,相较而言,聋

---

① 周小兵.介词的语法性质和介词研究的系统方法[J].中山大学学报(社会科学版),1997(3):109-115.

② 李向农,周国光,孔令达.1—5岁儿童运用方位句及方位介词情况的调查分析[J].心理科学,1992(3):49-51.

③ 李向农,周国光,孔令达.1—5岁儿童运用方位句及方位介词情况的调查分析[J].心理科学,1992(3):49-51.

生的汉语表达到了"无方位标记"阶段似乎就停滞了,这与他们的手语表达不同。手语中是如何表现方位的呢? 如图 2-18 所示。

街/走　　车（飞快）　　（从身边）擦过　　车齐脚尖擦过　　真悬/完了

图 2-18　介词短语"在……上""从……前"

手语:街 / 走,车(飞快),(从身边)擦过,车齐脚尖擦过,真悬 / 完了。

汉语:在街上走着,飞驰的车从我身边和脚尖前擦过,真悬呀!

在这句话中,手语似乎省略了"在……上""从……前"两个介词结构短语。但仔细看不难发现,"在……上"已经包含在"街 / 走"这个手语词的手势动作中了:两手横伸、掌心相对先打"街 / 走",然后一手保持不动,一手改为人的类标记"倒 V"手形表示在刚才划定的区域内"走动",因此手语不需要再打出"在……上"这个介词结构短语,两手配合的空间关系已经清晰地表达了这一点。同样,"车从我身前和脚尖前擦过",类标记"CH"手形(指代"车")从直立的"Y"手形(指代"人")手背快速划过,"人"是参照物,"车"是位移体,包括方位、方向、速率等在内的"CH"手形运动轨迹也已经把"从身前、从脚尖前"的方位关系表现出来了。类标记"CH"手形与"Y"手形临时结合在一起,标记着动词所联系的语义成分,成为句法结构的一部分。手语具有模拟真实空间象似性地表达位移事件的特点,动词的方向性是对真实空间的模拟。

(五)汉语与手语"体标记"比较

聋生在手语交际中能自如运用各种体标记来准确表达动词的体意义,但在汉语书面语写作及测试中,体标记偏误率很高。如:

*我咬紧牙关上起跑线。(遗漏"了")

*钟表嘀嘀走。(遗漏"着")

*这件事我们听说。(遗漏"过")

用图片诱导法给聋生看《三毛流浪记》中由四格漫画组成的一则小故事,聋生能用手语完整地讲述故事进程,已完成动作、正在进行中的动作都能让同学看得明明白白。可是,为什么在转写成汉语时,常会出现这类虚词的省略呢?手语体标记与汉语体标记的共性与差异体现在哪些方面?

从共性看,手语与汉语在体标记功能语义范畴上都具有象似性与经济性。从差异看,手语体表达灵活多样,语法化程度相对较低;手语体标记具有序列性、共时性特征;与其他语法范畴有交叉。汉语的体标记更具稳定性,语法化程度高;遵循序列性这一时间维度;汉语体标记具有特定的语法意义与功能指向,一般不与其他语法范畴交叉。

1.汉语中的体表达

认知语言学认为,时、体、情态是人类范畴化和概念化的结果,具有主观性。时是言语事件与它的参与者的心理接触;体是人们对客观世界中事件或动作的内部时间结构的不同看法[①],如事件在认知主体心理状态中属于完成的或者未完成的、完整的或不完整的;情态是说话者对事件或动作所持的认知态度。汉语属无屈折变化的语言,缺乏动词词法的各种变化形态,也没有专门用于表示时态或人称一致关系的功能性词素,但是汉语中存在一个与动词连用,通过一系列丰富而稳定的体标记来实现的特殊功能语类——体。[②] 如"着、了、过"等功能性词素就属于常用体标记,分别用来标记事件的进行体、完成体与经历体。进行体、完成体、经历体是汉语中凸显的三大类体语法范畴,"着""了""过"分别是汉语这三类体语法范畴的典型标记。

2.手语中的体表达

与听人一样,聋人对时体的认知也源自对自身以及周围环境的感知。手语中的时体表达不是任意的,是有据可循的。有学者运用古人"近取诸身,远取诸物"的认知方式来阐释聋人如何形成时间概念,指出聋人运用了转喻、隐喻、映射等认知方式,将抽象的时间概念转换为空间图式隐喻[③]。也有学者通过实验证明,聋人听觉通道的缺失没有影响他们对时间水平方向隐喻的形成,聋人也存在"左/过去,右/将来"的空间隐喻方式[④]。手语中的体表达是有内在规律的。

---

① 赵永峰.《时、体与认识情态的认知研究》述介[J].外语教学与研究,2013(1):148-149.

② 何晓炜,孙蓝,田琳.汉语特殊型语言障碍儿童体标记"了"和"在"的产出研究[J].外语教学,2013(2):27-32.

③ 吴铃,李恒.中国手语中的时间空间隐喻[J].中国特殊教育,2012(12):25-29.

④ 孙雨圻,陈穗清,张积家.听觉通道缺失和使用手语对聋生时间空间隐喻的影响[J].中国特殊教育,2012(10):20-26.

刘鸿宇对手语体标记进行了较为深入的研究。她以上海手语为对象,采用无文字诱导法和实地调查法获取手语视频语篇,从中提取语料中常用的体标记,并归纳了上海手语体标记的四种主要类型:附缀性手势"完成"、停顿、重复、口动。这四种体标记手段与手语简单动词,方向动词中的一致动词和空间动词均可搭配,具有普遍性[①],如表 2-2 所示。

表 2-2　手语体标记的四种主要类型

类　型	所属体范畴	表意功能	手控/非手控
附缀性手势"完成"	完成体	事件完成、结束	手控
停顿	进行体/持续体	和静态动词搭配,表"持续"	手控
重复	进行体/持续体	动作的持续和重复	手控
口动	进行体/完成体	动作进行或完成	非手控

此外,手势动作路径的迂回变化、目光注视等非手控因素也可用来标识不同的体类型。作为视觉空间中架构的语言,手控和非手控手段可以叠加在一起使用,这使得手语体标记兼具序列性与同时性的特点。手语体标记与数量范畴、方式范畴有交叉,体标记意义表达更具灵活性,这些都是手语与汉语在时体范畴表达上的不同之处,如图 2-19 所示。

睡觉　　　圆（钟）　　丁（响）　　惊醒　　　按下

图 2-19　手语动词"睡觉"

手语:睡觉 / 圆(钟)/ 丁(响),惊醒 / 按下。

汉语:睡着睡着,丁……闹钟突然响起,我在惊醒后使劲按下。

"睡觉"是一个静态动词,手语如何表达"睡觉"的持续态呢? 在这句话中,通过"双手合十,置于脸部"手势动作的持续状以及"双眼微闭、头侧向一边"表情体态的配合,来表达手语中"睡觉"这一动作的进行状态。

再看图 2-20。

---

①　刘鸿宇.上海手语动词的"体"语法范畴研究[J].中国特殊教育,2015(5):33-38.

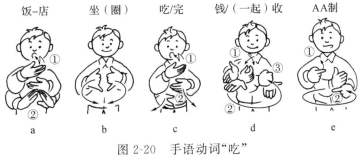

图 2-20　手语动词"吃"

手语：饭-店 / 坐（圈），吃 / 完 / 钱 /（一起）收 / AA 制。

汉语：我们几个人在饭店吃完饭，AA 制付钱。

手语如何表示"吃"这个动作的完成呢？

在这句话中，"吃"后面紧跟着一个明显的附缀性手势动作"完成"，如 c 中的"②"所示：两手横伸、掌心向内，其余四指先弯动与拇指合拢，然后双手向下挥动，同时放开五指。

3. 从认知视角看手语和汉语体标记共性

手语与汉语在体标记功能和语义范畴上都具有象似性与经济性。

（1）手语和汉语体标记的象似性

象似性就是临摹客观世界，是语言符号在语音、语形或结构上与其所指之间存在映照性相似的现象。① 汉语是意合语言，汉语体标记形式与体意义之间是有理据并可以论证的。在汉语界，学者们从 20 世纪 80 年代就开始关注、探究汉语体标记的发展演进历程。李讷、石毓智从语源学角度出发，根据汉语动补结构发展初期动词、补语和宾语之间的相互制约关系研究，提出"了、着、过"等体标记形成于古代宋、元时期②，其中"了"的语法化演变路径更是多年来汉语研究的热点。近年来，有更多学者从距离象似性、顺序象似性、数量象似性等关系象似性角度出发，探寻汉语句法构成的深层次规律。汉语体标记也遵循距离、顺序等象似性原则，汉语动词与体标记之间的组合与听人的思维序列是吻合的。

与汉语相比，手语体标记的形式与它承载的意义之间具有更为直接的对应关系，人们可以通过体标记形式来猜测意义。手语动词体标记多

---

① 王寅. 认知语言学[M]. 上海：上海外语教育出版社，2006：510.

② 李讷，石毓智. 论汉语体标记诞生的机制[J]. 中国语文，1997(2)：82-96.

是对动作的直接模拟,如手语"(看不到爸爸,女孩)哭(了起来)","哭"的打法是面露悲伤的神情,瘪着嘴,食指与中指在面部滑动几下来模拟"泪水不停地流着"这一动作的进行体,非常形象。又如图 2-20 所述,表示完成体的手语词缀"完成"通过"双手五指并拢,边向下挥动边放开五指"这一动作来映射"完成"这一概念在聋人思维中的抽象化表达。五指朝下是聋人身体经验对"已过去"事件的时空隐喻,五指松开有放手、结束之意。反过来说,五指朝上并张开接近于万物向上生长,在聋人的概念结构中倾向于表达将来时或心理图式中未发生的事件。此外,手语"完成"在不同语境中可充当独立的谓词成分,也可以跟在手语动词之后充当体标记词缀来表示该动作的完成。

(2)手语和汉语体标记的经济性

经济性是指"表达应尽可能简洁"①。兰盖克(Langacker)指出,语言交际受到彼此相互竞争的信息最大化和经济最大化原则的支配,信息最大化要求说话人要尽可能准确地传递最多的信息,而经济最大化原则要求说话人尽可能简洁地传达信息②。为了保证交流过程中信息的最大化,聋人或听人都力图使表达简练明确,将脑子里最先凸显的内容先说出来,观念上靠近的成分在结构上也接近。汉语体标记中的零形式,手语体标记中的手控、非手控因素同时使用及手语体标记与其他语法范畴的重叠都是这一内在认知规律的体现。

4.手语与汉语体标记个性比较

手语与汉语体标记表达既有共性又有差异,其不同之处主要表现在如下四个方面。

第一,与汉语不同,手语不严格区分完成体与经历体。笔者在教学中发现,聋生的手语表达似乎并不严格区分事件的完成体与经历体,经历过的事情在手语中也可以用"动词＋完成体标记'完了'"来表述。笔者曾要求聋生看《三毛流浪记》《孙悟空大闹天宫》,用手语讲故事并录制视频。在反复观看手语视频的基础上,对手语句子进行切分,经过仔细查找,未发现聋生手语中存在与汉语对应的"经历体"。笔者推测,"完成"与"经历"的体意义在聋人概念结构中可能是相似的,当然这还需要

---

① Croft W. Typology and universals [M]. Cambridge：Cambridge University Press, 2003：102-104.

② Langacker R W. Grammar and conceptualization[M]. Berlin：Mouton de Gruyter,1999.

语料的进一步收集以及实验求证。如果手语中缺省经历体,或者经历体与完成体在手语中合用同一类型标记这一假设成立,就能为他们在汉语表达中缺省经历体"过",以及经历体"过"与完成体"了"的混用找到一种解释的路径。

第二,手语中的体表达多样化,语法化程度相对较低;汉语的体表达则更具稳定性,语法化程度高。汉语属于汉藏语系,汉藏语系中的大部分语言都属于孤立语,缺少形态变化,在时体表达上很少用内部屈折和词缀①。汉语体标记长期的演化使其具有稳定性,表现为使用语法化程度高的形态语素,并且每种形态语素都有特定的语法功能指向,如:"了"只能表示动作完成,不能表示动作进行状态;"着"也不可能表示动作的经历状态,我们不能说"我已经吃着饭"——这在汉语中是不合语法的。

和体凸显的汉语相比,手语是一种年轻的语言,体凸显程度相对较低。主要表现为,手语中的体标记更多采用语法化程度低的词汇或其他语法手段。对江浙一带手语的调查表明,除相对稳定的附缀性手势"完成"表示事件的完成或结束外,体标记更多地表现为附着在手语动词或面部表情及体态上。如手语"(她上课的时候一直在)打瞌睡","瞌睡"的打法是眼睛闭拢,头垂下又抬起并连续几次,通过头面部的重复动作来表达瞌睡的持续状态;又如"等啊等,(公交车还没来)","等"的打法是手横伸,手背贴在颏下不动,目光持续注视着前方,用手的停顿和目光的持续注视表示一直在等的状态。在跨语言的时体编码类型研究中,时体词缀语素被认为通常出现在屈折语和黏着语中,如英语属于屈折语,其过去时的形态标记通过加词缀"-ed"表示,也可以通过内部屈折来实现。在这一点上,手语与屈折语有相似之处,手语动词可以通过动作内部的持续或重复、动作路径方向的变化、节奏或频率的改变来表达体意义。

第三,作为有声语言,汉语体标记表达遵循序列性这一时间维度,而手语体标记不仅具有序列性,还遵循共时性这一空间维度。汉语体标记"了、着、过"等属于功能性词素,一般都用在动词或形容词后,如"吃了、走着、讲过",遵循时间的线性排列规则。作为空间语言,手语体标记还具有共时性特点,即手的动作可以和其他"发音"器官如面部表情、目光的游走、口型或身体的转动等同时呈现。如上文提及的手语"瞌睡"一

①　于秀金.跨语言时—体的编码类型与认知理据[J].北京第二外国语学院学报,2016(4):42.

词,聋人通常会配合"u"的口型。又如手语"(花园里处处)鲜花盛开","花开"的打法除五指撮合向上到放开这一动作外,通常还伴有"a"的口型。手控和非手控手段的叠加,使得手语体标记体现为同时使用多个语法单位来表达。

第四,汉语体标记具有特定的语法意义与功能指向,一般不与其他语法范畴交叉;手语体标记和其他语法范畴有交叉。语法意义是从一系列具体的词或具体的语言成分中抽象概括出来的意义,它不是词汇意义,不是语言成分中的具体意义,而是同一词类或同一语言结构所共有的意义,并通过一定的语法形式表现出来。① 在汉语中,"了、着、过"附着于一系列动词之后,它们不表示动词的具体意义,而是表示抽象化的语法意义。这种抽象的已完成、正在进行、已经历的语法意义是通过"了、着、过"表现出来的,不同的语法意义要用不同的体标记来表达,三者间的语法意义不能互换。

手语体意义的表达不仅具有词汇义,而且还具有语法义,词汇义和语法义是融合在一起的。不仅如此,手语体意义在不同的语境中还可以与数量、方式、场所等概念整合在一起,表达不同的意义。如上例"鲜花盛开",手语表达是"五指先向上撮合,然后放开"——这一动作反复几次,在不同的语境中既可表示鲜花盛开数量之多,又可表示鲜花处处开放,还可表示公园里鲜花持续盛开的样貌。再如"(妈妈在)洗碗","洗碗"的打法是一只手打类标记"C"手形,另一只手做刷的动作。该动作重复几次,既可表示要洗的碗很多,也可同时表示妈妈在不停地洗。体标记承载的语法意义要结合上下文语境来判断。

时、体、情态是人类认知范畴化和概念化的结果,汉语虽然也有体表达的零标记形式,但作为一种成熟的有声语言,汉语已形成较为稳定的体形式来标记不同的体意义。而手语作为发展中的视觉语言,体标记形式更灵活、丰富且多变,或者说还缺乏稳定性。为了凸显交际中的主要信息,手语表达总是尽可能地将那些相对次要的信息进行整合甚至忽略,手语体标记兼具其他语法范畴功能。聋生汉语书面语体标记产出困难的原因可以从手语和汉语体标记的差异寻求解释。

总之,手语中的各种省略现象均可从手语以视觉符号为信息载体这

---

① 王松茂.汉语时体范畴论[J].齐齐哈尔师范学院学报(哲学社会科学版),1981(6):65-76.

一特殊性得到解释。"手语的视觉空间特性决定了它直接采用与我们的空间认知相同的方式表达语法关系，而不同于有声语言由于只能在时间线上排列而隐喻地使用空间认知。"①手语能够结合手部动作、脸部表情、体态形成一种综合的信息沟通渠道，几个"发音器官"同时传递信息，有些表情体态还能起到汉语中"虚词"的作用，承担语法意义。有声语言如汉语，两个音位不可能同时发出来，手语中的手势则不同，手形、位置、运动、方向可以同时打出来，有时伴随着口动。手语的同时性特征是区别于汉语的最大特色，这也是视觉语言为了满足交际高效经济性、最大化凸显句子焦点信息的需要。

当然，强调手语的同时性并不否认手语与有声语言共有的序列性。以句子为单位来看，手语也与汉语一样，需要依时间序列逐次打出来，手语词在时间的轴线上依次排列出现，也具有序列性。手语与汉语一样，词与词的排列需要遵循各自的组织规则，呈现不同的语法序列，这就涉及手语与汉语的语序比较问题。

二、手语中的"倒装"

从事聋教育的语文老师都有体会：聋生写文章大多谈不上形象生动，能把句子写通顺就很不错了。聋生书面语作文中有大量不符合汉语语法的句子，语序颠倒类句子占了相当大的比重，如：

＊我决定选择专业电商。

＊给我们题目讲。

＊坚持学画画八年。

＊你先去吃饭可以。

手语颠三倒四没有语法吗？手语的语序同汉语有无差异？龚群虎教授曾在《手语语法问题》中说过一个很形象的例子，"猫捉老鼠"用藏语或日语说，顺序是"猫老鼠捉"，用汉语说则是"猫捉老鼠"。从汉语角度看"猫老鼠捉"是错的，从藏语的角度看汉语"猫捉老鼠"是错的，不同的语言语序不同是常理。人们不能戴汉语的有色眼镜来看手语语序，认为不符合汉语句法的都是颠倒的。语序差异是手语和汉语在语法上的差异表现之一。在上面的例子中，"我决定选择专业电商"从汉语角

---

①　倪兰.中国手语动词研究［M］.上海：上海大学出版社，2015：21.

度看是"定语后置"类偏误,应改成"我决定选择电商专业"。可换作手语交际情境,针对"你决定选择什么专业"这一问题,聋生做出"我决定选择专业电商"的回答,是手语中非常自然的语序。"我"要选的不是别的专业,是"电商",将"电商"置于句末以示强调,强调了交际中的语义重点。

汉语词与词的组合有固定的规则,不能随意调换。那些彼此对应又互相依存于同一句法结构中的句法成分,例如主语和谓语、述语和宾语、中心词和修饰语等,它们在句子中的位置是比较固定的,而制约复杂结构的构成规则也比较复杂,因此汉语句子的处理还依赖于语义和语境信息的约束①。与汉语相比,手语语序问题显得更为复杂。一方面,作为一种自然语言,手语表现出类似于有声语言的口语特征,语序灵活;另一方面,作为一种独立的视觉语言符号系统,手语转写成汉语的种种差异又彰显出其与汉语分属不同语言体系的样貌特征。手语中词与词的组合要比汉语灵活得多,或者说,对词序的要求要比汉语松散得多。

例如,汉语"哥哥买了一只新手机"这句话在手语中可以有如下几种表达:

哥哥 / 新手机 / 一 / 买。(强调买的数量"一只")

哥哥 / 新手机 / 买 / 一。(强调动作"买")

哥哥 / 买 / 新手机 / 一。(强调买的对象"新手机")

新手机 / 买 / 一 / 哥哥。(强调"买"动作的发出者"哥哥")

因此,也有人认为,手语无所谓固定语序,取而代之的是心理联想和模糊意图,手语要根据具体语境才能把握确切意思。对这一观点持反对意见者占多数。来自美国②、荷兰③、俄罗斯④及中国大陆(内地)、中国台

---

① 冯丽萍.认知视角的对外汉语教学论[M].北京:北京大学出版社,2013:154-155.

② Li C N. Word order and word order change[M]. Texas: University of Texas Press, 1975:1-25; Li C N. Subject and topic[M]. New York: Academic Press, 1976: 127-148.

③ Coerts J. Constituent order in sign language of the Netherlands[R]// Brennan M, Turner G. Word order issues in sign language: working papers(presented at a workshop held in Durham 18-22 September 1991). Durham: ISLA, 1994:47-71.

④ Kimmelman V. Word order in Russian sign language: an extended report[J]. Linguistics in Amsterdam, 2012(5): 38-72.

湾①、中国香港②的大量研究表明，手语不是杂乱无章的语言，手语有固定语序，在看似纷繁的表现形式下蕴含着内部规律性。

　　但对手语基本语序应为何者的问题，内部意见尚不统一，甚至还有较大分歧。常规语序应该更符合聋人的认知规律，更容易被识别和加工理解；变异语序是受语义焦点影响而使句子成分移位形成的，增加了信息加工的程序，相应地增加了交际中的理解难度。费舍尔（Fischer）立足美国手语（ASL）动词调查提出美国手语基本语序是 SVO（主谓宾）的观点；而弗里德曼（Friedman）则立足语用学，提出 SVO 尽管是 ASL 的高频语序，但并不是基本语序，动词出现在小句句尾是语用回避策略的体现，语序取决于语用和空间的需要；史密斯（Wayne H. Smith）认为我国台湾手语（TSL）句子成分以这样的顺序出现——主语／时间／副词／宾语／情状／问句成分，但其中也有许多变化，如主语常在句末重复，时间副词常出现在句首，间接宾语在直接宾语之前或者在直接宾语之前与动词结合在一起，修饰成分可以在名词之前或之后，他认为 TSL 总体上来说还是属于"主谓宾"结构的语言。③ 此外，在手语研究领域有较大影响力、首创视觉语言学学说的旅法华人游顺钊调查了巴黎、东京、香港等地的手语，在采集了大量语料之后，提出了手语语序应为主宾谓的结论。④

　　这些基于手语基本样貌的考察都揭示了手语的部分内在规律，但研究结论的不一致也彰显出人们对手语这一特殊语言的认识还不够深刻。就目前情况来看，亟须建立一套独立、完整的术语系统来规范中国手语语法研究；译介国外研究成果时，同一概念所使用的中文术语也应统一。本节无意于手语语法本体系统、类型、划一体系的构拟，也无意于各家纷争，关注点主要在目前达成初步共识的中国手语语序研究成果上。通过这些成果的梳理，立足教学，为聋生汉语习得遇到的困难提供一些来自手语本体研究方面的解释，帮助教师正确看待聋生书面语写作中的困难，使教与学形成良性互动。

　　（一）主题先行

　　有聋人学者指出，手语句中词语的排列取决于如下三个重要原则：

---

① 　游顺钊，徐林.基本手势序和词序共性所受的制约[J].国外语言学,1986(2):55-62.
② 　邓慧兰.香港手语动词获得之研究方向[J].当代语言学,2011(2):164-174.
③ 　倪兰.中国手语动词研究[M].上海:上海大学出版社,2015:19.
④ 　游顺钊，徐林.基本手势序和词序共性所受的制约[J].国外语言学,1986(2):55-62.

一是视觉过程的先后,二是要表达事物在主体心目中的地位轻重,三是先具体后抽象。① 这是颇有见地的结论。自幼缺失听觉刺激的聋生,他们的大脑可能会重组信息接收渠道,由一般的视听觉信号接收改为视觉信号接收,他们的视觉处理功能得以逐步增强,并在语言与思维中占据主导地位。

1.词序颠倒

如图 2-21 所示。

图 2-21 手语动词"倒油"

手语:圆(锅)/油/倒,火/(油)嚓拉。

汉语:往热锅上倒油,发出嚓拉嚓拉的声音。

在这句话中,手语语序"油/倒",汉语语序应该是"倒油"。对聋人而言,先看到具体实物"油",然后才有对"油"做什么,这是一个自然的视觉观察顺序,把这个顺序记录下来,就是"油/倒"。聋人从视觉出发体认世界,先映入眼帘的、先看到的实物即为被陈述的对象,随后才是动作的实施,"油/倒"符合聋人的视觉感知与生活经验。

又如图 2-22 所示。

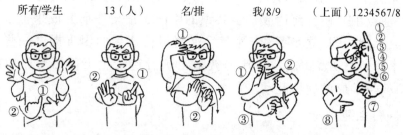

图 2-22 手语动词"排名"

手语:所有/学生/13(人),名/排/我/8/9,(上面)1234567/8。

汉语:所有 13 个学生中,我排名第 8 或第 9,我上面有 7 或 8 个人。

---

① 郑璇.中国聋人手语的语言地位[D].武汉:武汉大学,2005:9-16.

手语语序是"名/排",汉语语序是"排名"。聋人概念结构中先出现整体框架"名次","名次"在他们的脑海里可能会具象为一副可视化的表格图景,然后才是这一表格图景中"我"所在的位置。聋人习惯于将抽象的汉语名词用具象化、可视化的方式来解读。因此,"名"在前,"排"在后,最后陈述"我"在表格中的定位。

仍以上述"猫捉老鼠"为例。如果按照汉语语序先说"猫",再说"抓",最后说"老鼠",很难想象在无声的空间里,先是出现"猫"伸出了"爪子",然后"抓"向无声的空间,然后"老鼠"乖乖钻到猫爪子下被"抓"的情景。正像看动画片一样,视觉观察下的空间中必须先出现"猫",然后出现"老鼠",当"猫"和"老鼠"都出现了,才会有"猫"朝"老鼠"方向"抓"的情景。类似的例子还有很多,如:汉语的"搬电脑",手语中是"电脑搬";汉语的"书本放在桌子上",手语是"书本桌子放";汉语"男孩扔球",手语是"男孩球扔"。从认知上看,手语的这种词语排列规则与客观世界直接对应,具有很强的象似性,从这一点上看,聋人与中国远古先民的思维有相通之处,现存上古文献中大量类似的句法结构就是例证。

2.主题词前置于句首

"主题先行"的第二层含义是,将要表述的对象作为关键词放在句首,让对方明确交流的主题,以便顺利进入话题内容。关键词前置起到框定对话范围,让交际双方都能快速进入对话情境的作用。其中要表述的对象可以是人、事物、动作、事件或是观念,如图 2-23 所示。

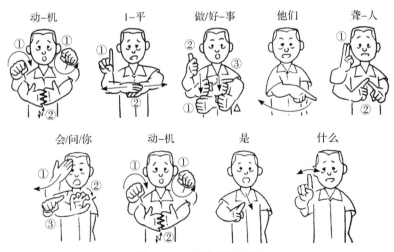

图 2-23　主题词"动机"

手语:动-机 / 1-平 / 做 / 好-事,他们 / 聋-人 / 会 / 问 / 你 / 动-机 / 是 / 什么。

汉语:聋人做好事,他们一般喜欢问你动机是什么。

上例手语说话人要讨论的是"动机"这一话题,因此"动机"作为关键词被前置了,在句中一共出现两次,一次在句首,一次在句中。"动机"一词在句子中发挥了类似于文章"标题"的作用,手语说话人先将它从心理词典中提取出来,置于句首,然后叙述这句话的过程中又将它放归原位。

又如图 2-24 所示。

图 2-24   主题词"歌星"

手语:歌(星) / 你们 / 追星 / 多 / 粉-丝 / 多 / 是不是?

汉语:你们追捧歌星的粉丝有很多,是不是?

同样,这个例子中手语说话人要讨论的是"追星"这一话题。说话人先模拟唱歌的动作,将"歌星"作为关键词置于句首,引起交际另一方的注意,然后再围绕"追星"与"粉丝"展开陈述。从"歌星"到"追星"再到"粉丝",从聚焦话题到进一步提出问题,表述简洁清晰,能让对方快速获取语义重点。

3.修饰成分后置

中心词与修饰语的关系处理也遵循主题先行原则。手语往往把中心词放在前面,修饰语放在后面,以凸显谈话的重点。根据中心词与修饰语的关系,又可以分为"定语后置"与"状语后置"两种情况。

（1）形容词与名词

如图 2-25 所示。

图 2-25　手语形容词"坏"

手语：有 / 1 / 女 / 心坏，挎篮子 / 扭，馒头 / 毒，猪 / 看，馋。

汉语：有一个挎着篮子的坏女人走过来，篮子里有毒馒头，猪八戒看见馒头馋了起来。

这句话中的"扭"模仿走的动作，意为"走"。"心坏""挎篮子 / 扭"都是对"女人"形象特征的描述，放在中心词"女人"之后修饰"女人"。其中"心坏"紧跟在女人后面作修饰成分，"挎篮子 / 扭"类似于关系从句，是对"女人"的进一步补充说明。"馒头 / 毒"也是同理，先强调中心词"馒头"，再用后置的"毒"来修饰。

（2）数词与名词

汉语中数词必须和量词搭配才可以修饰名词，但手语的情况与之不同，如前所述，手语中没有独立的量词词类，手语模拟物品形状的手势动作中包含了量词的意义，量词是与其后要修饰的名词"黏合"在一起的，数可以直接修饰、限制名词。数词与名词的顺序关系在手语中有两种，一种在名词前，一种在名词后，其中又以后一种较为常见，如图 2-26 所示。

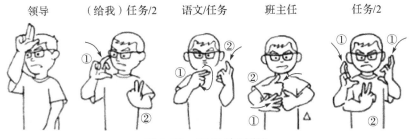

图 2-26　手语数词"2"

手语：领导 /（给我）任务 / 2，语文 / 任务 / 班主任 / 任务 / 2。

汉语：领导给了我两个任务——教语文课和当班主任。

在这句话中,"两个任务"手语语序是"任务+2",手语先打"任务",再打出数词"2",数词置于中心词"任务"后面。"领导+(给我)任务／2""语文／班主任"也是同样的结构。

又如图 2-27 所示。

再　　　　连　　　　快　　　摔跟头　　　　3

图 2-27　手语数词"3"

手语:再／连／快／摔跟头／3。

汉语:连着摔了三个跟头。

"三个跟头"在句中用"摔跟头+3"表示,次数"3"置于"摔跟头"之后修饰摔的次数。

(3)副词与动词

如图 2-28 所示。

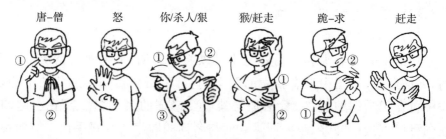

唐-僧　　　　怒　　　你/杀人/狠　　猴/赶走　　　跪-求　　　　赶走

图 2-28　手语副词"凶狠地"

手语:唐-僧／怒,你／杀人／狠,猴／赶走,跪-求／赶走。

汉语:唐僧看到孙悟空凶狠地杀了人,非常生气,将他赶走。孙悟空跪求,唐僧依然不答应。

在这句话中,手语语序"杀人／狠",转写成汉语应该是"凶狠地杀了人"。在手语语序中,相对于"杀人"而言,"狠"是一个起修饰作用的成分,因此置于主要成分"杀人"之后。手语总是将交际中最重要的信息凸显出来,让对方看明白它是第一位的。

4.对抽象概念做具象化说明

手语是一种视觉语言,一切非视觉概念的表达最终都以视觉意象作为归宿。对聋人来说,"非视觉概念"等同于抽象概念,也就是说,不能被视觉直接把握的事物对他们而言都是抽象的[①]。那么,看不见的形象、事物如何在手语中表达呢? 请看图 2-29 的句子。

图 2-29　手语概念"绅士风度"

手语:香港 / 人 / 喜欢 / 美 / 整齐 / 习惯 / 美 / 端正。

汉语:香港人有绅士风度。

在这个句子中,手语通过罗列"绅士风度"的下位概念,用"美＋整齐""美＋端正"两个手势将其转化为视觉意象,将"绅士风度"形象地表达出来。遇到无法用手语直接打出的抽象概念,手语说话人会运用列举法,将抽象概念中的一些典型成分罗列出来,来指代整个概念范畴。相应地,手语看话人总结、概括接收的信息,从而达到理解该非视觉概念的目的,完成交际任务。这一点与汉语有很大不同,汉语词语抽象化程度高,"绅士风度"一个词就可以概括出手语所指的"美、整齐、端正"这些绅士的外貌特征。汉语言简意赅,还能传递出词语的引申义。

又如图 2-30 所示。

图 2-30　手语概念"豪华"

手语:(美人鱼)啊 / 看,船 / (周围)灯 / 灯 / 灯……

汉语:美人鱼看见一艘豪华游轮。

---

①　郑璇.中国手语中的比喻和借代:兼谈手语如何表达非视觉概念[J].中国特殊教育,2010(2):4-8.

例句中,"豪华游轮"用"船＋灯"的手势表示,通过"灯"手势的反复多次,勾勒出夜晚豪华游轮的整体轮廓。在聋人的思维发展过程中,一切非视觉性的东西都必须借助于视觉性的中介才能为他们所察觉和理解。① "灯"是有形可见的实物,被一片璀璨灯光所笼罩的游轮是"豪华"的,聋人将抽象概念"豪华"具体化为形象化的场景,并通过解释说明的方法,来形象地解说想表达的抽象概念。

用列举、解释对抽象概念做具象化说明的认知策略,对聋人手语句法结构产生了影响。和汉语严谨的词序排列相比,手语的内部结构显得松散,似乎缺少规约,不讲究词序与语法功能的对应,显得较为质朴、简单。而且,不同聋人依自己的理解和习惯,对同一个概念还会有不同的表达,比如据笔者调查,"豪华"也有聋人用"船"＋"大／大／大"＋"贵／贵／贵"来表示。由于生活经验和背景知识不同,同一个抽象概念在不同聋人的手语表达中可能会用不同的方式。

(二)否定副词后置

除用非手控标记(如摇头、耸肩、摊手)来表达否定语气外,手语中还有两个基本的否定副词:"不"与"没有"。其中,"不"在手语中可以与形容词、动词搭配,"没有"可以和名词、动词搭配。就句法位置而言,否定副词"不"和"没有"都出现在动词、名词和形容词后面,否定词后置是手语中非常普遍的现象。

1.否定副词"不"

如图 2-31 所示。

图 2-31　手语否定副词"不"

手语:你／我／陪／买／东-西? 习惯／不。

---

① 郑璇.中国手语中的比喻和借代:兼谈手语如何表达非视觉概念[J].中国特殊教育,2010(2):4-8.

汉语：你陪我去买东西好吗？不，我不习惯。

汉语的习惯表达是否定副词置于动词前面，修饰动词，即"不习惯"。可在手语中却恰恰相反，"习惯／不"的打法是，先一手握拳、手心朝外置于鼻子前表示"气味相投"，引申为"熟悉、习惯"之意，然后再打"不"，表示否定语气。

又如图 2-32。

我　　　　　帮（他）　　　　卖命　　　　不

图 2-32　手语否定副词"不"

手语：我／帮（他）／卖命／不。

汉语：我不为他卖命。

与上例不同，这句话中否定副词"不"不是对动作本身的否定，它虽然同样置于句末，但对整句话的语义都构成了约束作用，对"我是否愿意为他卖命"这个命题表明了主观意愿和态度。

2. 否定副词"没有"

如图 2-33 所示。

你　　　　　我　　　　　之-间　　　　　关系-没有

图 2-33　手语否定词"关系-没有"

手语：你／我／之-间／关系-没有。

汉语：我们之间没有任何关系。

在这句话中，否定副词"没有"修饰名词"关系"，手语中的打法是"关系-没有"，两手拇、食指相捏并互套成环状，意为"关系"，进而松开双手，表示"没有"。"关系-没有"在手语中合成了一个词。

又如图 2-34 所示。

手语：聋／应该／手语，为什么／口语／强迫／叭／叭／叭，明白／没有。

图 2-34 手语否定词"明白没有"

汉语:聋人应该使用手语,为什么?(因为)对聋人讲口语,聋人听不懂。

"明白 / 没有"转写成汉语是"没有 / 明白"。在手语语序中,否定副词"没有"置于"明白"之后。如果用口语与聋人交流,聋人只看到"叭 / 叭 / 叭"的口型,当然不知道听人要表达的意思。

有学者对香港手语的否定式进行研究,指出香港手语"用于句式否定的否定标记均为自由语素,并且有多个意义不同的否定词。再者,这些否定词都占着句末的位置"①。根据笔者调查,在否定词后置这一点上,江浙一带手语与香港手语相似,但手语否定式均为"自由语素"的表述值得商榷。上例中,"关系-没有"在手语中是合并成一个手势来表示的,手语"习惯/不"也是一样。"不""没有"在手语中可以与其他语素黏合在一起,构成一个新的手语词。手语否定副词可以直接与动词结合,演变为本身带有否定意义的动词、名词。比如"是"的打法是一手食指、中指相叠,由上而下挥动一下,但"不是"的打法就不是"是+不"的简单叠加,而是已经形成一个固定的手势,其打法为:一手食指、中指相叠,指尖朝前上方,向右下方晃动两下。

手语中否定副词后置的成因,尚未引起学者们的广泛注意。从认知角度看,将手语否定词置于句末,是为了凸显句子的语义焦点。所谓语义焦点,就是手语说话人最想让对方注意而强调的部分,是句子中被凸显出来的某一部分信息。在有声语言中,"焦点也总是通过一定的形式表现出来,即通过语音(主要是重音、语调)、词汇(一般为虚词,如"是""连"等)、句法(句末成分、语序的易位等)手段来表现"②。与有声语言相比,手语否定语义的凸显手段主要通过语序易位(成分后置)来实现,尚

---

① 李然辉.香港手语的否定式[J].当代语言学,2011(2):109-115.

② 刘鹏.现代汉语强调表达研究[D].哈尔滨:黑龙江大学,2012:2.

不如有声语言那么丰富多样。

此外，手语否定副词的使用常常伴随着非手控标记，两者不是互斥关系，而是相辅相成的，手语可以用摇头的动作来表示否定，比如将手放在耳侧做倾听状，同时摇头，表示"听不见"。在这里，摇头这个动作起到了否定词的作用。摇头这个非手控标记也可以与否定词一起使用，比如上面所举的"我们之间没有任何关系"这句话，手语可以一边打"关系-没有"一边摇头，表示否定意味的加强，而并非表示双重否定。

（三）疑问代词后置

手语疑问代词有"谁、什么、哪里、为什么、何时、怎么办、多少"等等，手语疑问代词没有性、数、格或人称的变化，不像有声语言那样有表感叹等衍生的语法功能，其语法功能相对单一，多表询问或疑问。[①] 手语疑问代词通常置于小句句末，从语义角度看又可分为两类：一类是用以代替未知的人、物、地点、时间、事件，对应汉语可转写成"谁、什么、哪儿、哪里"等等；另一类是用以指代事物可能的性质、数量以及动作的方式、状态，转写成汉语则是"怎么、怎样、怎么样、多少"等等。

如图 2-35 所示。

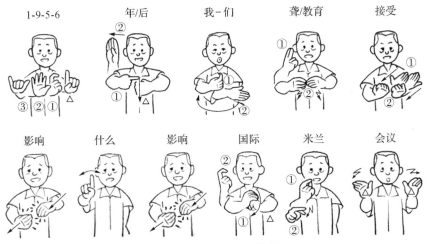

图 2-35　手语疑问代词"什么"

手语：1－9－5－6／年／后，我-们／聋／教育／接受／影响／什么，影响／国际／米兰／会议。

---

① 刘鸿宇.类型学视角下的手语代词系统研究[J].中国特殊教育,2013(5):23.

汉语:1956 年以后,我们聋教育受到了什么影响?(受到了)国际米兰会议的影响。

这句话用自问自答的方式,陈述了手语说话人对聋教育历史上重要事件的看法。汉语"什么影响"在手语中表述为"影响+什么",疑问代词在句中指代的范畴明确具体,答案指向某一特定的历史事件。

又如图 2-36 所示。

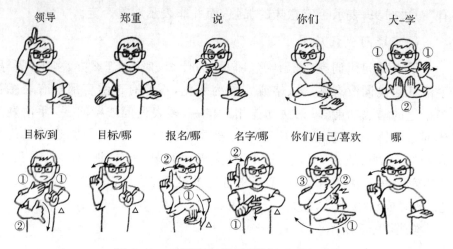

图 2-36　手语疑问代词"哪儿""哪个"

手语:领导／郑重／说,你们／大-学／目标／到／目标／哪?报名／哪?名字／哪?你们／自己／喜欢／哪?

汉语:领导郑重地说,你们大学报考的目标是哪儿?报考哪个学校?校名是什么?你们自己喜欢哪个学校?

在这句话中,疑问代词很有规律地出现在句尾,依次用来修饰"目标""报名""名字""学校",在句中指代的范畴也比较清晰,代替未知的目标、校名、地点等信息。

与上面两个句子不同,图 2-37 中的例句,手语疑问代词指代的对象则不如上面句子明确,手语疑问代词"怎样"引导的问句指向做某事的方式,所覆盖的范围个体不清楚,显得较为模糊。

手语:他／自己／写,和／2／3／人／合／写,有。聋-人／教育／工作／培养／出来,好／聋-人／学生,怎样?

汉语:他自己写,(后又)与人合写,探讨聋人教育工作怎样培养出好的聋人学生。

"谁、什么、哪里、为什么、何时、怎么办、多少"等词语是转写之后的

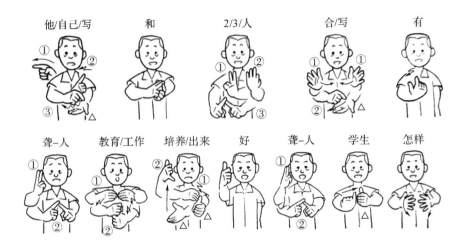

图 2-37　手语疑问代词"怎样"

汉语疑问代词称谓,"什么、怎么样、哪里"等尽管语义有别,但在手语打法中并不严格区分,上述例子中的"什么"与"哪"的打法是一样的,区别仅在于面部表情。汉语疑问代词与手语打法之间不是一对一的对应关系,这给聋生汉语疑问代词的学习带来了困难,因为这些词很容易混淆。

　　从认知角度寻求否定副词后置与疑问代词后置的成因,可以发现两者有共同之处。将疑问代词置于句末同样是为了凸显语义焦点,是手语说话人要引起对方注意而特意强调的部分。作为视觉空间中架构的语言,手语更需要将关键信息凸显出来,表现在语流中,手语疑问代词前还可能伴随短暂的停顿。"主题先行"与"语义焦点后置"现象似乎说明,决定手语语序的关键因素不是词与词之间排列组合的一系列固定的语法规则,而更多取决于聋人视觉思维习惯及交际情境中的语用因素,手语语序受两者的共同支配。就语用因素看,句子的话题驱动因素与句子的焦点因素支配着手语的语序。话题位于手语句子起始位置,焦点位于手语句末部分。焦点是句子在交际中的主要内容和目标,是新信息,位于手语句子的结尾。如果句子焦点移到其他位置,则会发生手语句法成分的位移。

三、手语中的"重复"

　　重复是口语中普遍存在的现象。在二语习得领域,人们往往把重复与口语的非流利产出关联在一起，认为重复是与停顿、替换、回溯、插入等并列的一种自我修复①，是言语产生时遇到认知资源的暂时缺损，通过重复以恢复认知资源以顺利达成交际意图的现象②。在汉语书面语中，"重复"（或称"反复"）又被认为是有意而为之的一种修辞手段，具有突出某种情感、强调某个意思的作用。

　　手语中存在着大量的重复现象，手语中的重复是指句子中同一个手语词手势动作的多次反复。其中又可分为两种情况：一种情况是同一个手语词在句中不同位置间隔出现，如"她／鬼／她"，"什么／换／新／什么"，"你看／有／狼／跑／看"等句子中的"她""什么""看"。对于这种情况，人们普遍认为是语义强调所需，"她／鬼／她"中的第二个"她"是对主语的进一步强调；"你看／有／狼／跑／看"中的第二个"看"是再次强调以引起对方的注意。上述观点也得到相关研究的支撑：在部分手语句子中，可发现句子成分重复的现象，包括主语、谓语、状语、补语、宾语的重复，……所重复的句子成分均是句子的重点内容，通过重复可达到强调重点的目的。③ 另一种情况是同一个手语词手势动作的多次反复，中间没有插入其他句法成分，如"大／大／大""天／天／天""花／花／花"等。对这种"重复"现象，研究者关注不多，有人认为这种现象类似于听人口语的非流利产出，是聋生手语表达不连贯的一种表现。但笔者根据与聋生的长期交往与观察，发现聋生手语句子中这种词语重复现象要多于听人口语，同一个词语在手语句子中的复现率要明显高于口语。手语中的重复除强调重点、凸显主要信息之外，应该还有其他的功能。

（一）手语动词的重复

1.表动作的延续

如图 2-38 所示。

手语：小-乌龟／爬／爬，翻过山岭，爬／爬……

汉语：小乌龟爬呀爬，（艰难地）翻过山岭，又爬呀爬……

　　图 2-38 第二幅图中，手语说话人手心朝下反复做弧线交替运动，来表现小乌龟不停前行的状态，通过"爬"这个手势动作的反复来表示动作

---

①　马冬梅.口语非流利产出分类体系研究[J].外语与外语教学,2012(4):30-34.

②　姚剑鹏.自然言语自我重复研究[J].外国语文,2010(5):53-57.

③　毛赛群.西安聋人自然手语句法研究[D].西安:陕西师范大学,2015:53-54.

图 2-38　手语动词"爬"

的持续进行。

2.表动作的多次

如图 2-39 所示。

图 2-39　手语动词"引用"

手语:引用 / 引用 / 引用 / 多 / 是 / 写-作 / 通-病。

汉语:引用过多是写作的通病。

在这个句子中,第一幅图右手张开的五指表示"文章",左手弯曲的拇指和食指表示引用的部分。左手拇、食指弯曲并从左手向下做弧形移动,这个动作重复打了三次,表示引用次数之多,转写成汉语即为"引用过多",第二幅图"多"的手势是对前面引用次数之多的进一步补充。

又如图 2-40 所示。

图 2-40　手语动词"参加"

手语：参加 / 参加，越来越（熟悉），高兴。

汉语：参加多了，越来越熟悉了，也就（越来越）高兴了。

此处的"参加"重复两次，也表示次数逐渐增多之意。

（二）手语名词的重复

与手语动词范畴重复意义不同，手语名词的重复涉及的是个体的单复数差异，名词重复表达的是个体的复数意义。如图 2-41 所示的"花/花/花"，表示路面上溅起了一朵朵水花，形容水花之多，描绘出一幅生动的雨景图。

图 2-41   手语名词"花"

手语：下雨 / 水花 / 水-花 / 花 / 花 / 花。

汉语：雨点在地面上溅起一朵朵水花。

又如图 2-42 这句话中，手势动作"水泡（上升）"的打法是：双手拇、食指相捏呈圆形，交替向上缓缓移动。这个动作生动地展现了海底水泡不断向上升起的情景，形容水泡之多，给人以直观的视觉感受。

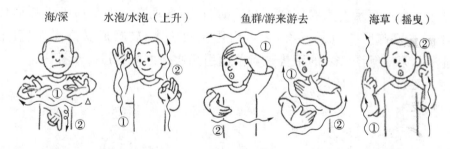

图 2-42   手语名词"水泡"

手语：海 / 深 / 水泡 / 水泡（上升），鱼群 / 游来游去，海草（摇曳）。

汉语：深海中一簇簇水泡缓缓向上升腾，鱼群在摇曳的海草中自由穿梭。

手语通过手势动作的速率、节奏、姿势的细微变化，用象似性的方式再现真实空间中的图景。手语词与汉语书面语词语一样,都属于规约性的符号,但相对汉语而言,手语词的象似性更突出,词的形式与意义之间的映射更透明,人们可以通过词形去领会词义。手语"山 / 山 / 山"能让人联想到连绵的群山,"房 / 房 / 房"能让人联想到成片的屋瓦。

(三)手语形容词的重复

1. 场景的描绘

手语形容词的重复与名词重复一样,也具有描绘场景的表达效果。如图 2-43 所示。

图 2-43 手语形容词"闪闪的"

手语:小猪 / 拿过来(麦子) / 打开 / 看,光闪闪 / 一闪 / 一闪。
汉语:小猪拿过麦子一看,里面光闪闪的,一闪一闪地泛着光。
手势动作"一闪 / 一闪"重复几次,表示口袋里的麦子闪闪发光状。

2. 过程的记录

如图 2-44 所示。

手语:等/洞/大/大/大,大/很。
汉语:等着等着,洞越来越大。

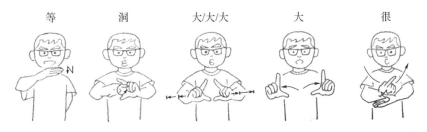

图 2-44 手语形容词"大"

在过程记录中,形容词的重复还伴随着运动的方向,如"大"这个手势动作还伴有从中间向两边扩展的运动轨迹,来表示"越来越大"的程度。类似的还有双手打成"大"的手形,置于脸颊两侧,然后重复向外移动几次,表示"越来越胖"。

综上,从词性分类看,手语中的词语重复主要有动词重复、名词重复、形容词重复三类。手语中的重复现象应从多个角度去分析原因。有些重复现象具有一定的内在规律性,有的已经固化为习惯性重复。手语中的重复不仅是一种交际策略,一种自我修补行为,也不仅是语义重点强调所需,更是手语中的一种语法手段,值得人们深入探究。有些手势动作的重复还具有汉语中成语和俗语的意味,手语"遇/困难/碰/碰/碰"相当于汉语成语"四处碰壁",手语"日子/日子/日子"相当于汉语俗语中的"混日子"。

此外,聋生手语中还有一种重复现象是受汉语学习影响形成的。手语中有许多一个手势独立成词的词语,对应到汉语可能是两个语素或三个语素构成的合成词,如汉语"等待"对应手语只需一个手势动作"等","方法"对应手语也只需一个手势动作"法"。聋生在叙述故事或朗读课文的过程中,会重复该手势动作"等/等""法/法",有时还会伴随口动,以凑足课本上的音节。

第三节　手语在聋生汉语习得中的作用

手语与汉语书面语关系问题是聋教育领域长期关注的话题。手语对汉语的学习有何影响? 这种影响对汉语的学习是阻碍还是促进? 如果说手语阻碍了聋生的汉语学习,那它是如何阻碍的? 如果说手语促进了聋生的汉语学习,那它在汉语教学中可以起到哪些方面的积极作用? 人们在这些问题上争论不休:持手语促进论的研究者通过一系列认知实验推论,手语有助于聋儿早期的认知发展,有助于词汇和概念知识学习,因而有助于促进聋生汉语学习;持手语阻碍论的研究者则从"洋泾浜"式的聋生汉语中介语表现出来的诸多语法错误,反推出汉语习得受手语阻碍,手语制约着汉语学习,两者之间存在着竞争关系。随着研究方法的完善和认识的推进,人们对该问题的理解渐渐趋于统一。

一、手语有助于聋儿早期的认知发展

威尔科克斯（Wilcox）提出，早先从身体残疾或生理受损看待聋人的做法，极大地忽视了聋人作为具有独立语言和文化群体的社会属性。[①] 以游顺钊为代表的视觉语言学派认为，人类的语言现象，是一种涉及众多领域的复杂的生理与社会现象，历来的语言研究，过分偏重听觉方面，只顾舌头和耳朵，忽略了视觉方面，不顾眼睛和双手。[②] 聋人在群体发展的过程中，不仅手语得到切磋、发展和交流，而且其共享的习俗、禁忌、价值观也逐渐得以确立，并进一步发展成为社会上的特殊群体。[③]

持手语促进论的研究者认为：手语在聋儿早期的认知发展中有重要作用，对于聋幼童而言，手语是他们唯一能自然掌握并自由使用的交际工具，如果丧失了这一交际工具，就好比隔绝了聋儿与外界的交流，对他们早期语言、社交、心理和认知的发展都十分不利。科学家们将"狼孩""猪孩"带回人类社会并进行教化，可他们却终生无法学会像人类一样思考，也无法与人类进行正常的语言交流，这说明语言习得在人类早期认知发展中具有非常重要的作用。笔者在教学中也有体会，父母均为聋人的聋生比父母均为听人的聋生手语词汇量要更丰富，他们在日常生活中乐意与老师交流，个性也似乎更活泼开朗。相对来说，与父母缺乏沟通的聋生，手语词汇量小，汉语书面语作文句子短，篇幅短小。在担任班主任的过程中，笔者也感受到，有些自小被家庭边缘化的聋童在班里似乎显得木讷、不合群。进一步询问发现，当聋儿在早期家庭生活中问"爸爸，这是什么？"之类的问题时，聋父母一般会用手语给予及时解答；听人父母则因为自身手语词汇量有限，常常不知道如何解释，而且他们也无法从聋儿身上获取积极反馈，因此亲子交流极为有限。亲子阅读在儿童语言发展中也具有重要作用，可一项针对聋人大学生的调查研究显示，仅有20％的聋人幼年时曾有过与父母共同阅读的经历，并且通常没有在

① Wilcox S. Symbol and symptom: routes from gesture to signed language[J]. Annual Review of Cognitive Linguistics, 2009(1): 89-110.

② 游顺钊. 手势创造与语言起源: 离群聋人自创手语调查研究[M]. 北京: 语文出版社, 2013: 199-201.

③ 于松梅, 钟玲. 美国聋人文化略观[J]. 中国残疾人, 2007(2): 54.

共同阅读的过程中获得乐趣。①

　　那么,对聋儿早期语言发展而言,手语和口语两者应如何选择呢?香港中文大学手语及聋人研究中心教授邓慧兰指出,如果通过助听设备(如人工耳蜗)再辅之以言语治疗手段,可以使聋童成功地发展口语,这的确是好事,但失败的案例也比比皆是。对于那些没有耳蜗,甚至听觉神经有损伤的聋童来说,助听设备根本起不了作用。如果等到确认聋童口语能力的发展失败后,才运用手语来支持语言发展,恐怕他们早已错过了学习语言的关键期。如果无法发展出完整的语言能力,那么这对聋童其他的认知能力和社会心理等发展,以及接受教育等各方面都会造成莫大的伤害。②

　　语言发展期理论得到大量研究的支持,许多实验提供证据表明,儿童语言习得应该有一个最佳年龄段(通常认为在 6 岁之前),因为在此期间大脑保持了较高的可塑性。与缺乏信息沟通渠道的聋儿相比,自幼熟练掌握手语的聋儿在个人成长发展过程中,体现出了更多的认知优势。心理学实验支持长期使用手语有助于聋童认知能力的发展的结论,比如手语有助于聋儿的元认知、自我监控、问题解决策略、抽象思维、情绪理解以及与汉语书面语相关的读写能力发展等等。③

　　总之,手语对聋儿早期认知发展起促进作用,应重视聋儿早期语言干预,为聋儿创设社会语境和家庭语境,建构符合聋儿语言发展需求的语言支持系统。

二、手语有助于聋生汉语习得

　　手语是聋人间交流的工具,聋人生活中约定俗成的手势符号构成了一个个手语词。手语词的排列组合同样要遵循一定的语法规则,否则聋人相互之间就无法交流。本章第二节曾以汉语"哥哥买了一只新手机"为例列举了手语中的四种表达,这四种表达都合乎手语语法规范;但不能说"一 / 哥哥 / 新手机 / 买"或者"买 / 哥哥 / 一 / 新手机",这是不合

---

① Schleper D R. Reading to deaf children: learning from deaf adults[J]. Perspectives in Education and Deafness,1995(13):4-8.

② 邓慧兰.聋童语言获得与手语双语共融教育:语言科学研究之知识转移[J].语言科学,2014(1):26.

③ 陈乐乐.聋儿手语与其认知发展研究述评[J].中国特殊教育,2015(3):26-27.

手语语法规范的。手语的语序虽然灵活,但灵活不等于无序,视觉语言的语法规则也是聋人群体在长期的生活实践中约定俗成的。对聋人而言,如果一个手语句子能完成信息的编码、发送、传递、接收和译码等一系列过程,让双方都能领会彼此意图,那么这个句子就算顺利地完成了交际任务。从这个角度来看,聋人手语与听人口语相似,它虽不如汉语书面语那么丰富、精微、深刻、严谨,词与词的排列组合上似乎也不太讲究,但它符合聋人的表达习惯,能满足聋人日常交际的需要,是聋人之间约定俗成的符号系统。

如果视手语为聋人的第一语言,那么汉语书面语对聋生而言就具有二语习得的性质。由于生理限制,聋生自小缺少语音信息的输入,他们学习语言的心理特点、学习方式必与听生不同。来自听人的二语习得领域研究表明,大量可理解的语言输入是学好任何语言的前提。怎样的语言输入是可理解的呢?依据克拉申的二语习得理论,创设语境、师生互动、有效交际等是促进学生二语习得的重要条件,但有效的语言输入只是必要条件,却不是充分条件,人们不应忽视学习者一语水平对二语习得的影响。对聋生而言,在汉语习得初期,他们的汉语语言系统还没有建立起来,对汉语的学习与理解大量依赖手语,手语在汉语习得中起着非常重要的中介、桥梁作用。即便达到较高汉语水平的聋生,也无法完全摆脱手语的影响。比如对一些具体的事物,聋生不需要重新建立概念,可以借助手语已经建立的概念来理解汉语词。又如常会看到聋生边打手语边逐词读课文,手语可以辅助他们对汉语书面语的理解与识记。聋生在写作文过程中有时会卡壳,他们会用手语向老师比划自己心中想表达的意思,请老师帮助他们寻找一个恰切的汉语词,这些都是聋生汉语学习用第一语言"手语"来理解加工汉语的例证。美国加劳德特大学报告的研究成果也发现,强有力的第一语言基础,不论第一语言是什么,都是阅读成功的关键。采用双语方法来学习阅读,家长和教师使用美国手语作为第一语言,然后通过手语来进行英语的识字教学,也被证明是有效的教学方法。[①]

《聋人学习语言方法——聋人教师谈怎样学语言》一书集合了国内34名聋人教师语言学习方法自述,聋人教师们回忆起各自的求学生涯

---

① 吕会华.第二语言习得理论与聋人汉语教学[J].毕节学院学报,2014(3):50.

时,汉语阅读、借助手语、写日记是最常用的三种方法。其中有一位聋人教师写道:"手语是我学习有声语言的主要方法,也是我记忆事物和语言材料的辅助手段。我在回忆一件事时,往往是边说边用手语、动作、表情进行描绘;当我遗忘时,手语、动作、表情的提示可以帮助我再现事物形象。""我一般是边看边读(尽管读不清楚)边打手语,把静态的文字符号与通过手语描绘的形象结合起来,识记语言材料。"①手语在帮助聋人识记、理解、再现文字材料过程中的重要性不言而喻。当听人看到"我不想听"这句话时,语音信息其实已经在脑子里默默过了一遍了,也就是说阅读中存在将视觉的文字信息进行听觉编码的过程。聋生依赖手语,阅读中他们会不自觉地使用手语转录策略,当听觉通道替换为视觉通道后,在使用手语转录的过程中,课文中的句子展现在聋生眼前应该是一幅幅生动的手语图景。

本章第二节手语与汉语本体对比研究表明,手语是聋人视觉思维的产物,手语中的"类标记""主谓一体""动名同形""主题先行""叙述视角的切换"等语法现象是视觉思维的象似性、经济性的体现,是满足最大化凸显句子焦点信息的需要。手语以视觉意象为归宿,依靠视觉来接收信息,双手的组合要符合视觉空间的符号架构需要。聋生的汉语学习是完成文字符号与视觉符号信息转换的过程,涉及一系列复杂的认知心理活动。语言输入与输出在聋生的心理结构中只有通过手语的转换、翻译才是可理解的、可被加工的,手语有助于聋生汉语习得。

三、正确看待手语在聋生汉语习得中的迁移效应

"迁移"是二语习得领域出现频率非常高的一个术语,聋生汉语习得是否也存在迁移效应呢? 人们假设聋生在学习汉语时会寻求手语的帮助,第一语言手语会对汉语学习产生正面的或负面的影响,也就是常说的正迁移和负迁移。从本章第二节提供的大量语例来看:手语和汉语语法结构一致的部分可能会促进聋生汉语习得;反之,手语和汉语的差异会成为聋生汉语学习的阻碍因素,导致聋生汉语学习困难,也即"负迁移"。手语与汉语的不同之处是聋生产生学习困难的主要原因之一;两种语言在词汇、语法、概念、语用方面的差异越大,汉语学习的困难也就

---

① 陈军.聋人学习语言方法:聋人教师谈怎样学语言[M].北京:中国戏剧出版社,2005:40.

越大。反过来说,当手语句法结构与汉语一致时,聋生会比较容易将它转写成合乎汉语语法规范的句子,如下面这个句子(图 2-45)。

手语:我/去/买/生姜。

汉语:我去买生姜。

图 2-45　"我去买生姜"

这句话手语与汉语的句法结构一样,都属于"主语(我)＋连谓结构(去＋买生姜)"的简单句。其中,"去"在汉语连谓结构中表示目的,指明了动作的趋向。手语中的"去"是实指的,"去""买生姜"按动作发生的先后顺序排列,符合聋人视觉思维的习惯。但手语与汉语语法规则不一致的情况要远远多于两者一致的情况。聋生习作中存在着大量"洋泾浜"式的聋式汉语,就是聋生将手语规则迁移到汉语中的结果,这种汉语手语的混合体掺杂着各自的词汇与语法,大体上说,词汇以汉语居多,语法以手语居多。

当然,手语中哪些语言项可以迁移到汉语中,既要考虑二者之间的差异或相似之处,还要考虑聋生作为学习者自身的因素。在手语与汉语的迁移问题上,还有大量问题等待着人们回答。比如,语言系统包括语音、词汇、句法、语义、语用等多个次系统,如果发生了迁移,哪些次系统容易发生迁移,哪些不容易发生迁移? 手语特征在多大程度上决定了汉语语法? 手语向汉语的迁移是否有阶段之分,是在习得的初始阶段发生、中间阶段发生,还是贯穿汉语习得的始终? 回答这些问题需要构建聋生汉语中介语语料库,开展大规模的实证调查。如果仅凭教学经验做出手语在聋生汉语书面语习得中的迁移或"有"或"无"、或"正"或"负"等简单结论,这不仅会削弱迁移理论的解释力,而且做出的推断也不够客观全面。

(一)对比分析假说

手语是视觉语言,没有书面语形式;汉语是发展成熟、词汇丰富的有声语言,有结构稳固的书面语形式。本章第二节对手语和汉语进行了较为全面的比较,手语与汉语在词汇数量、词类、构词法、句子结构诸方面都有很大不同。就词汇方面看,汉语词汇无比纷繁,异常丰富,《辞海》收词有 10 万多条;而 2018 年最新颁布的《国家通用手语常用词表》仅收录了 8100 多个手语词。手语词以名词、动词、形容词为主,量词、连词、介词、助词常常省略,语气词、叹词、程度副词等通过面部表情或手势动作的幅度来体现。汉语词的感情色彩、语体色彩也是聋生学习中把握不定的难点。语法方面,根据主题、话语焦点凸显等需要,手语句法成分常会发生位移,次要成分有时会省略,重要成分会通过同一个手势的反复来强调补充。

通过手语、汉语对比分析,可以预测聋生所犯的语言错误。一般认为,两种语言的相同之处会促进语言学习,不同之处会带来语言学习的困难。当然,并非所有错误都是因两种语言的不同而起,也有些错误是对比分析无法预测的。比如凯勒曼(Kellerman)就提出了与对比分析迁移观相反的观点,认为当二语和一语中的某个现象差异很大时,也会使学习者比较容易感知到这种差异结构,从而产生一种"新奇效应",反而会促进二语习得。① 但不论人们对对比分析假说持怎样的观点,都不能否认二语得是克服母语的表达习惯,通过感知、记忆、模仿、背诵、交际等手段不断顺应目的语思维方式的过程。比照到聋生汉语习得中,涉及手语知识迁移,聋生通过汉语知识输入重新建构自己的知识系统,运用已掌握的汉语知识解决交际中的问题,其中伴随着一系列复杂的认知心理过程。

(二)聋生汉语中介语假说

手语的学习源自聋儿现实生活的需要,每一次手语交际活动都包括特定的时间、地点,特定的目的与特定的交际对象,是聋儿自然而然习得的。但聋生汉语学习情况与之不同。聋生学习汉语需要通过学校教育刻意地"教"或"学"。聋人博士杨军辉曾在《两种语言两种文化的碰撞》中回忆小时候一次写作文的经历,当她把"光荣"的手语反义词手势(先五指并拢、指尖朝下贴于脸颊,然后边向下移动边张开五指)直译为"丢

---

① Kellerman E. Towards a characterization of the strategies of transter in second language learning[J]. Interlanguage Studies Bulletin,1977:258-145.

脸"的时候,遭到了语文老师的批评。她在文章中写道:看到日记本上长长的红线和老师的批注"哑巴话","我的脑袋轰地炸开了","一般情况下,仿照口语怎么说就怎么写,能保持句子通顺;但仿照怎么打手势就怎么写,有时却不能写出通顺的句子";"打出来的手语和写出来的书面语是属于两种不同的语言,中间需要一个翻译加工的过程"。①

绝大多数聋生习作都介于纯粹的手语和标准的书面语之间,从语法结构看,他们的汉语表达既留有手语的印记,又具有汉语的部分特点,是一种从手语向汉语过渡状态的"中介语"或者说是"连续统"。在这个"连续统"中,作为学习主体的聋生对汉语和手语两种语言之间的感知距离是一个重要因素。叶立言在《聋校语言教学》中就"聋式汉语"打过一个很生动的比方,这正如"有些讲英语的外国人到中国来,他们也能吃力地讲一点儿汉语,当他们在宾馆里与服务员交谈时,服务员也能吃力地讲一点儿英语"②。这种现象也存在于手语水平不高的聋校听人教师身上。与其他二语学习者一样,聋生学习汉语书面语中出现的中介语是第二语言学习的必经之路,是一种努力朝着汉语目的语靠拢的语言系统,教师应用积极的眼光看待聋生汉语中介语,从各种规律性的偏误现象中研究其分布情况,归纳其主要类型,剖析其认知成因,进而采取相应的教学对策。

(三)概念迁移假说

聋教育界一直以来关注聋生用词、句法方面的偏误,教学着力点在如何纠正聋生的语病上,对概念迁移、语用迁移等关注不多。从发生迁移的层面看,概念迁移作为迁移研究的新视角值得引起重视。概念迁移假说认为,句法、形态、语音等语言形式是对底层的概念系统的组织,概念系统为这些外在形式提供理据。学习者的概念系统中包括三类概念,即基于一语的概念、基于二语的概念和共享概念。如果将基于二语的概念范畴和基于一语的概念范畴错误地对接,就有可能发生负迁移现象。③比如根据笔者的调查,江浙手语中缺少汉语体标记中的经历体"过",当地聋生在学习汉语体标记"了"与"过"时,就有可能与手语中的完成体标

---

① 陈军.聋人学习语言方法:聋人教师谈怎样学语言[M].北京:中国戏剧出版社,2005:2-3.

② 叶立言.聋校语言教学[M].北京:光明日报出版社,1990:89.

③ 赵杨.第二语言习得[M].北京:外语教学与研究出版社,2015:65.

记"完了"产生错误联结,作文中出现"了"的大量泛化使用现象。又如"流产"一词的手语打法是"先一手拇、食指指尖相捏,然后左手五指弯曲、掌心向内横于腹前,右手五指蜷曲,先置于左手掌内,再移出左手掌外",手语形象、直观地表示胎儿不足月分娩出体外的意思,手语"流产"打法用的是汉语"胎儿流产"的本义,遇到汉语"计划流产""项目流产"等词组或者下面的句子,"《新生》的流产和《域外小说集》的滞销,向他清楚地展示了留学生活的暗淡前景","他重新树立自己地位的机会因教练的战术而流产了",聋生就会比较困惑,句义理解困难,需要教师对汉语"流产"概念延伸出的比喻义做讲解说明。讲解之后,教师还需要对聋生进行手语输出训练,测试其是否掌握了概念的比喻义。聋校课堂中,教师讲解完某个词语的用法后常会问聋生"你们懂了吗",大家集体点头示意"知道了、懂了",其实他们是否真的掌握了还需打个问号。

(四)语用迁移假说

语用迁移是聋生将手语和文化语用知识迁移到汉语书面语中,从而在书面语交际行为中表现出手语的特点。语用迁移产生的偏误不属于"正确性"问题,属于"得体性"问题。手语的视觉性特点决定了聋人在交际中当说则说,直截了当,让对方一看就明白。语言影响思维,手语影响聋—听的交际行为、交际方式,如果聋生不能领会汉语具体语言形式蕴含的语言张力或礼貌蕴含,不能迁移到聋—听言语交际中,就会对他们实施言语行为产生影响。比如听人打招呼,有时会用尊称。见到校长,会说"某某校长好",见到长辈,会说"爷爷/奶奶,您好"。但聋人见面习惯开门见山、直叙来意,伸出竖起的大拇指一概表示"您好"或"你好"之意。听人间见面时的问候语("吃过饭了吗?""最近身体好吗?"),聋人会觉得多余。当发表不同意见时,听人习惯于察言观色、委婉表达,听众也能体察"弦外之音、言外之意";当给出批评意见时,听人善于用积极的辞藻"包装"起来。但对聋人而言,这会使交际产生歧义,不明白听人究竟要表达什么。朋友长胖了,听人会说"发福""心宽体胖"类似的恭维话,而聋人会直接说"你比以前胖了,该减肥了!"

总之,笔者认同以下观点:手语有助于聋生汉语词汇和概念知识的学习,但手语和汉语毕竟是两种不同的语言,手语与汉语语法形式上的差异会对聋生汉语学习产生影响。不应该把母语对二语习得产生的影响简单地看作是"干扰",而应该看作是一种"认知过程",一种"策略",或是一种"调解"。对聋生来说,其主要任务不是去克服手语的"干扰"或"消极转移",而是在认知过程中,采取有效的"策略"或"调解"手段,尽快掌握汉语的语法知识和语言技能[①]。

第四节　本章小结

语言影响认知。在长期的手语实践中,聋人发展出了视觉主导的空间认知策略,这种视觉空间认知策略决定了聋生与听生的语言学习必然有不同之处。

本章对近年来国内手语语言研究的代表性成果进行了梳理,归纳了该领域研究范式与研究路径走向,为手语与汉语两种语言的比较研究奠定了基础。在此基础上,结合教学观察和语料分析,细致梳理了手语和汉语在构词、语序方面的种种异同,揭示了受视觉空间认知策略影响,聋人手语和汉语之间表现出来的种种差异,从语言对比的角度为聋生汉语教学提供了依据。

手语是聋人视觉思维的产物,手语中的"类标记""主谓一体""动名同形""主题先行""叙述视角的切换"等语法现象是视觉思维的象似性、经济性的体现,是满足最大化凸显句子焦点信息的需要。手语、汉语转译存在着"省略""倒装""重复"三种主要的变换关系。手语中的"省略"主要涉及量词和"类标记"、动词和"类标记"、人称代词和叙述视角、虚词、体标记等几种语法现象;手语中的"倒装"突出表现为主题先行、否定副词后置、疑问代词后置三种语法现象;手语中的"重复"包括动词的重复、名词的重复和形容词的重复等。

应辩证看待手语在聋生汉语学习中的迁移效应,从服务于聋生认知发展和语言习得的需求出发,重视手语在聋生思维发展中的作用,加强认知视角下的手语本体研究,探索聋生汉语习得规律,提倡用第一语言手语帮助他们更快更好地习得汉语。

[①]　吕会华.第二语言习得理论与聋人汉语教学[J].毕节学院学报,2014(3):50.

第三章 认知视角下聋生汉语习得研究

第一节 聋生汉语习得研究进展述要

聋生可以快速轻易地学会手语,但要他们掌握本国语言(如汉语书面语)却非常困难。汉语,一种有时间顺序性的有声语言,在聋生的认知中是如何与手语这种空间语言建立对应关系的?听觉经验的缺乏,又是怎样影响聋生大脑的语言处理过程的?聋生与听生的信息处理机制有何异同?

美国学者指出,那些会美国手语也会英语的失聪儿童,常会混合使用两种语言。语言的混用,是一个学习第二语言的人通常会经历的自然过程。经过长时间的重复接触,聋人将学会如何区分这两种语言[①]。然而来自国内聋教育界的教学反馈表明,聋生学校教育的最大困难来自汉语阅读与书写。聋生可以不说汉语,但是不能不写汉语。相当大部分聋生直到大学阶段也无法流利阅读、完整表达,他们很难将手语对接到有声语言上,完成两者间的语码转换,成为熟练的手语—汉语双通道双语者。所谓熟练的双通道双语者是指能够根据表达需要,选择一种语言自如地交流,并成功地通达(加工)目标语言而不受另一种语言(非目标语

---

① Andrews J F,Leigh I W, Weiner M T. 失聪者心理、教育及社会转变中的观点[M]. 陈小娟,邢敏华,译.台北:心理出版社,2016:92.

言或非加工语言）干扰的人。①

心理语言学探究聋生对汉语信息输入的理解、加工并产生语言输出的心理过程。研究者们聚焦于聋生内部因素，研究他们的语言系统、习得过程和习得机制，对他们的语言系统及习得过程做出描写和解释。从认知角度看，语言的理解与生成是一个多层次、多侧面的心理加工过程，它不仅涉及字、词、句、篇等多个层次，而且就某一层次来说，又包含了多个侧面、多种因素（如词的音、形、义）的理解与加工。目前，人们在聋生语言习得的心理加工机制研究方面已取得了许多成果，其中以词汇水平上的研究成果最为丰富。认知视角下的语言心理研究可以为聋生汉语习得提供现实可靠的心理学证据，为制定合理有效的教学法提供依据。

心理语言学界的研究得到聋教育界的回应，许多一线教师自发地投入聋生语言习得研究，并期冀与心理学研究者携手，了解手语、汉语两种语言符号系统在聋生大脑中的运作机制，掌握聋生语言系统中的意义编码规则，以帮助聋生发展出从手语到汉语的联结策略，扫除读写障碍，提升学业成就感，顺利融入主流社会。

一、语音编码

语音是有声语言的物质载体，由于长期进化，人类拥有功能强大的语音编码机制。那么，没有机会自然发挥这一功能但却要接受有声语言教育的聋生能发展相应的语音意识吗？他们在书面词语识别中采用什么策略？② 研究者们以言语效能假说和自下而上的阅读早期模型为理论基础，将语音编码与字词水平加工效率关联起来研究。他们推测，聋生的语音编码与字词水平加工呈正相关关系，字词加工又会对句子水平、文本水平等较高水平的加工产生影响。

为了证实这一推论，近几十年来，人们展开了大量有关聋生是否存在语音编码的研究，但研究结果不尽一致。部分实验支持聋生在阅读中发展了与听生相似的语音意识，但也有些实验取得了与之相反的结论。

---

① 李恒，曹宇.第二语言水平对双语者语言抑制能力的影响：来自英语—汉语单通道双语者和英语—美语手语双通道双语者的证据[J].心理学报，2016(4)：331-342.

② 李德高，张积家.先天聋人的语音、正字法意识和概念知识结构[J].心理科学进展，2006(3)：354.

（一）聋生具有语音意识的实验证据

通过比较聋童和听力正常儿童（以下简称"听童"）在语音发展中所犯的错误，坎贝尔（Campbell）等发现，在口语交流环境中培养的聋童和听童在语音发展中所犯的错误相似，两者的语音发展模式是一样的，但聋童的语音发展较听童迟滞。[1]

有研究者选用要求使用语音编码（如对韵脚的判断、词音位的分离）才能完成的实验任务对聋生进行语音意识研究，结果表明，聋生似乎能够使用语音编码信息来完成实验任务。[2] 如，汉森（Hanson）等给被试呈现两对单词，让被试判断哪一对单词押韵。所使用的刺激材料被设计成在被试做判断时，不能依赖于字形的相似：每一对单词字形均相似，其中一半语音相似（如 SAVE/WAVE），一半语音不相似（HAVE/CAVE）。虽然聋生判断的准确性没有听生被试高（分别是 64.1% 和 99.6%），但显著地好于随机水平。[3] 莱巴特（Leybaert）通过要求被试尽可能快地大声读出字或非字的方法来探测聋生是否能读出假字，结果表明聋生能够准确地大声读出假字，这说明聋生被试具备一定的通过字母组建音位并构成音节的能力，聋生在书面语发展过程中具有语音编码意识。[4]

作为表意体系的文字，汉字字词形态与语音形式之间不存在完全的对应规则。那么，学习汉语的聋生在汉字识别中是否运用了语音编码呢？冯建新、方俊明通过汉字异同识别比较，测试聋生与听生对不同汉字特性（本字、音近、形近、意义高度相关）条件下及靶子字与测试字不同间隔时间下的反应差异。研究结果发现：字音的激活是汉字加工过程中的一个重要的特征，即使聋童也要经历"字音"的激活过程，语音中介可

① Campbell R，Burden V，Wright H. Spelling and speaking in pre-lingual deafness：unexpected evidence for isolated "alphabetic" spelling skills[J]. Psychology，Spelling and Education，1992：185-199.

② Campbell R，Wright H. Deafness，spelling and rhyme：how spelling supports written word and picture rhyming skills in deaf subjects[J]. The Quarterly Journal of Experiments Psychology，1988（4）：771-788.

③ Hanson V L，Fowler C A. Phonological coding in word reading：evidence from hearing and deaf readers[J]. Memory and Cognition，1987（3）：199-207.

④ Marschar M，Clark M D．Psychological perspectiveson deafness[M]. Mahwah：Lawerence Erlbaum，1992：269-309.

能是理解语义必不可少的一环;字义在汉字的加工过程早期就可以出现,在听童中字义与字音是相伴出现的,聋童识别汉字则可能是以字形、字义为主,字音不占优势的方式进行的。① 贺荟中的聋生形声字语音研究也取得了聋生汉语习得中具有发展语音编码意识的结论,她采用纸笔测验的方式,对上海两所聋校二、四、六年级共 82 名学语前全聋儿童的汉字结构中语音线索意识及其发展进行了探讨。结果发现:聋童与听童一样,汉字读音受形声字表音规律的影响,表现为规则形声字的注音正确率好于不规则的形声字;对生字注音时,小学四、六年级的聋童更多利用了汉字结构中的语音线索;注音错误类型分析显示,随年级升高,聋童所犯非系统错误比例减小,声旁与类似性错误比例增加,并达显著性差异水平,表明聋童对汉字结构中语音线索的意识随年级升高而发展,二年级处于萌芽状态,四、六年级在发展之中。②

(二)聋生不具有语音意识的实验证据

部分实验支持聋生在书面词语识别中使用语音编码,但有研究者提出了聋生无语音意识的观点:聋生看似有语音意识的现象可能是他们阅读学习的结果,并非他们学习阅读的前提。③ 李德高通过梳理词拼写任务、词韵律判断、词汇判断、同音词—图匹配和短时记忆测量等系列研究后指出:如果接受口语训练,聋生似乎能够通过唇读发展和听生类似的语音意识;但是唇读提供的信息极为有限,规范的元音可以识别,辅音却不容易识别,而且其发音方式和发音位置难以通过视觉来识别。④

奥尔曼(Allman)对幼儿园聋童、听力困难儿童和听童实施 ERSI (early reading screening instrument)测量结果发现,聋童拼写错误与唇读、手语和手指拼写有关,他们比听童有更多的拼写不出任何字母的现象。而且,在拼写错误比例上,听童 60%～80%的错误是语音错误,聋童的语音错误比例却不到 20%。聋生的拼写错误主要是非语音的,他们企

———————————

　　① 冯建新,方俊明.聋童与听力正常儿童汉字形音义加工比较研究[J].中国特殊教育,2003(6):43-46.

　　② 贺荟中.汉语聋童对汉字结构中语音线索的意识及其发展[J].西北师大学报(社会科学版),2012(4):75-79.

　　③ 李德高,张积家.先天聋人的语音、正字法意识和概念知识结构[J].心理科学进展,2006(3):354.

　　④ 李德高.青少年聋生的概念结构[M].广州:暨南大学出版社,2010:25-28.

图再现词的总体形状而不是词的语音结构。① 在口语环境下成长并接受手语训练的聋童,他们学习拼写时,用视觉编码和触觉-肌肉运动编码来映射单词语音,研究者认为,从总体上看,聋生不能使用语音编码,聋儿应该有其独特的拼写模式②。来自词拼写的实验证据,还有福克(Fok)和滕(Taeng)对聋童和听力正常儿童汉语拼写错误的分析,他们研究发现,听童犯同音字替代错误极多,相反聋童很少犯同音替代错误,较多犯字形相似的非字替代错误。③ 贺荟中的聋童形声字结构中语音线索意识实验指出,学语前聋童具有一定的声旁表音意识,但她的研究对象是小学聋生,因此不能排除学校教育对聋生正字法意识的影响;随着年级的递升,聋生汉字结构中语音线索意识的逐渐增强也恰恰说明了这一点。

聋生通过唇读进行语音识别的效果受到音素可见性程度的限制④。对重度耳聋的先天聋生而言,如果他们不具有语音意识,那么口语教学法应该不适合他们,聋生可能发展了其他的编码方式并用以补偿语音编码缺陷而引起的词句加工困难,正字法知识应该是发挥调节作用的重要因素⑤。所谓正字法,就是使文字拼写合乎标准的规则或方法,聋生应该发展了一种对汉字组合规则的意识来帮助他们完成生字学习、字词识别的任务。当然,对有残余听力的聋生而言,通过佩戴听力辅助器具开展口语发声训练,应该可以提高他们的汉字识别与认知能力。

二、字词识别与加工

(一)影响聋生汉语字词识别的因素

受听觉障碍限制,聋生汉语书面字词识别困难。国内聋教育界对此做过大量报道。王姣艳收集了武汉市某聋校小学五年级 10 名学生的 30 篇作文计 233 个句子,经统计,共 106 处错误,以结构残缺、用词不当两类

---

① Allman T M. Patterns of spelling in young deaf and hard of hearing students[J]. American Annals of the Deaf,2002(1):46-64.
② 李德高.青少年聋生的概念结构[M].广州:暨南大学出版社,2010:25-28.
③ Galaburda A M. From reading to neurons[M].Cambridge:MIT Press,1989:137-171.
④ 雷江华,张凤琴,方俊明.字词条件下聋生唇读汉字语音识别的实验研究[J].中国特殊育,2004(11):37-39.
⑤ 李德高.青少年聋生的概念结构[M].广州:暨南大学出版社,2010:29.

错误居多,分别占 31.13% 和 30.19%。① 因为缺乏语音感知,聋生往往记不住语意相近的双音节词的内部顺序。张会文、吕会华、吴铃以汉语双音节词"灿烂"为例(聋生在书面语中写成"烂灿"),指出聋生在汉语识别过程中存在着较为普遍的字词颠倒现象②,如"仇恨"写成"恨仇","宠爱"写成"爱宠",这类偏误在聋生习作中比较常见。梁丹丹和刘秋凤对聋生汉语习得过程中产生的构词偏误进行了较为系统的分析归类,将聋生的构词偏误分为新造词、语义相关语素替代、语素错误、语素顺序错误和其他错误几大类,每大类下又分不同小类。经过统计分析,他们指出,聋生在汉语词汇习得过程中表现出较强的语素意识,但语素位置意识弱,主要体现为语素顺序错误;构词有一定的根据,但对与之相应的语素义的选择能力较差,主要表现为错误造词;语义场意识较强,但无法清晰区分场内近义语素和近义词,这一特点主要体现在语素的替代和语素错误上。③

从认知心理看,汉语形近字数量众多,词汇识别中一个刺激的出现会激活聋生心理词典中词形相近的相关词语,从而对目标词的识别产生竞争。如果聋生心理词典中对该词语的表征方式不稳定,就会在形义联系之间出现偏差,导致识别结果错误。以汉语偏正结构词语为例,偏正结构是汉语词汇中的主要构词方式之一,偏正结构也是聋生较为容易掌握的一种构词方式,相应地出现偏正结构生造词的比例也较高,如用"宿友"代替"舍友",用"流光"代替"流星",用"伴人"代替"同伴"。在一次以"介绍一个有特产的城市"为主题的写作课中,笔者曾要求大学一年级聋生上讲台来写下自己熟悉的某个城市的特产,结果显示,书写偏误、词序颠倒、生造词等问题比较突出,如"指南针"写成"南指针","镰刀"写成"刀镰","书法"写成"法书","造船"写成"做船","琥珀"写成"碧石虎","砚台"写成"墨础","兵马俑"写成"兵亻马俑","剪窗花"写成"剪窗纸","世博会"写成"博物展会","龙井茶"写成"西湖茶","太极拳"写成"太极泰"(如图 3-1 所示)。

① 王姣艳.从聋校学生的书面语谈其语言能力与教育对策[J].中国特殊教育,2004(7):17-20.

② 张会文,吕会华,吴铃.聋人大学生汉语课程的开发[M].北京:华夏出版社,2009:74-79.

③ 梁丹丹,刘秋凤.聋生汉语构词偏误的描写与统计分析[J].中国特殊教育,2008(12):41-46.

图 3-1 "我熟悉的城市的特产"书写错误示例

　　虽然聋生的自造词并不正确,但这种情况表明他们能运用同义词替代策略来帮助他们识记学过的词语,而且已经发展出汉语词汇结构与词义的关系意识,部分生造词组合方式符合汉语的构词规律和逻辑关系。

　　一个词具有形、音、义三种要素,形和音提供视觉和听觉信息,词汇识别的最终目的是利用形、音信息通达意义。一般认为,词的视觉加工要经过视觉特征分析(如笔画、部件、轮廓特征等)、词条通达、词义激活等几个阶段。聋生是否把书面词语仅当作视觉模式对待,在字词识别模型上与听生有所区别?这一问题引起了心理学界的关注。尽管在聋生字词识别中是否存在语音编码尚未达成共识,但人们普遍认为聋生在书面语词识别中,字形或词的整体形态结构是其起重要作用的因素。王乃怡比较了听人与聋人的短时记忆获得量。两组被试都显示出形、义两维编码的作用较强,而音码的作用相对较弱。聋人组的次级记忆容量明显低于听力正常组,而初级记忆容量两组没有显著差异。听人中有明显的语音相似性效应,而在聋人中则突出地显示出视觉的相似性干扰。[①] 方俊明等探讨了聋生与听生在阅读过程中对汉字的形码、义码、音码的信息加工方式,发现聋生与听生在字词识别的加工过程中都表现出较强的形码作用;但在对字义提取加工时,聋生采用了通过字形直接获取字义

① 　王乃怡.听力正常人与聋人短时记忆的比较研究[J].心理学报,1993(1):9-16.

的直通加工方式,而听生则更多地采取形/音转换后提取字义的加工方式。① 笔者对此也有教学体会。聋生犯的形近字错误不仅体现在词汇识别中,而且体现在书写与使用中,有些错误看起来非常低级但在聋生作文中却比较常见,如"吃饭"写成"吃板","拆开"写成"折开",又如上文的"太极拳"写成"太极泰"。斯滕伯格(Sternberg)通过实验指出,聋生对单词的认知从字形加工开始,在字形加工完成之前,字形便开始激活与之相匹配的语音子模式或者相近模式,聋生对熟悉度高的词语的字形信息整合速度较快,通过快速的字形信息整合达到辨识该单词的阈限,从而完成对这个词语的识别;对于熟悉度低的词汇,聋生对字形信息的整合速度则较为缓慢,在字形整合过程中语音信息已经得到激活,聋生在语音加工下完成对词语的识别,这样就发生了语音转录这一现象。②

此外,冯建新、方俊明将汉字笔画数与熟悉度作为汉字识别中的重要因素,考察笔画数和熟悉度在聋生和听生汉字识别过程中的影响,结果发现,汉字的笔画数和熟悉度差异是影响汉字识别反应时的重要因素,聋生与听生在汉字的视觉识别中没有显著性差异③。实验结论支持在聋生汉字教学中,字的笔画应由简到繁、由少到多,并可增加生字量以提高聋生对汉字的熟悉度。

总之,和听生相比,聋生在字词识别中更依赖视觉编码。词的整体形态结构或突出特征是聋生识别词的关键要素,对聋生来说,词形组成部分一开始就是有意义的。④ 提高聋生的语言能力的有效途径应该是首先注重汉字字形教学而不是过分强调语音教学。⑤

(二)影响聋生汉语词汇加工的因素

以汉语母语者为对象的研究表明,语义透明度、具体性、多义性、词语的内部结构等是影响汉语词汇加工方式的因素。所谓语义透明度是

① 方俊明,张朝.聋人与听力正常人汉字加工认知途径的比较研究[J].中国特殊教育,1998(4):19-22.

② 斯滕伯格.认知心理学[M].杨炳钧、陈燕、邹枝玲,译.北京:中国轻工业出版社,2006.

③ 冯建新,方俊明.聋童与听力正常儿童汉字识别中笔画数与熟悉度的影响比较[J].中国特殊教育,2004(2):1-4.

④ Gaustad M G, Kelly R R, Payne J A. Deaf and hearing students' morphological knowledge applied to printed English[J]. American Annals of Deaf,2002(5):5-21.

⑤ 李德高.青少年聋生的概念结构[M].广州:暨南大学出版社,2010:101.

指复合词的词义可从其所组成的各个词素意义推知的程度,也就是整词与词素的意义关系①,如:"马上"一词,从两个词素的意义很难看出与整词意义的关系,它的语义透明度就较低;而"沉重"两个词素的意义与整词意义关联较强,语义透明度就高。语义多样性是指有些汉语词的本义经过引申、比喻等途径产生出其他新的意义,形成多义词(如"包袱""手脚""千金""干戈")。面向外国留学生的研究表明,在多义词素的加工中,留学生会首先识别其中使用频率高、意义具体的义项,而不一定是词语中恰当的义项。例如,在词缀词"画家"中首先激活的词素意义会显著促进留学生被试合成词"回家"的识别,而汉语母语者的类似实验结果出现的是干扰效应,因为合成词"画家"中的词素"家"作为"家庭、家乡"的意义比它作为后缀的意义频率更高,意义更具体,因此也更容易激活②。聋生的多义词识别情况与留学生有相似之处。笔者面向大学一年级聋生开展的一项词义纸笔测验表明,聋生对多义词素不同义项的习得主要受原型效应和使用频率的影响。作为范畴核心的心理表征,原型性较强的义项的习得相对于原型性较弱的义项的习得更为容易;生活中聋生常会接触、常用的某些义项比生活中不常用的多义词义项习得更为容易。

　　此外,汉语构词成分内部的语义和语法关系对合成词的意义也有很强的制约作用,不同的词汇结构对合成词识别速度会产生不同影响。面向汉语母语者的词汇加工测试表明,成熟的母语者不仅能提取词素的形、音、义信息,而且能辨别合成词中词素的组合方式,并将其作为整词识别的重要线索。笔者曾用纸笔测试的方法考察大一一个班级的聋生对首尾两词素之间具有很大差异的并列、偏正、动宾三种不同结构的合成词词汇的识别情况,结果发现,聋生对这三种不同结构的合成词词汇识别的正确率差异不显著。测试结果说明,聋生对更深层次的词素构词功能、两词素之间的意义组合关系不够敏感。与汉语母语者相比,他们在词汇识别中似乎不太能够利用词素结构关系线索来帮助识别整词。

---

　　①　王春茂,彭聃龄.合成词加工中的词频、词素频率及语义透明度[J].心理学报,1999(3):266-267.

　　②　冯丽萍.中级汉语水平外国学生的中文词汇识别规律分析[J].暨南大学华文学院学报,2003(3):12-13.

三、概念联系

概念是客观事物在人脑中的反映,是人类认知结构的基本构筑单位。概念联系的主要类型有分类学联系、主题关联联系和基于情景的Slot-Filler联系(简称SF联系)。其中,分类学联系是根据相似性,通过抽象概括,按照上下级归类对事物形成有层次的类别关系(如水果—苹果);主题关联联系是事物间围绕某一主题建立起来的某种关联或互补关系(如狗—骨头);SF联系是事物之间基于具体情景事件聚集在一起的一种外部联系(如早餐与豆浆、油条、稀饭)①。李德高对国内青少年聋生的概念结构进行了较为全面深入的研究,系列实验研究表明,虽然聋生生活的社会文化背景及视觉通道与听生相同,但由于听力缺失,聋生的概念认知体现出了与听生不同的特点。

(一)分类学联系

李德高借鉴马斯查克(Marschark)以大学聋生为被试的单词联想实验,使用分类学联系上下位概念词对青少年聋生做单词联想研究,发现聋生的联想趋势虽然与听生基本一致,但聋生的分类学联系概念中上下位概念联系和同位概念联系都较弱,他们产生了较多的分类学联系以外的概念联系联想。这可能是因为聋生的书面语言能力弱,有孤立地看待事物概念的认知倾向。②

使用不同类别的基本水平概念,让聋生完成语义归类和错误再认任务两个实验,并与听生比较。结果表明,聋生和听生具有类似的类别意识,但聋生的类别意识较听生弱。聋生的分类学概念具有较强的形象化倾向。青少年聋生的分类学联系特点与语言能力发展迟缓、使用自然手语有关。③

使用语义分类任务考察聋人在基本水平概念、上位水平概念以及下位水平概念中的表现,结果显示,当下位刺激是词时,聋生的反应与听生的相似,但当下位刺激是图片时,出现了"反典型性"效应。这可能是因为聋生在识别上位概念时拥有两套概念操作系统,分别是通过手语建立

---

① 李德高.青少年聋生的概念结构[M].广州:暨南大学出版社,2010:2-6.
② 李德高,张积家,何维维,等.聋青少年分类学联系概念词词汇联想[J].中国特殊教育,2009(12):28-31.
③ 张积家,李德高,吴雪云.青少年聋生的分类学联系[J].心理学报,2008(11):1178-1189.

起来的概念系统与书面语学习建立起来的概念系统。当下位刺激是词时,书面语概念系统发挥主要作用,当下位刺激是图片时,手语概念系统发挥主要作用,因此出现了与听生相反的结果。[①]

使用上下位概念联系判断任务,通过反应时和错误率测量聋生分类上下位概念联系的倾向性,结果表明,聋生和听生都显示了分类学概念中上下位概念联系的不对称性,但聋生的上下位概念联系强度比听生弱。聋生对上下位概念联系判断显著较快,但典型性意识弱于听生。[②]

(二)主题关联联系

使用词汇迫选判断任务,考察聋生对分类学联系概念中基本水平概念的所属类别判断是否会和听生一样受到主题关联联系的促进,结果发现,不论是反应时还是错误率均未体现聋生对分类学联系或主题关联联系有相对比较敏感的现象。在主题关联联系促进分类学联系概念成员所属类别判断研究中,当判断基本水平概念是否属于相应分类学类别时,聋生和听生的判断同样会受到主题关联联系的促进。但进一步分析实验结果发现,聋生在概念结构和加工上也有自身的特点:聋生较强的大范围视觉信息获取能力使得他们较少受材料呈现方式的影响;聋生分类学联系相对较弱及上位概念表征的模糊使得错误率较听生更高;聋生难以在工作记忆中同时表征两种类型的概念联系,使得聋生反应时较听生更长。[③]

(三)SF 联系

结合聋生较为熟悉的分类学联系范畴和 SF 联系情景,通过语义流畅性任务考察聋生产词量,在此基础上,通过食物类词汇自由归类任务做进一步考察,结果发现,聋生在认知活动中有相对较强的 SF 联系意识和相对较弱的分类学联系意识。虽然在语义流畅性任务中,聋生的产词量较听生低,但是他们在不重复词汇运用方面还是倾向性地体现了他们SF 联系相对分类学联系较强的倾向。因此,聋生的概念结构中可能有相对听生较强的根据生活经历组织概念知识的倾向,而他们的分类学联系

---

①　Li D G,Gao K J,Wu X Y,et al. A reversed-typicality effect in pictures but not in written words in deaf and hard of hearing adolescents[J]. American Annuals of the Deaf,2015 (1):48-59.

②　李德高.青少年聋生的概念结构[M].广州:暨南大学出版社,2010:65-73.

③　李德高.青少年聋生的概念结构[M].广州:暨南大学出版社,2010:102-117.

概念结构意识发展相比听生可能有所延迟。[①]

四、语篇意识

词汇句法知识与阅读理解能力密切相关,汉语词汇句法知识缺失直接影响着聋生的汉语书面语阅读水平。早在 20 世纪初,国外就开始了聋生阅读水平测试。1916 年彭特纳(Pintner)与帕特森(Patterson)率先使用"Woodworth and Wells Test"评量听障学生的阅读能力,发现 14~16 岁听障学生的平均阅读分数只相当于 7 岁的听生[②],之后便陆续有许多相关研究成果发表,其结果也大致相近。霍特(Holt)认为,大部分听障青少年和成人的阅读能力,大约只处于小学四五年级的水平[③]。凯利(Kelly)曾对 424 名中学在读聋生及毕业聋生的词汇能力、语法能力与语篇理解的关系做了较广泛的研究,研究指出,在聋生阅读理解过程中,其语法理解的水平对词汇运用和阅读理解都有很大的影响;语法水平高的聋生可以更好、更充分地利用词汇能力来促进阅读理解,反之则影响阅读加工的效率[④]。国内情况与上述调研结果类似,聋生阅读理解能力远落后于听生,年龄越大,差距越明显。1999 年上海市对聋校初中毕业聋生的语文阅读能力进行测试,发现初中毕业聋生独立阅读分析能力不够,难以达到"初步掌握阅读方法,具有良好的阅读习惯""能读懂日常应用文和通俗文章,有初步分析、概括段意和文章主要内容的能力"的教学目标[⑤]。

(一)影响聋生汉语语篇理解的因素

近年来,贺荟中等人在语篇层面上对聋生阅读能力低下的认知原因进行了系列探索。她通过对语言发展前全聋被试(高中聋生)与低于其三、四个年级的听生在语篇理解过程各个环节的比较发现,语言发展前

---

① 李德高.青少年聋生的概念结构[M].广州:暨南大学出版社,2010:91-102.

② Patterson P. A comparison of deaf and hearing children in visual memory for digits [J].Journal of Experimental Psychology,1917(1):76-88.

③ Holt J A. Classroom attributes and achievement testscores for deaf and hard of hearing students[J]. American Annals of the Deaf,1994(4):430-437.

④ Kelly L. The interaction of syntactic competence and vocabulary during reading by deaf students[J].Journal of deaf studies and deaf education,1996(1):75-90.

⑤ 梅次开.上海市 1999 年聋校初中毕业生语文阅读能力的测试与分析[J].特殊教育研究,2000(3):32-35.

全聋被试在句子表征、局部连贯、整体连贯上的加工模式与低于其三个年级的听生被试相同,并以消耗较长时间为代价获得了在局部连贯、整体连贯上与低于其三个年级的听生基本相同的水平。尽管在背景信息激活上,两类被试的加工模式相同,但在加工效果上,语言发展前全聋被试远差于低于其四个年级的听生。① 这项研究发现了语言发展前全聋学生阅读能力低于同龄健听学生的部分本质原因,即他们在句子表征、局部连贯、整体连贯、背景信息的激活和无关背景信息的抑制环节上均存在比较严重的问题;同时也证实了当前关于聋生阅读的主流观点,即聋生与听生阅读过程的加工方式相同,但发展滞后,加工效果不如听生。

之后,贺荟中等通过眼动分析和回答文后问题等即时与延时相结合的方法,探讨了语言发展前全聋学生在篇章阅读过程中的眼动特点。结果发现,聋生与低于其三个年级的听生在注视点持续时间、眼跳距离与眼跳频率上不存在差异,但二者在注视次数、回视次数上存在显著性差异,也就是说,即使在字词解码上没有障碍,聋生在建立篇章整体意义的过程中(如组织连贯与分析概括活动)还是会存在问题。与之前实验相印证,与听生相比,聋生的阅读效率低。②

(二)语篇理解过程中的推理加工机制

语篇理解是一个多层面的加工过程,其中推理加工过程贯穿始终。不同阅读能力的聋生在语篇理解的连接推理加工机制上是否存在区别呢?贺荟中等采用记录被试阅读完成后回答问题的正确率、反应时与眼动指标,对不同阅读能力聋生语篇理解中连接推理的加工特点与效率做出了解答。实验结果表明,高、低阅读能力聋生在语篇理解过程中的连接推理加工机制上有所区别:在语篇局部连贯中断的情况下,高阅读能力聋生进行的是主动的即时性加工,能有效激活背景知识,所发生的连接推理加工是一个自动化的加工;低阅读能力聋生虽主动尝试即时激活背景知识,构建句子间的连接推理,但连接推理的加工还未达到自动化程度,推理加工的效率较低。③

---

① 贺荟中.聋生与听力正常学生语篇理解过程的认知比较[M].上海:复旦大学出版社,2004:12.

② 贺荟中,贺利中.聋生篇章阅读过程的眼动研究[J].中国特殊教育,2007(11):31-35.

③ 贺荟中,孙彬彬.不同阅读能力聋人语篇理解中连接推理的眼动比较[J].心理与行为研究,2014(4):447-453.

　　语篇加工过程不仅包括字词识别、句子表征等基本加工,还包括解码意义、激活背景知识、句子之间的连贯表征、识别文本信息之间的关系以及信息之间的整合加工等活动。语篇理解过程非常复杂,未来研究中可结合语篇加工模型与聋生的个体差异等因素,更深入地探讨聋生语篇理解困难的原因。

五、书面语写作

(一)来自聋教育界的书面语写作调查

　　聋生汉语书面语写作水平一直严重落后于同龄听生,这种落后在书面语语法技能上表现得尤为明显。听觉缺失使聋生词汇和句法知识意识发展滞后,他们的构词组句能力不如听生。聋生汉语句法意识薄弱,书面语表达错误率高。许多教师结合日常教学中聋生日记、作文等语料,对他们的语法错误进行整理、分类并分析原因,如"聋生书面语中动词及相关成分的异常运用"[①]"关于聋生书面语技能的培养及训练"[②]"聋童语法能力现状剖析与教学对策"[③]"聋生语法错误类型调查报告及分析"[④]"九年制聋校毕业生书面语言能力发展研究:以南京特教学院2007—2009年聋生语文升学试卷分析为例"[⑤]等,他们以汉语书面语为参照,总结出聋生习作在语法上存在成分残缺、语序颠倒、搭配不当、指代不明、虚词省略、近义重复、关联词错误等错误类型。目前研究主要集中在聋生书面语表达现状、错误原因分析及教学方法探讨上,围绕聋生语法意识开展的认知心理研究还有待深入。

　　哈平安曾采用纸笔测试的方法,对"给正确句子打钩""在自己作文中通顺的句子下面画线""给正确词语打钩""给一段话加上标点"等四个作业分别对九年级和高中二、三年级作文水平较高的两类聋生进行测试,测试结果表明:高中组的成绩高于九年级组,差异显著;九年级聋生

　　① 刘德华.聋生书面语中动词及相关成分的异常运用[J].中国特殊教育,2002(2):43-46.
　　② 黄红燕.关于聋生书面语技能的培养及训练[J].中国特殊教育,2004(4):26-29.
　　③ 贾秀云,张海燕,王玉华.聋童语法能力现状剖析与教学对策[J].中国听力语言康复科学杂志,2005(2):33.
　　④ 刘杰,卢海丹.聋生语法错误类型调查报告及分析[J].中国听力语言康复科学杂志,2007(4):60.
　　⑤ 刘卿.九年制聋校毕业生书面语言能力发展研究:以南京特教学院2007—2009年聋生语文升学试卷分析为例[J].中国特殊教育,2010(6):29-34.

尚未发展出对自己的书面语是否合乎语法的明确意识,词组结构意识水平低,句子总体结构意识较为薄弱,书面语表达能力低下。[①]

(二)句法合理性判断与否定结构的习得

陈穗清等选取一组聋生与一组听生作为被试,要求他们对主谓结构变化与动宾结构变化的句子进行合理性判断,并对其判断的反应时与错误率进行对比分析。结果发现,聋生判断句子的反应时显著长于听生,在拒绝句法不合理句子时(主谓颠倒和谓宾颠倒),聋生较听生受到更大的干扰。他们认为,手语表达方式影响聋生对汉语书面语的认知,当汉语书面语的句式与手语句式不一致时,会影响聋生对句子合理性的判断[②]。

金慧媛等自建小型语料库,聚焦聋生写作中的否定结构,对"不"和"没(有)"两类典型的否定式习得过程进行考察,研究结果表明:从小学到高中,聋生"不"和"没(有)"各类否定结构习得发展大致呈现出发生期、高涨期和相对稳定期三个阶段,其中处于一级和二级习得水平的否定结构,在小学四年级就已经被激活了;而处于三级习得水平的否定结构,有的甚至到高中结束都没有被激活[③]。该项研究对聋生汉语教学内容的编排和重难点的确定有借鉴意义。

回顾聋生汉语习得认知研究,目前已涉及语音、词汇、语法、语篇、写作等各个方面,主要包括聋生汉语语音知觉,汉字字形的复杂性对聋生汉字识别的影响,聋生汉字识别的基本单元,词素在聋生汉语词语意义通达中的作用,语义和句法信息在聋生句子阅读过程中的作用,影响聋生篇章阅读的因素,等等。但与对外汉语二语习得者丰硕的语言认知研究成果相比,聋生汉语习得的心理加工机制研究还有待进一步深入。汉语具有许多不同于拼音文字的特点,聋生的汉字书写、汉语书面语虚词的使用、汉语特殊句法成分、某些特殊句式的习得,以及聋生汉语习得过程的研究等都是值得今后深入开辟的领域。

---

① 哈平安,韦小满,李荣,等.聋校学生的书面语言语法意识[J].中国听力语言康复科学杂志,2004(3):38-41.

② 陈穗清,张积家,邓碧琳,等.手语和汉语句法差异对听障学生认知的影响[J].中国听力语言康复科学杂志,2013(3):207-210.

③ 金慧媛,严菁琦,刘海涛.从聋生写作中考察"不"和"没(有)"的习得过程[J].中国特殊教育,2013(8):42-47.

第二节 聋生汉字习得情况调查

汉字教学是语文教学的基础内容。义务教育课程标准要求七至九年级听生要"累计认识常用字 3500 个,其中 3000 个左右会写"①,七至九年级聋生要"累计认识常用字 3000 个,其中 2500 个左右会写"②,两份课程标准均提供了需掌握汉字的具体字表。在实际教学中,聋生掌握的汉字究竟有多少? 从小学到大学,他们的识字量增长情况如何,与同一学段的听生相比是否存在差距?

笔者通过收集聋生作文语料,构建语料库并进行初步统计,从用字量、用字频度、频度高低顺序、常用字覆盖率等维度来分析他们汉字的实际掌握情况,在此基础上,结合教学实践体会,对聋生汉字使用中的偏误现象进行剖析。对上述问题的探讨不仅有助于了解聋生识字、写字、用字的基本情况,还有助于推进聋生汉字习得心理认知规律研究,为聋生汉语教学提供基本依据。

一、调查对象与方法

调查所取语料来自两部分:一部分是广州聋人学校小学四年级到高中三年级的聋生日记③,聋生年龄跨度从 10 岁到 19 岁。另一部分是笔者所在学院大一至大二阶段聋生的习作,年龄跨度在 18 岁至 23 岁。

参照金慧媛等的方法④,笔者构建了一个近 14 万字的小型聋生书面语语料库。首先对两部分语料每篇文本进行人工编号,删除每篇文章的标题,然后用分词软件进行机器分词和人工校对,力求结果精确。因为

① 人民教育出版社课程教材研究所. 义务教育语文课程标准(2011 版)[EB/OL]. (2018-03-31)[2018-06-03]. http://old. pep. com. cn/xiaoyu / jiaoshi/tbjx / kbjd/kb2011/.

② 中华人民共和国教育部. 聋校义务教育课程标准(2016 年版)[EB/OL]. (2016-12-13)[2018-06-03]. http://www. moe. gov. cn/rcsite/A06/s3331/201612/ W020161213303084460898. pdf.

③ 语料由浙江大学外国语学院李德高教授提供,广州聋人学校老师在语料收集过程中也提供了很多帮助,在此一并表示感谢!

④ 金慧媛,严菁琦,刘海涛. 从聋生写作中考察"不"和"没(有)"的习得过程[J]. 中国特殊教育,2013(8):42-47.

五年级和六年级的文本数量较少,所以对所收集的语料进行系统抽样整理,尽量确保每个年级的文本大小基本相同。为反映他们的真实用字情况,语料一概保持原貌。表 3-1 是小学四年级到大学二年级聋生日记、习作经过标题删除、机器分词、人工校对和随机筛选四个步骤后的样本语料基本信息。

表 3-1　整理后聋生各年级样本语料基本信息

年　　级	文本数量/篇	总字数(带标点)/个
四年级	64	10779
五、六年级	45	10458
初一	32	14123
初二	42	13001
初三	73	14093
高一	42	13622
高二	53	11824
高三	20	14468
大一	31	18645
大二	28	16758

二、调查结果与讨论

用 Access 软件和 Excel 软件对该语料库中总汉字数、字种数、汉字频率、汉字偏误等四个维度分别进行统计分析。

(一)总汉字数

总汉字数是指语料库中出现汉字的总字次,两份语料合计共 137771 字次。

(二)字种数

字种数是指在总汉字数基础上进行合并统计,计算出的不同汉字的数量。该语料库中,小学至高中阶段聋生掌握的不同汉字字种数共计 2458 个;小学至大学阶段聋生掌握的不同汉字字种数共计 2575 个。

（三）汉字频率

对从小学到大学阶段聋生使用的汉字进行统计，生成汉字频次、频率、累计频率等汉字使用具体指标的量化数据表（表 3-2）。其中，频次是指每个汉字在所有语料中出现的总次数；频率是每个汉字的频次在所有语料总汉字数中的占比；累计频率是所有的汉字按照频次降序进行排列，每一个汉字的频次与前面汉字的频次的累加和在该语料总汉字数中的占比。

表 3-2　聋生汉字使用频率样例

序　号	汉　字	频　次	频率/%	累计频率/%
1	我	5801	4.211	4.211
2	的	3563	2.586	6.797
3	了	2596	1.884	8.681
……	……	……	……	……
1042	支	10	0.007	95.604
1043	项	10	0.007	95.611
1044	扔	10	0.007	95.618
……	……	……	……	……
2573	订	1	0.001	99.998
2574	涂	1	0.001	99.998
2575	渔	1	0.001	100.000

调查结果显示，该语料库中共 137771 字次，共使用 2575 个不同的汉字。前 1000 个汉字，累计共出现 127452 次，累计频率为 92.51%。另从出现 10 次及以上的第 1044 个字来观察，累积字次为 131737，累积覆盖率高达 95.618%。这种情况表明，聋生最常用的字都集中在此，而其余的 1531 个不同的汉字一共才出现 6034 次，平均出现 3.94 次，它们共同分占这剩余的 4.382% 的覆盖率。覆盖率达到 95.618% 的 1044 个汉字是本次调查中获得的一个重要数据，它说明聋生真正能掌握的汉字并非 2575 个，而是 1044 个，该 1044 个汉字如图 3-2 所示。

（四）聋生汉字偏误类型统计

上述数据反映了该语料库中聋生汉字掌握的整体情况。从统计数据看，聋生汉字增幅从高中三年级至大学一、二年级已趋于平稳。因此，以大学一、二年级聋生语料为对象进行用字偏误统计，其中反映出来的我的了一不妈是有好在们说看来到学上爸去地你人他着这天很心星感里时小她起个和动下会大得么就要想那子老多设过之同可后师目点家生对母以给还高道知事头笑做回把开其中样出父奶快然让手走吃爱啊都水觉校己亲发儿妹弟什现玩面兴长像见等车候山边成哥间眼放身带又年只能怎望听习明教活次外吗它树气话曾姐美作服因最友太问空用情叫微但帮力难吧谢经风朋意如常前完别西进几乐再球白饭跑当欢记于关喜无而电正拿每青比突直路哭分找亮花海游向衣东爷呢方从色所已慢晚病满远考月世界定脸忙第被行变阳坐日痛希苦红读十许三种女爱住孩光急工书课些二睡果医雨福买张怕新干班表室加业流机站实公院件之洗飞息助门早强钱跟温才辛更信连始落晴坚接热火相原名理重照轻终越脑本奇画岂全非错脆啦体丽安紧转房园诉雪僅先深将围刚法两片步拉摄抱使物位林呵叶哪该双黑永恩应呀平少让谁州摇努马任令蓝拍清休字试送便却舍菜其床服包渐牛写穿牟停命总语孙持主题绿寒四愿备陪影浪楼怪哦护忘忆入梦与舒杭悟视暖答句八半指续观夜场脚争背丝通醒叔可云惊解离石保级讲处壬喊米困特条化超级似篦思哈度岁爬景闪数疼黑办顾清草鱼管依钟担遍松害茶净充五默误养神失烧怀报汗静象鼓冷帝员往文器或鸡婆角容死舌香整线形祝各并差细朵严彩费术运董座宿期黄青精谁倒眯刻油蓝友敢交决敌爱土断练消顶救留船复求河采依按晶伤伴聊切盖偷沙董续扎桌耳且戏忍多帚啃肚乱卷参梅喝批颗取奋扣您残愁改湖堂钓窗右够立随存近刘待额药注提投历健城乎响青纸节剪号哇擦姐专男寒训桔导激令怀寒久饺忽百评周礼嘴互止毕破抬计类代继合挣凉励操由康元潭野勇鲁编科呼万毅食币品责董根竟块块千弯乘九蜀印捉禁段短围伟主量秋内叮单群密束屋建劲曼团躺布负育网收六洒层换率宝南肉峰挺圆幕夏弃拼戒至言环旅足像厚底笔散仔台俩冲端冰荷湿境田佛腿耐遇沉挂退昧达炒李棒吸吗份乌演狗闹阵念治板乌仿握反烦迎偶惜技馆滚队七吓利弯泼仔折适麻功刺亭初造纷喂杆厨未推展嗯虾查灵察及术即增伸泳省劳肩简繁部辉嶷伞锅尽需号金滑华职迷炎血鬼讶疾乖嗬威赶怨区伦拿引补牛霞露煮坐堆联味仍鱼毛装猪莫藏幅丝膛鲜性晨速拥咬良善甜态悉漫余昵守扬梅杨洋警输巾式卫顺刀者否蒋抚串惯童剧确聚鼻珠苹果票飘颤冬竹格嘛灯调龙男酸独滩厉躲值防荡旧宽劲姑兮古股闻哑压降雄悄献蒂圣掌勉吹针盛脸设问魔虎北筵逮诀居制脱敬挖巧验盆棵忽巨勤瓜庆奖争般静豪社秘宇虫偏词曾幼冒忧获招农议临伯撑门淡狼模汽轮积波盆洁驾敷嘬幅民顿克扶缝幅富绝挡跨聪明闭歌喘京共灭扑炮盼眉佩追挫撵艳选势撞置绞须义释升缺武胜阴误映抓珍钻辜享支项扔

图 3-2　聋生常用汉字(使用频次≥10)

问题应该具有较高的一致性和稳定性。采用人工筛查的方法,对 35403 字次的大学聋生语料进行穷尽检索,偏误率为 16.30%,共计 5771 字次。同一个偏误字以出现次数计,如出现 5 次就计为 5 个偏误字。从笔画偏误、部件偏误、整字偏误三个方面对偏误用字情况进行归类分析,结果见表 3-3。

表 3-3　大学一、二年级聋生用字偏误统计

序　号	偏误大类	偏误小类	总数/次	百分比/%	
				小　类	大　类
1	笔画偏误	增添笔画	654	11.33	
2		丢失笔画	1236	21.42	
3		笔画变形	543	9.41	58.17
4		笔画相交、相接、相离	924	16.01	
5	部件偏误	部件改换	1336	23.15	
6		部件变位	943	16.34	39.49
7	整字偏误	形近偏误	114	1.98	
8		音近偏误	21	0.36	2.34

聋生汉字偏误类型大类主要为"笔画偏误",其小类中"丢失笔画""笔画相交、相接、相离错误"偏误率在 15％以上。其次是"部件偏误",包括"部件改换""部件变位",偏误率也都在 15％以上。"整字偏误"(同音字、形近字)偏误占 2.34％,在三大类偏误类型中占比最少。这个调查结果与听生的汉字用字情况不同。对比已有研究,小学高年级段听生的汉字书写错误主要集中在"整字偏误"上[①],主要由于音同、形近或意义相近而写别字,如常见的"的—地—得""他—她—它""做—坐—作"混淆等,但大学阶段聋生的汉字偏误仍主要集中在笔画和部件上。整体来看,聋生汉字基础知识薄弱,对笔画数目、组合规则概念不熟悉,缺乏汉字正字法意识。这可能与他们感知笼统、思维缺乏完整性和精密性有关,他们对汉字的识记和运用可能还处于基础阶段。

从部件偏误角度看,聋生易混淆的形近部件有如下 27 个,见表 3-4。

表 3-4　聋生易混淆的 27 个形近部件

序　号	部　件	序　号	部　件	序　号	部　件	序　号	部　件
1	亻—彳	8	冫—氵	15	王—玉	22	幺—纟
2	礻—衤	9	贝—见	16	戈—戋	23	尸—户—卢
3	日—目	10	自—目	17	歹—夕	24	牛—午
4	疒—厂—广	11	阝—卩	18	为—办	25	未—末
5	扌—土	12	穴—宀	19	辶—廴	26	刀—力
6	夂—夂	13	子—了	20	乌—鸟	27	羊—半—丰
7	开—升	14	土—士	21	十—禾		

与听生用字过程中形近部件偏误对比,大学阶段聋生与小学四五年级段听生的形近部件偏误类型较为接近[②],这可能是因为聋生识字量比听生小。除上述易混淆的形近部件外,本次调查没有出现已有报道中听生易混淆的某些类型部件错误,如"扌—子""为—办""负—反"等等。聋生高频及易混淆字偏误示例参见表 3-5。

————————

①　商海静.小学高年级学生错别字现象的调查研究[D].济南:山东师范大学,2012:11-14;张馨月.小学中年段学生错别字现象调查及对策研究:基于对锦州市某小学的调查[D].锦州:渤海大学,2018:18-21.

②　王丽.中年段小学生错别字现象的调查研究:以 M 市 S 小学为例[D].芜湖:安徽师范大学,2017:19-21.

表 3-5　聋生高频及易混淆字偏误示例

序　号	偏误类型	正　字	偏误字	聋生习作
1	增添笔画	今	令	这些对今后的工作都将带来重要的帮助
2	丢失笔画	证	证	我给你身份证
3	笔画变形	出	出	查图可摸一次不证明可这件
4	笔画相交、相接、相离	准	准	那需要标准型的房间
5	部件改换	耕	耗	以画看耗作的日子
6	部件变位	晰	晰	查刊清晰的电气
7	形近偏误	搭	塔	我们会于搭语在一棵小树
8	音近偏误	寞	模	家寞模能让人听到声音是多么美妙的回忆

三、聋生汉字书写偏误现象分析

本次调查反映了聋生汉字使用的基本情况及存在的问题。对聋生汉字书写偏误的分析可结合汉字本身的特点与教学实践来进行。汉字是汉语书面语最小的认知单元,是最小的形音义结合体。汉字的形体包括笔画、部件、整字三个结构层次。以成熟的汉语母语读者和儿童为研究对象的汉字习得认知研究目前已有较多成果,但由于汉字加工过程的复杂性和实验研究方法的多向性,关于笔画、部件等字形属性在汉字加工中的作用方式,相关研究还没有得到一致的结论。聋生的汉字学习是以汉语作为第二语言的学习过程,相对于成熟稳定的母语读者而言,聋生的汉语心理词典是不成熟、不稳定的。根据上述调查,聋生汉字偏误类型主要集中在"笔画偏误"和"部件偏误"两类上,合计占比 97.66%,因此以下偏误分析将主要从笔画和部件两个层面展开。

（一）笔画

笔画是汉字的构形单元,本身不具有音义信息,它的功能是与其他笔画组合形成部件或整字。大多数研究都发现了笔画数效应,且发现了笔画数效应在高频字和低频字中都存在,说明笔画数对汉字加工的作用是非常稳定的,是识别所有汉字的一个基本单元[1]。对成熟的汉语母语者而言,在汉字识别中,笔画加工具有自动化特点,汉字加工不需要独立

---

① 徐彩华.汉字认知与汉字学习心理研究[M].北京:知识产权出版社,2010:55-56.

的对笔画单元加工的过程,笔画识别不存在复杂性效应,只要笔画的频率相近,再认的错误率和反应时就相近。笔画加工的自动化特点可以大大减轻工作记忆负担,使有限的认知资源能够更多地被分配到字词加工的其他方面。因此听童识记汉字,重要的不在于笔画的多少,而在于这些笔画怎样组合——他们并不把笔画作为识记的单位,而是努力记住一个字的特征,或一个字中某个特异的组成部分①。从语料库中收集的偏误汉字来看,一方面,聋生的汉字书写错误与笔画数呈正相关关系,他们书写汉字的错误受汉字笔画数的影响,笔画数越多,错误率越高。另一方面,聋生在笔画偏误上表现出与听生不一样的特点,笔画的复杂性会影响他们对汉字的觉知,笔画的组合方式也会对他们的汉字再认产生影响,聋生的汉字加工需要在笔画识别上比听生分配更多的认知资源。

　　笔者曾在课堂教学中进行过集体速记测试,选取一篇新课文中不曾教过的 30 个汉字,每组 5 个,分 6 组呈现在黑底白字的 PPT 上。实验开始前,让聋生看一张同时写有这 5 个字的 PPT,确定这些字他们都不认识以后,告诉他们接下来看到每个字就用心记住,每张 PPT 上呈现的汉字 5 秒后自动隐去,然后要求他们把看到的汉字默写在纸上。检测结果发现,速记默写中出现的笔画错误比例最大,其中又以少笔画最为突出,如少写了“点”或少写了“横”。复杂笔画“竖”“撇”的变体(如竖折、撇折)及组合关系(如相连、相交)等会影响聋生汉字书写的正确率。此外,汉字本身的空间通透性也会影响聋生的书写。相同笔画数下,如果笔画间离散程度小,汉字的空间通透性低,也会导致聋生默写错误率上升。

　　聋生的汉字习得偏误现象与外国留学生相似,他们书写汉字的正确率都受汉字笔画数的影响。有研究者曾对汉字笔画数对欧美留学生汉字书写的正确率进行了细致考察,结果发现:当笔画数是 6 画时,留学生书写汉字的错误率仅为 3.6%;当笔画数增加到 7 画时,这一错误率急剧上升到 5.2%;当笔画数为 8 画和 9 画时,错误率分别为 4.6% 和 5.2%,与 7 画字的平均错误率差异不大②。由此可见,7 画字对于留学生来说可能是一个难度的临界点。如果从短时记忆的容量(7±2)来推测,聋生的

---

　　① 佟乐泉,李文馥,冯申禁,等.笔画繁简和词性差别对初识字儿童识记汉字的影响[J].心理学报,1979(2):206.

　　② 尤浩杰.笔画数、部件数和拓扑结构类型对非汉字文化圈学习者汉字掌握的影响[J].世界汉语教学,2003(2):75.

汉字书写正确率可能与留学生一样也存在 7 画字的临界点现象,也就是说,笔画数少于 7 的字聋生比较容易书写,而笔画数高于 7 的字聋生比较难书写,当然这一结论还有待实验的进一步验证。

(二)部件

部件是一个重要的构字单元,现代汉字中的许多部件仍然携带着丰富的音义信息,因此部件也是汉字识别中一个重要的加工单元①。汉字部件研究已取得了许多成果,如部件的多种属性,部件数量、位置、频率都会影响它在汉字加工中的作用。多数汉字都是由两个或两个以上的部件按照一定的方式组合而成的,因此部件数影响汉字加工。部件频率在汉字识别中有重要作用。当一个整字所包含的两个部件均为高频部件时,整字识别的正确率更高,加工也更为迅速。② 此外,汉字部件位置的分布也是有规律可循的,例如"木"是一个构字能力很强的成字部件,有统计发现,在其所构汉字中,"木"在左边出现了 585 次,在右边仅出现 4 次,在内部仅出现 1 次③。对成熟的汉语母语者而言,虽然"杏""呆""树""困"都含有部件"木",但各个"木"是不同的,有具体的位置限定,正是这种精确的位置限定,才能使汉语母语者快速地进行汉字加工,不会出现字与字之间的干扰。

"部件偏误"是本次调查中聋生第二大类汉字书写偏误,在所有偏误中占比 39.49%。从部件改换看,一些常用义符之间虽然在意义上没有什么联系,但由于形体相近会导致聋生在书写中换用,如"冷—泠""学—字""埋—理"。相近部件的改换说明聋生对这些义符的表意功能比较模糊,缺乏对汉语形声字义符与整字关系的觉知。从部件位置错误看,聋生对汉字部件具体位置的精确度觉知要比听生弱,在汉字书写过程中,他们的心理字典中可能自动激活了同部件的另一种组合的汉字,从而给当前汉字的书写造成干扰。

笔者在教学实践中有这样的感受,聋生存在不同程度的汉字输出困难,而且这种情况一直延续到大学阶段也很难消除。比如在大学汉语课堂上进行"看图写作"练习,经过教师讲解、聋生提问、师生交流诸环节,聋生理解了图片信息之后,还是有部分同学存在下笔迟滞、汉语输出的

---

① 冯丽萍.认知视角的对外汉语教学论[M].北京:北京大学出版社,2013:50.

② 黎红.汉字识别中的部件加工:错觉性结合实验的证据[J].心理科学,1999(3):213-217.

③ 苏培成.二十世纪的现代汉字研究[M].太原:书海出版社,2001:328.

困难,其中有很大一部分原因是"心里有字写不出"。教学中经常会遇到这样的情形:有的聋生写出汉字某个部件后,举手要求老师帮助写出整字;有的聋生写出汉语词语中某个语素,要求老师补足另一个语素;更常见的情况是改换了汉字部件而不自知,对字形缺乏基本的识别和监控能力,如聋生写的句子"我工作退体了、钩鱼、键身,去旅游世界""学而不思则忄网,思而不学则歹告"。在汉字书写过程中,他们缺乏实时监控的能力。再加上他们对汉字表征的清晰度和强度本来就偏弱,因此容易出现笔画或部件的激活泛化,书写偏误率高就不奇怪了。成熟汉语母语者则不同,他们写错字时会产生异样的感觉,能自觉地提醒自己,及时纠正错误。

总之,语料调查及教学实践表明,即使到了大学阶段,聋生的正字法意识仍较为薄弱。他们对汉字部件特征、部件的组合方式、位置关系不熟悉,对部件组合方式的合理性缺乏判断,对汉字分解组合的操作能力明显弱于同龄听生;部分聋生对精细辨认汉字字形中细微差别和空间配置的交错仍感到困难。如"乌鸦"的"乌"和"鸟"字的形状相似,但字音截然不同,听生可以从听觉与视觉进行字音、字形分析,但聋生只能用视觉辨别字形,容易受字形相似的影响写成"鸟鸦"。

书写是聋生汉语学习的重要任务,是汉语学习要掌握的一项重要技能,其中书写任务又是对汉字表征要求最高的一种任务,学习难度大。在书写过程中,汉字表征的细节部件、笔画都要被提取,而且是要按照顺序依次提取,表征细节的含混容易导致书写变形和错误,因此聋生汉字书写的难度、重要性程度并不亚于汉语词、句、语法知识的习得。本次语料库调查中反映的聋生书写偏误提示我们,汉字书写是一个需要专门研究的环节,大学阶段聋生汉字书写仍需在课堂中加以重视和强调。研究表明,外国留学生、汉语儿童的正字法意识会随着汉字量的增加而逐步形成和发展①。我们有理由相信,在正字法意识的发展过程中,聋生的汉字识字量是一个重要的相关因素,加大力度开展聋生汉字识字教学,提高聋生识字量,应该能促进其正字法意识的形成与发展。

---

① 鹿士义.母语为拼音文字的学习者汉字正字法意识发展的研究[J].语言教学与研究,2002(3):53-57.

第三节 聋生分类学联系上位概念词的识别[①]

一、问题的提出

分类学联系概念可分为基本水平、上位水平和下位水平概念。[②] 同一水平概念之间和不同水平概念之间都存在分类学联系。基本水平概念能以最小的代价包含最多的信息,有最佳的信息量和区分度。对大多数基本水平概念书面语词(简称"下位词"),聋人手语中有相应的对等词,而且聋人对下位词之间的分类学联系发展有和听人相似的意识模式。[③] 然而,本书第二章手语语料调查表明,抽象概念需要转化为视觉可见的形象才能为聋人把握。因此,对分类学联系概念中上位水平概念书面语词(简称"上位词"),聋人手语中可能缺乏对应的词。那么,他们识别上位词时是否和听人有不同的认知过程?对这一问题的回答有助于揭示聋人书面语词的心理表征,揭示其书面语词识别加工过程中的普遍规律,这对聋生汉语教学有重要参考价值。

前人已经进行了系列相关研究。例如,Li等发现,对300ms之内呈现的上位词,韩国聋人青少年学生不能迅速激活相应的概念表征,而是先激活一些中等典型性水平的基本水平概念成员。[④] Li等也发现,中国聋人青少年学生对上位词可能有较为模糊的概念表征。[⑤] 在此基础上,

① 本节曾发表在《中国特殊教育》2015年第12期上,张帆为第二作者,有改动。

② Rosch E H. Cognitive representation of semantic categories [J]. Journal of Experimental Psychology,1975,104:192-233.

③ Marschark M,Convertino C,McEvoy C,et al. Organization and use of the mental lexicon by deaf andhearing individuals[J]. American Annuals of the Deaf,2004(1):51-61;张积家,李德高,吴雪云.青少年聋生的分类学联系[J].心理学报,2008(11):1178-1189;Ormel E A,Gijsel M A R,Hermans D,et al. Semantic categorization:a comparison between deafand hearing children[J]. Journal of Communication Disorders,2010,43:347-360.

④ Li D G,Yi K,Kim J Y. Korean deaf adolescents' recognition of written words for taxonomic categories of different levels[J]. Scandinavian Journal of Psychology,2011,52:105-112.

⑤ Li D G,Gao K J,Wu X Y,et al. Deaf and hard of hearing adolescents' processing of pictures and written words for taxonomic categories in a priming task of semantic categorization[J]. American Annuals of the Deaf,2013(4):426-437.

Li 等在显示器中央呈现一个上位词,然后在上位词出现位置的左右或上下两边,同时呈现相应两个高典型性或者两个中等典型性水平的下位刺激,两个下位刺激都是词,或都是相应具体事物图片。被试对上位词进行语义归类结果表明,当下位刺激是词时,聋生的反应时受下位概念典型性水平影响的模式和听生情况相同,但当下位刺激是图片时,其反应时受典型性水平影响的模式和听生情况相反,出现"反典型性"效应。①

书面语是聋生的第二语言。根据听人双语者的情况②可以推断,聋生可能也发展了两套概念操作系统:基于生活经验和手语实践建立起来的概念系统和在书面语学习中建立起来的概念系统。在 Li 等的实验③中,聋生被试感知到上位词时,两套系统都会自动启动:如果下位刺激是词,第二套概念系统发挥主要作用;如果下位刺激是图片,第一套概念系统发挥主要作用。

但是,受视觉主导认知习惯和手语实践的影响,聋生可能有较强的对不同空间位置刺激信息进行同时加工的认知策略。④ 我们推测,Li 等的研究⑤发现可能受到这一因素的"污染"。也就是说,如果把他们研究中两个下位刺激的呈现时间错开,就会减弱聋生被试基于视觉空间认知策略的影响,进而可能发现和 Li 等不同的研究结果。为此,我们设计了实验 1a、实验 1b、实验 2a 和实验 2b。

---

① Li D G,Gao K J,Wu X Y,et al. A reversed-typicality effect in pictures but not in written words in deaf and hard of hearing adolescents[J]. American Annals of the Deaf,2015,160(1):48-59.

② Dong Y,Gui S,Macwhinney B. Shared and separate meanings in the bilingual mental lexicon[J]. Bilingualism:Language and Cognition,2005,8(3):221-238;Li D G,Zhang X N,Wang G Y. Senior Chinese highschool students' awareness of thematic and taxonomic relations in L1 and L2[J]. Bilingualism:Language and Cognition,2011,14(4):444-457.

③ Li D G,Gao K J,Wu X Y,et al. A reversed-typicality effect in pictures but not in written words in deaf and hard of hearing adolescents[J]. American Annals of the Deaf,2015,160(1):48-59.

④ Marschark M,Lang H G,Albertini J A. Educating deaf students:from research to practice[M]. New York:Oxford University Press,2002:68-90.

⑤ Li D G,Gao K J,Wu X Y,et al. A reversed-typicality effect in pictures but not in written words in deaf and hard of hearing adolescents[J]. American Annals of the Deaf,2015,160(1):48-59.

二、实验 1a

(一)方法

实验采用 2(被试:聋生和听生)×2(典型性:高典型性和中等典型性下位刺激)×2(呈现方式:以图片和词的形式呈现的下位刺激)三因素混合测量设计。因变量为错误率和反应时。

被试。在笔者所在学院选取 20 名聋人大学生(男生 12 人,女生 8 人;年龄 20.0 岁±2.4 岁),其他信息如表 3-6 所示;在某高校选取 20 名听人大学生(男生 12 人,女生 8 人;年龄 19.4 岁±2.0 岁)。聋生和听生被试的瑞文推理测量(简称"瑞文分数")分别是 47.15±4.56 和 47.55±3.23。

表 3-6　各实验中聋生被试相关状况的人数分布　　　　　　单位:人

被试情况		实验 1a	实验 1b	实验 2a	实验 2b
耳聋发生时间	2 岁以前	14	11	10	12
	2~4 岁	6	7	9	7
听力损失程度	>90dB	10	10	12	13
	71~90dB	6	6	3	4
	56~70dB	4	2	4	2
佩戴助听器频率	经常	8	5	3	3
	偶尔	4	5	9	3
	不佩戴	8	8	7	12
学前语训效果	好	4	2	1	0
	一般	10	8	10	8
	不好	6	8	8	11
支配语言	手语	19	17	18	18
	手语口语并用	1	1	1	1
	父和/或母懂手语	3	0	1	1

材料。从每个分类学联系概念范畴餐具、车辆、动物、家具、昆虫、鸟、蔬菜、水果、文具和衣物中分别选取 1 对高典型性和 1 对中等典型性

的基本水平概念成员,并参照 Yi 等的研究[1],对每个概念成员从互联网上选取一幅图片。然后,分别请 25 位大学生用 7 点量表评定其熟悉度、典型性、具体性和图文一致性,结果如表 3-7 所示(M 代表平均数,SD 代表标准差)。

表 3-7 不同典型性基本水平概念成员相关评定分数和 t 检验结果

典型性	熟悉度		$t(38)$	典型性		$t(38)$	具体性		$t(38)$	图文一致性		$t(38)$
	M	SD		M	SD		M	SD		M	SD	
高典型性	6.01	0.63	1.461	5.33	0.25	7.677*	6.45	0.27	0.055	6.72	0.14	1.278
中等典型性	5.70	0.72		4.67	0.29		6.45	0.30		6.51	0.69	

注:* $p < 0.001$

每个上位词和相应高典型性下位词、中等典型性下位词、高典型性下位图片和中等典型性下位图片分别构成一套材料。每套材料中,上位词为目标词,由以 36 号宋体字显示的词制成图片(每个字像素为 40×52)。下位图片的像素均为 80×80。

从关键材料之外的概念范畴中选取 120 个基本水平概念成员及相应图片。每三个词或三幅图片组成一套填充材料。每套材料中的三个刺激来自三个不同的概念范畴。这 40 套词和 40 套图片填充材料分别随机分成两组,每组词(图片)和 10 套词(图片)关键材料随机排序,构成一个区组材料。

过程。使用 DMDX 呈现刺激和记录被试反应。对每套材料,先在白色背景中央呈现红色注视点"+",500ms 之后呈现目标词 73ms,空屏 50ms 后呈现一个下位刺激。下位刺激呈现在目标词呈现位置的左、右、上或下边,呈现时间为 37ms,之后空屏 50ms,然后以同样的方式呈现第二个下位刺激。两个下位刺激要么分别在目标词呈现位置的上下边,要么在目标词呈现位置的左右边先后出现。被试对目标词做按键反应:如果它所指事物是有生命的,按"Z"键;否则,按"/"键。实验开始有 16 个练习,之后是分 4 个程序区块的实验测量。每个区块使用一个区组材料。对每个被试、每个区组材料随机排序,4 个程序区块随机排序。

---

① Yi K,Li D G,Park W S,et al. Korean deaf adolescents' awareness of thematic and taxonomic relations among ordinary concepts represented by pictures and written words[J]. Journal of Deaf Studies and Deaf Education,2011,16(3):375-391.

（二）结果

剔除反应时短于50ms和长于1500ms的数据,再删除反应时长于平均数3SD的数据,数据剔除比例为3.8%。结果如表3-8所示。

表3-8　四个实验中各处理水平上的数据结果

			实验1a				实验1b			
			错误率/%		反应时/ms		错误率/%		反应时/ms	
			M	SD	M	SD	M	SD	M	SD
图片	高典型性水平	聋生	4.1	6.9	410	98	6.6	10.6	490	117
		听生	2.1	4.2	279	55	3.0	5.7	326	50
	中等典型性水平	聋生	6.1	8.3	388	76	7.8	8.4	471	84
		听生	1.9	4.7	327	83	3.5	5.9	355	58
词	高典型性水平	聋生	4.0	6.8	358	74	2.6	4.6	443	86
		听生	2.2	4.5	315	61	1.6	3.8	320	42
	中等典型性水平	聋生	3.1	7.4	429	80	6.2	10.1	499	120
		听生	3.2	6.2	301	72	2.6	4.5	349	48
			实验2a				实验2b			
			错误率/%		反应时/ms		错误率/%		反应时/ms	
			M	SD	M	SD	M	SD	M	SD
图片	高典型性水平	聋生	4.3	7.0	526	65	2.7	4.7	534	78
		听生	2.6	4.5	465	56	2.6	4.5	495	79
	中等典型性水平	聋生	1.1	3.2	527	65	3.2	7.5	525	71
		听生	2.1	4.2	471	73	4.0	9.4	466	63
词	高典型性水平	聋生	0.5	2.3	538	76	6.5	7.1	508	62
		听生	3.2	4.9	473	67	4.3	6.7	467	71
	中等典型性水平	聋生	2.1	4.2	523	76	2.9	7.3	523	69
		听生	0.0	0.0	457	67	1.0	4.5	448	71

在实验1a中,对错误率分数进行 $2 \times 2 \times 2$ 三因素方差分析表明,被试主效应显著[$F_{2(1,18)} = 8.82$, $p = 0.008$, $\eta_p^2 = 0.329$],聋生被试的错误率(5.0%,2.2%)显著高于听生被试的错误率(2.2%,0.7%)。对反应时分数分析表明,被试主效应显著[$F_{1(1,38)} = 20.80$, $p < 0.001$, $\eta_p^2 = 0.354$;

$F_{2(1,18)}=277.21$，$p<0.001$，$\eta_p^2=0.939$]，典型性主效应显著[$F_{2(1,18)}=8.81$，$p=0.005$，$\eta_p^2=0.188$]。

被试、典型性和呈现方式三因素交互作用显著（如图 3-3 所示）[$F_{2(2,38)}=23.44$，$p<0.001$，$\eta_p^2=0.382$；$F_{2(1,18)}=11.43$，$p=0.003$，$\eta_p^2=0.388$]。简单效应分析表明，在图片呈现条件下，聋生被试对高典型性和中等典型性概念成员的反应时没有显著性差异[$t_{(19)}=1.440$，$p=0.166$]，但在词条件下，他们对高典型性概念成员的反应时显著短于他们对中等典型性概念成员的反应时[$t_{(19)}=5.543$，$p<0.001$]；在高典型性条件下，他们对图片呈现概念成员的反应时显著长于他们对词呈现概念成员的反应时[$t_{(19)}=3.256$，$p=0.004$]，但在中等典型性条件下，他们对图片呈现概念成员的反应时显著短于他们对词呈现概念成员的反应时[$t_{(19)}=3.441$，$p=0.003$]。在图片呈现条件下，听生被试对高典型性概念成员的反应时显著短于他们对中等典型性概念成员的反应时[$t_{(19)}=2.518$，$p=0.021$]，但在词条件下，他们对高典型性和中等典型性概念成员的反应时没有显著性差异[$t_{(19)}=1.129$，$p=0.273$]；在高典型性条件下，他们对图片呈现概念成员的反应时显著短于他们对词呈现概念成员的反应时[$t_{(19)}=2.658$，$p=0.016$]，但在中等典型性条件下，他们对图片和词呈现概念成员的反应时没有显著性差异[$t_{(19)}=1.175$，$p=0.254$]。对图片[$t_{(38)}=2.438$，$p=0.020$]和词[$t_{(38)}=5.278$，$p<0.001$]呈现中等典型性概念成员，聋生被试的反应时显著长于听生的反应时；对图片呈现高典型性概念成员，聋生被试的反应时显著长于听生的反应时[$t_{(38)}=5.273$，$p<0.001$]，对词呈现高典型性概念成员，聋生被试的反

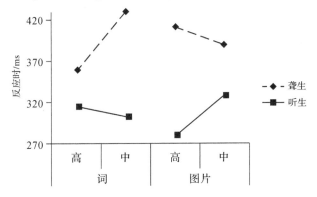

图 3-3　反应时受被试、典型性(高、中等典型性水平)和呈现方式三因素的交互作用

应时显著长于听生的反应时[$t_{(38)}=2.011, p=0.051$]。

（三）讨论

和听生被试相比,聋生被试的错误率较高,反应时较长,这一结果和以往研究发现一致,其主要原因是聋生书面语能力较听生低。

在反应时受基本水平概念成员的典型性和呈现方式影响方面,聋生被试和听生被试有不同的结果。在词条件下,聋生被试的反应时受概念成员典型性水平影响的模式和 Li 等的研究①情况相同,体现典型性效应;但是在图片条件下,其反应时受概念成员典型性水平影响的模式和 Li 等的研究②情况不同,没有体现显著的"反典型性"效应。

听生被试的反应时在图片条件下体现了典型性效应。但在词条件下,这种典型性效应没有出现,这可能是因为当前任务对听生被试来说过于简单。为此,我们拟在实验 1b 中缩短被试对下位刺激的加工时间,重复实验 1a 的测量。

三、实验 1b

（一）方法

实验设计同实验 1a。

被试。18 名聋人大学生（男生 11 人,女生 7 人;年龄 20.8 岁±2.3 岁）和 18 名听人大学生（男生 11 人,女生 7 人;年龄 19.5 岁±2.1 岁）,被试的瑞文分数分别是 47.17±5.36 和 47.64±3.43。

材料。同实验 1a。

过程。每个下位刺激呈现 27ms 之后空屏 30ms。其他同实验 1a。

（二）结果

数据剔除同实验 1a,数据剔除比例为 2.6%。

数据分析同实验 1a。结果表明,被试主效应显著[$F_{2(1,17)}=7.63$, $p=0.013, \eta_p^2=0.298$],聋生被试的错误率（5.8%,1.4%）显著高于听生

---

① Li D G, Gao K J, Wu X Y, et al. A reversed-typicality effect in pictures but not in written words in deaf and hard of hearing adolescents[J]. American Annals of the Deaf, 2015, 160(1):48-59.

② Li D G, Gao K J, Wu X Y, et al. A reversed-typicality effect in pictures but not in written words in deaf and hard of hearing adolescents[J]. American Annals of the Deaf, 2015, 160(1):48-59.

被试的错误率(2.8%,1.3%);呈现方式主效应显著$[F_{1(1,34)}=5.76,p=0.022,\eta_p^2=0.145]$,被试对图片的错误率(5.5%,1.2%)显著高于他们对词的错误率(3.0%,0.8%)。对反应时分数分析表明,被试主效应显著$[F_{1(1,34)}=66.62,p<0.001,\eta_p^2=0.662;F_{2(1,18)}=309.5,p<0.001,\eta_p^2=0.945]$,典型性主效应显著$[F_{1(1,34)}=8.47,p=0.006,\eta_p^2=0.199]$,被试和典型性的两因素交互作用显著$[F_{1(1,34)}=8.06,p=0.008,\eta_p^2=0.192]$,被试、典型性和呈现方式的三因素交互作用显著(如图 3-4 所示)$[F_{1(1,34)}=10.43,p=0.003,\eta_p^2=0.235]$。在图片条件下,聋生被试对高典型性和中等典型性概念成员的反应时没有显著性差异$[t_{(17)}=1.481,p=0.157]$,但在词条件下,他们对高典型性概念成员的反应时显著短于他们对中等典型性概念成员的反应时$[t_{(17)}=3.129,p=0.006]$;在高典型性条件下,他们对图片的反应时显著长于他们对词的反应时$[t_{(17)}=2.727,p=0.014]$,但在中等典型性条件下,他们对图片的反应时显著短于他们对词的反应时$[t_{(17)}=2.256,p=0.038]$。听生被试对高典型性概念成员的反应时(315ms,7ms)显著短于他们对中等典型性概念成员的反应时(342ms,10ms)$[F_{1(1,17)}=16.91,p=0.001,\eta_p^2=0.499]$。在图片$[t_{(34)}=6.594,p<0.001]$和词$[t_{(34)}=7.029,p<0.001]$呈现高典型性概念成员时,聋生被试的反应时显著长于听生的反应时;在图片$[t_{(34)}=7.846,p<0.001]$和词$[t_{(34)}=6.515,p<0.001]$呈现中等典型性概念成员时,聋生被试的反应时显著长于听生的反应时。

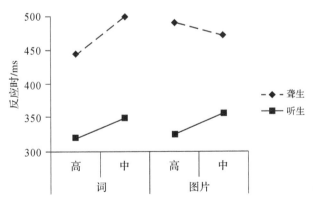

图3-4　反应时受被试、典型性(高、中等典型性水平)和呈现方式三因素的交互作用

（三）讨论

和实验 1a 的情况相同,和听生被试相比,聋生被试的错误率较高,反

应时较长。和预期结果一致,不论在图片还是词呈现概念成员条件下,听生被试的反应时均体现了显著的典型性效应。然而颇有启发性的是,即便是提高了任务的难度,聋生被试的反应时受典型性和呈现方式的影响结果和实验 1a 一样:在词呈现概念成员条件下呈现显著的典型性效应,在图片条件下没有体现显著的"反典型性"效应。

实验 1a 和实验 1b 一致揭示了聋人大学生被试的反应时在词呈现基本水平概念成员条件下表现出的典型性效应,重复了 Li 等关于聋人青少年的发现[①],说明聋生对分类学联系概念书面语词发展了和听生相似的稳健的概念表征结构;而其反应时在图片呈现基本水平概念成员条件下却没有受到典型性的影响,说明确实如本节前面所述,聋生可能有两套概念表征系统。而且和预期一致,下位图片的先后呈现可能削弱了聋生被试基于视觉主导和手语实践的空间认知策略的作用,因此其反应时没有像 Li 等研究[②]中被试那样表现出现显著的"反典型性"效应。

在实验 1a 和实验 1b 中,被试先感知上位词后感知下位刺激。他们感知上位词时激活的心理表征和他们感知下位刺激时激活的心理表征的叠合影响着他们的反应。如果先呈现下位刺激后呈现上位词,颠倒被试感知上下位刺激时激活心理表征叠合的顺序,那么,聋生和听生被试的相对反应模式是否会不同于他们在实验 1a 和实验 1b 中的情况?实验 2a 和 2b 将对这一问题做出回答。

四、实验 2a

(一)方法

实验设计同实验 1a。

被试。19 名聋人大学生(男生 10 人,女生 9 人;年龄 19.8 岁±1.6 岁)和 19 名听人大学生(男生 11 人,女生 8 人;年龄 19.5 岁±2.1 岁),被试的瑞文分数分别是 46.74±4.16 和 47.25±3.27。

---

① Li D G,Gao K J,Wu X Y,et al. A reversed-typicality effect in pictures but not in written words in deaf and hard of hearing adolescents[J]. American Annals of the Deaf,2015,160(1):48-59.

② Li D G,Gao K J,Wu X Y,et al. A reversed-typicality effect in pictures but not in written words in deaf and hard of hearing adolescents[J]. American Annals of the Deaf,2015,160(1):48-59.

材料。同实验 1a。

过程。先呈现下位刺激,再呈现上位词。其他同实验 1a。

(二)结果

删除反应时短于 200ms 和长于 1500ms 的数据,再删除反应时长于平均数 3SD 的数据,数据剔除比例为 2.0%。

因为被试在各个处理水平上错误率平均数的最高值小于 5%,因此没有对错误率分数进行方差分析。对反应时分数分析表明,被试主效应显著[$F_{1(1,36)}=10.29,p=0.003,\eta_p^2=0.222;F_{2(1,18)}=43.71,p<0.001,\eta_p^2=0.709$],聋生被试的反应时(528ms,14ms)显著长于听生被试的反应时(466ms,14ms)。

(三)讨论

在视野中央的上下或者左右两边先后呈现属于同一分类学联系概念范畴的两个下位刺激,被试对之逐一快速感知并自动进行归纳,这将有助于他们激活相应的上位概念表征,因此他们对随后呈现上位词的判断反应的错误率较低。但可能因为任务比较简单,反应时数据也没有体现出来自典型性和呈现方式的影响。为此,我们仿照实验 1b 的做法,在实验 2b 中缩短对下位刺激的呈现时间,重复实验 2a 的设计。

五、实验 2b

(一)方法

实验设计同实验 1a。

被试。19 名聋人大学生(男生 10 人,女生 9 人;年龄 20.1 岁±2.5 岁)和 19 名听人大学生(男生 10 人,女生 9 人;年龄 19.4 岁±2.4 岁),被试的瑞文分数分别是 47.36±3.39 和 47.48±3.55。

材料。同实验 1a。

过程。每个下位刺激呈 27ms 之后空屏 30ms。其他同实验 2a。

(二)结果

数据剔除同实验 2a,数据剔除比例为 2.5%。

对错误率分数进行方差分析表明,所有主效应和交互作用的效应均不显著。对反应时分数分析表明,呈现方式主效应显著[$F_{1(1,36)}=7.14,p=0.011,\eta_p^2=0.165$],被试对图片的反应时(505ms,11ms)显著长于他们对词的反应时（485ms，10ms）。被试主效应显著$[F_{1(1,36)}=7.65,p=0.009,\eta_p^2=0.175;F_{2(1,18)}=24.59,p<0.001,\eta_p^2=0.577]$，被试和典型性的两因素交互作用显著（如图 3-5 所示）$[F_{1(1,36)}=7.07,p=0.012,\eta_p^2=0.164]$。聋生被试在高（521ms±62ms）和中等（524ms±66ms）典型性条件下的反应时没有显著性差异$[t_{(18)}=0.355,p=0.727]$，但是，听生被试在高典型性时的反应时（481ms±68ms）显著长于他们在中等典型性时的反应时（454ms±59ms）$[t_{(18)}=3.398,p=0.003]$。聋生被试在高典型性时的反应时趋于显著长于听生的反应时$[t_{(36)}=1.907,p=0.065]$，在中等典型性时的反应时显著长于听生的反应时$[t_{(36)}=3.456,p=0.001]$。

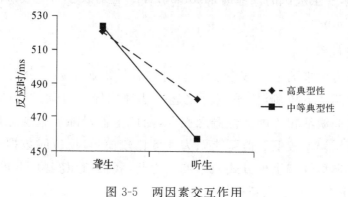

图 3-5　两因素交互作用

（三）讨论

　　和实验 2a 相同，错误率没有体现被试、典型性和呈现方式的影响。和预期一致，可能因为提高了任务难度，被试的反应时体现了显著的呈现方式主效应和被试与典型性的两因素交互作用：聋生和听生被试对图片呈现的下位刺激的反应时均比他们对词呈现的下位刺激的反应时短；而且，虽然聋生被试反应时较听生被试反应时长，但是只有听生在中等典型性下位刺激条件下的反应时短于他们在高典型性下位刺激条件下的反应时，出现"反典型性"效应，聋生被试的反应时受到典型性的影响。

　　和实验 2a 相比，实验 2b 中被试感知和加工下位刺激的时间缩短了 30ms。因为以图片形式呈现下位刺激丰富的视觉信息可能干扰了被试对目标词的判断，因此他们在下位图片时的反应时较下位词时的反应时更长。

　　本实验中，听生在反应时上表现出的"反典型性"效应似乎表明，在上下或左右两个不同的位置，连续快速地感知同一分类学联系概念范畴下的两个中等典型性下位刺激比连续快速地感知两个高典型性下位刺激更加有助于激活相应的上位概念表征。聋生被试的反应时之所以没有出现类似的结果，一方面可能是因为他们反应时较长，掩盖了这一现象，另一方面可能是因为其概念表征的组织相对较为松散①，他们在短时间内对概念成员的类化过程不足以体现来自概念成员典型性的影响。

六、总讨论

本研究通过 4 个实验主要取得了 3 个结果：

第一，在实验 1a 和 1b 中，虽然把 Li 等研究②中两个下位刺激的同时呈现方式改为先后呈现方式，但是两个实验均重复了 Li 等关于聋生被试的反应时在下位词条件下呈现典型性效应的结果③，这强有力地说明，对于书面语词呈现的分类学联系概念，聋生和听生发展有相似的上下位概念结构意识。

第二，除每次测量中两个下位刺激先后依次逐一呈现之外，其他条件同 Li 等④的条件，虽然聋生被试的反应时在下位刺激以图片形式呈现条件下没有呈现出 Li 等发现的"反典型性"效应⑤，但是也没有像听生那样体现出典型性效应。这不仅验证了 Li 等关于聋生分类学联系概念两套表征系统的推断，同时也支持了本研究中的假设，即下位刺激先后呈现可能减弱了聋生被试以视觉为主的认知习惯和手语实践发展起来的

---

① 张积家，李德高，吴雪云. 青少年聋生的分类学联系[J]. 心理学报，2008(11)：1178-1189；Ormel E A，Gijsel M A R，Hermans D，et al. Semantic categorization：a comparison between deaf and hearing children[J]. Journal of Communication Disorders，2010，43：347-360.

② Li D G，Gao K J，Wu X Y，et al. A reversed-typicality effect in pictures but not in written words in deaf and hard of hearing adolescents[J]. American Annals of the Deaf，2015，160(1)：48-59.

③ Li D G，Gao K J，Wu X Y，et al. A reversed-typicality effect in pictures but not in written words in deaf and hard of hearing adolescents[J]. American Annals of the Deaf，2015，160(1)：48-59.

④ Li D G，Gao K J，Wu X Y，et al. A reversed-typicality effect in pictures but not in written words in deaf and hard of hearing adolescents[J]. American Annals of the Deaf，2015，160(1)：48-59.

⑤ Li D G，Gao K J，Wu X Y，et al. A reversed-typicality effect in pictures but not in written words in deaf and hard of hearing adolescents[J]. American Annals of the Deaf，2015，160(1)：48-59.

认知策略的发挥,进而减弱了他们基于其第一套概念系统的概念认知机制的外显性。

第三,当在视野中央的上下或左右两边先后呈现两个下位刺激之后再在视野中央呈现相应上位词,而且下位刺激呈现时间较短的时候,听生被试对上位词所指事物有无生命判断的反应时体现了"反典型性"效应,说明在这样的条件下,中等典型性下位刺激比高典型性下位刺激更加有助于他们激活相应上位概念表征。聋生被试可能因为其概念组织较为松散和反应较慢,其反应时没有体现下位概念典型性的特征。

本研究带来的启示是,聋生对分类学联系概念书面语词能够发展和听生相似的心理表征系统。可以推论,他们接受书面语教育程度越高就越能发展和听人相同的概念表征系统。本研究的局限性是,目标刺激是书面语词。书面语是聋人被试的第二语言,根据双语概念共享性理论可以推断,被试对书面语目标词的反应未必能全面体现其基于手语(其第一语言)发展起来的概念结构。如果能够以手语词进行类似测量,相信研究结果会对本研究的发现做出有力补充。

第四节　聋生句子阅读中对程度副词的信息加工

一、问题的提出

在汉语书面语学习中,聋生在语法方面遇到特别大的困难。聋生写出的句子不但短,而且在语法上往往是支离破碎的[①]。

在语言活动中人会自动启用语法系统[②]。但根据浅结构假设(shallow structure hypothesis, SSH)[③],聋生因为书面语语法技能欠缺,因此会在阅读理解中回避语法方面的信息;根据全迁移/通达假设(full

---

① Wolbers K A, Dostal H M, Bowers L M. "I was born full deaf." Written language outcomes after 1 year of strategic and interactive writing instruction[J]. Journal of Deaf Studies and Deaf Education,2012, 17(1):19-38.

② Ardila A. There are two different language systems in the brain[J]. Journal of Behavioral and Brain Science,2011(1):23-26.

③ Clahsen H, Felser C. Grammatical processing in language learning[J]. Applied Psycholinguistics,2006(1):3-42.

transfer/full access hypothesis，FTFAH)①，聋生在书面语活动中会不自觉地起用某些手语语法技能。可能因为这两方面原因，聋生学习书面语所遇到的困难远大于听生学习第二语言所遇到的困难。聋生在书面语语法上的困难是根深蒂固的，他们在写作中出现的语法错误现象不仅仅是因为他们书面语能力较低，还可能受到其手语语法技能的影响。也就是说，他们在书面语语法上的异常表现可能体现了其独特的语法意识。

　　笔者对所在学院聋生 14 万字的作文调查研究发现，在带有程度副词的 1252 个句子中，15％的句子因为程度副词使用不当而存在语法错误。以"很、最、更、极"四个词的使用情况为例来看，这四个词在语料中共出现了 1430 次，占总字数比为 0.57％②。总体来说，聋生对程度副词使用率不高，但使用偏误情况比较明显，主要错误类型包括搭配不当、多用、混用、语序不当、漏用五种。在这些错误中，一个主要类型是程度副词冗余。比如说，要表达(1)的意思，聋生经常会写成(2)的样子。显然，(2)中两个并列的程度副词"真"和"好"导致了冗余错误。

　　(1)我和妹妹一起坐飞机，好高啊！

　　(2)我和妹妹一起坐飞机，真好高啊！

　　又如：

　　(3)奶奶终于同意了，心里特别高兴极了……

　　(4)天上看星星！好美啊！太美极了！

　　聋生的读写技能是并行发展的③。如果他们写作中的这种错误是其关于程度副词独特语法意识的体现，那么，他们在阅读含有这种错误句子的过程中也会有异常表现。通过实验对其句子阅读过程进行在线测量，也许可以揭示他们这种语法意识独特性的认知机制。

　　句子阅读包括语义信息和句法信息两个并行的信息加工过程。就每个词来说，其信息加工可分解为三个方面：对当前词的语义信息和句

---

① Schwartz B D，Sprouse R A. L2 cognitive states and the full transfer/full access model [J]. Second Language Research，1996，12：40-72.

② 张帆. 基于语料库的高职聋生程度副词使用偏误分析：以"很、更、最、极"为例[J]. 现代特殊教育，2013(5)：35-37.

③ Albertini J A，Marschark M，Kincheloe P J. Deaf students' reading and writing in college：fluency，coherence，and comprehension [J]. Journal of Deaf Studies and Deaf Education，2016，21：303-309.

法信息的提取,与当前词之前词的语义和句法信息的整合,对当前词之后词的语义和句法信息的预期。移动窗口式自步速句子阅读(以下简称"自步速阅读")任务可以用来考察读者对每个词的信息整合过程。而且研究表明,自步速阅读任务适于考察聋生的句子阅读活动[①]。

对阅读能力较低的聋生来说,他们对(1)中程度副词"好"及其之后形容词"高"的信息加工可能都会遇到困难。对(2)中程度副词及其之后形容词"高"的信息加工,听生可能会因为程度副词冗余错误而遇到某种困难,相反,聋生则可能因为这种错误符合其独特的语法意识而不会遇到信息加工困难。因此,我们提出如下实验假设:

如果聋生发展了某种独特的语法意识,那么在自步速阅读中,他们对(1)和(2)两句中程度副词之后形容词"高"阅读时间的相对差异会和听生有不同的模式。

二、实验方法

实验采用 2(听力:听生和聋生)×2(句法:正确句和错误句)两因素混合测量设计。无程度副词冗余的句子为正确句,有程度副词冗余的句子为错误句。因变量为被试在自步速阅读中对每个词的阅读时间(反应时)。

(一)被试

聋生被试是来自笔者所在学院的 15 名聋人大学生(男生 7 人,女生 8 人;平均年龄为 18.9 岁,年龄跨度为 18.2—21.3 岁),听生被试是来自一所普通大学的学生(男生 7 人,女生 8 人;平均年龄为 18.6 岁,年龄跨度为 17.5—19.1 岁)。聋生和听生都接受了瑞文标准智力测量,他们的 $M(SD)$ 得分分别是 45.5(5.9)和 45.8(6.4)。问卷调查显示,所有聋生均生长在听人家庭,听力缺失发生在 2 岁以前,没有其他残疾,在当前城市居住了 3 年以上。他们当中,8 人听力缺失达 90dB 以上,7 人听力缺失在 71~90dB 之间;7 人没有接受过学前口语训练,8 人接受过学前口语训练;8 人不佩戴助听器,3 人常佩戴助听器,4 人偶尔佩戴助听器;13人日常生活中主要手语,5 人手语和口语并用。

---

① Traxler M J, Corina D P, Morford J P, et al. Deaf readers' response to syntactic complexity: evidence from self-paced reading[J]. Memory and Cognition,2014,42:97-111.

（二）材料

关键材料是来自聋生作文中的 12 个有程度副词冗余错误的句子和相应去掉重复程度副词的正确句，另有 60 个填充句。12 个有程度副词冗余错误的句子如表 3-9 所示。

表 3-9　12 个有程度副词冗余错误的句子

序　号	句　子
1	我觉得绘画非常很好玩。
2	军训第一天，天气非常太热。
3	星星很亮，真好想摘几颗星星。
4	我和妹妹一起坐飞机，真好高啊。
5	我没有父母陪伴，真好伤心哦！
6	父亲很辛苦，我真很感动，很爱他。
7	弟弟说走得真太累了！
8	这件事体现出最最伟大的母爱。
9	老师说："你要多多训练。"
10	他比我强好多了。
11	虽然军训辛苦，但我十分好开心。
12	夜空中繁星闪烁，我十分很高兴。

正确句平均长度为 9.8 字（±1.9 字）[7.3 词（±1.4 词）]。和聋生被试在同一所学院的另外 25 位聋生对每个词进行熟悉度评定（1＝认识，0＝不认识），评定分数为 0.99（±0.03）。25 位不参加实验的听人大学生用 7 点量表评定正确句的可读性（7＝非常容易理解，1＝非常难以理解），评定分数为 6.63（±0.26）。60 个填充句在句长、词汇难度和可读性等方面和 12 句正确关键句相似。84 个实验句对每一位被试进行随机排序。

（三）过程

使用 DMDX 呈现刺激和记录被试的按键反应。每个句子开始时，在显示器中央呈现一条横线，线的长度和相应句子所占据空间的宽度相等。被试按"/"或"Z"键时，横线左端出现第一个词，相应长度的横线同时消失;被试每按一次"/"或"Z"键,下一个词出现,同时,相应部分的横线消失,之前的词也消失并替换为原来的横线;最后一次按键出现的是句号。每个词从出现到消失之间的时间记录为阅读时间。有 2/3 填充句的后面有一个阅读理解题,被试需要根据对相应句子内容的理解做出是非判断。理解题的目的是引导被试认真阅读每一句话。

实验测量在学院机房内分小组集体进行。实验开始之前,邀请课题组聋人老师用手语向被试讲解操作要求。被试被告知,要在电脑上逐词阅读句子,他们需要又快又准确地读懂每个句子,并对部分句子的阅读理解题目做出回答。实验开始时,有 12 个练习句子。实验结束时,被试每人收到一个价值 15 元左右的小礼物。实验遵循 Helsinki 标准。

三、实验结果

不论实验组还是对照组,他们对句子理解题目的应答准确率均高于95%,说明他们是认真读懂了每个句子的。参照以往研究,关键句中每个词的反应时如果短于 100ms 或者长于 1000ms,数据应删除,数据删除比例是 2.7%。

以第 121 页的(1)和(2)为例,统计被试在各处理水平上对错误句中第一个程度副词(正确句中程度副词)左边的词(词左,"飞机")、错误句中第一个程度副词(副词 1,"真")、错误句中第二个程度副词(正确句中程度副词)(副词,"好")、错误句中第二个程度副词(正确句中程度副词)右边第一个词(词右 1,"高")和错误句中第二个程度副词(正确句中程度副词)右边第二个词(词右 2,"啊")的反应时如表 3-10 和图 3-6 所示。

表 3-10　被试在不同词上的反应时 单位:ms

		词　左	副词 1	副词	词右 1	词右 2
		M(SD)	M(SD)	M(SD)	M(SD)	M(SD)
错误句	听生	189(41)	189(35)	191(42)	211(50)	208(52)
	聋生	452(94)	430(82)	424(82)	440(79)	474(115)
正确句	听生	187(38)	—	195(45)	213(44)	212(52)
	聋生	452(94)	—	448(93)	500(92)	473(92)

对每个词的反应时进行 2(听力:听生和聋生)×2(句法:正确句和错误句)两因素混合测量方差分析表明,对词左[$F_{被试}(1,28)=103.07$, $p<$

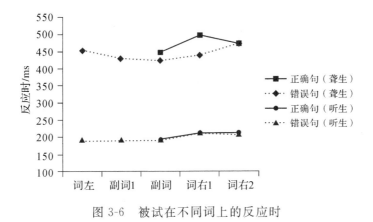

图 3-6　被试在不同词上的反应时

0.001，$\eta^2=0.786$；$F_{项目}(1,22)=301.43$，$p<0.001$，$\eta^2=0.932$]、副词 1 [$F_{被试}(1,28)=107.78$，$p<0.001$，$\eta^2=0.794$；$F_{项目}(1,11)=237.69$，$p<0.001$，$\eta^2=0.956$]和词右 2[$F_{被试}(1,28)=95.99$，$p<0.001$，$\eta^2=0.774$；$F_{项目}(1,22)=199.02$，$p<0.001$，$\eta^2=0.943$]的反应时，听力主效应显著，聋生的反应时($M=452$ms，SE$=18$ms；$M=430$ms，SE$=16$ms；$M=473$ms，SE$=19$ms)显著长于听生的反应时($M=188$ms，SE$=18$ms；$M=189$ms，SE$=16$ms；$M=210$ms，SE$=19$ms)。对副词[$F_{被试}(1,28)=95.53$，$p<0.001$，$\eta^2=0.773$，$F_{项目}(1,22)=379.80$，$p<0.001$，$\eta^2=0.945$；$F_{被试}(1,28)=9.27$，$p=0.005$，$\eta^2=0.249$；$F_{被试}(1,28)=4.19$，$p=0.050$，$\eta^2=0.130$]和词右 1[$F_{被试}(1,28)=110.89$，$p<0.001$，$\eta^2=0.798$，$F_{项目}(1,22)=274.69$，$p<0.001$，$\eta^2=0.926$；$F_{被试}(1,28)=24.62$，$p<0.001$，$\eta^2=0.468$；$F_{被试}(1,28)=21.02$，$p<0.001$，$\eta^2=0.429$]的反应时，听力主效应显著，句法主效应显著，听力和句法两因素交互作用显著。简单效应分析表明，在正确句和错误句中，聋生对于副词[$t_{(28)}=9.456$，$p<0.001$，$d=3.574$；$t_{(28)}=9.797$，$p<0.001$，$d=3.703$]和词右 1[$t_{(28)}=10.896$，$p<0.001$，$d=4.118$；$t_{(28)}=9.475$，$p<0.001$，$d=3.581$]的反应时均显著长于听生的反应时。听生对于副词[$t_{(14)}=1.265$，$p=0.226$]和词右 1[$t_{(14)}=0.536$，$p=0.600$]的反应时在正确句和错误句之间没有显著性差异，但是，聋生在错误句中对副词[$t_{(14)}=2.771$，$p=0.015$，$d=1.481$]和词右 1[$t_{(14)}=5.099$，$p<0.001$，$d=2.726$]的反应时均显著短于他们在正确句中的反应时。

四、讨论

本实验研究主要取得两个结果。聋生对每个词的反应时均比听生长,说明他们在句子阅读中对每个词的信息加工效率总体上低于听生。这一结果支持以往关于聋生阅读能力低于听生的结论①。更为重要的是,和实验预期一致,聋生在错误句中对副词和词右1的反应时比他们对正确句中相应词的反应时短,这说明,相对于正确句来说,他们对错误句中相应词的信息加工效率更高。对于第二个结果,我们做如下解释。

和他们在错误句中的情况相比,聋生在阅读正确句的过程中在副词和词右1上似乎遇到加工困难。程度副词的含义是比较抽象的,因此学习起来比较困难。根据SSH,聋生会忽略句法信息而更多地关注语义信息加工,但因为程度副词的含义比较抽象,聋生对正确句中的副词在语义加工时遇到了困难。这一推断与聋生识别分类学联系概念中上位水平概念词的效率低于他们识别样例名效率的结论一致②。

相反,在错误句中,副词跟在副词1之后,聋生先后连续读到两个含义相近的程度副词,这可能加强了相应语义表征的激活。和正确句相比,错误句中程度副词的这种较强的语义激活,导致聋生对程度副词与词右1更为有效的语义信息整合,因此,他们在错误句中对词右1的反应时显著短于他们在正确句中对词右1的反应时。也就是说,错误句中程度副词冗余不仅没有阻碍反而显著促进了聋生对后续词的信息加工。

其实,程度副词冗余对聋生在后续词上信息加工的这种促进作用可能在某种程度上还源于其手语语法技能的迁移。手语有两个突出特点,一个是同时性(simultaneity),一个就是信息重复性冗余(repetition redundancy)。根据FTFAH,错误句中两个程度副词的连续出现可能诱发了聋生手语中自动加工冗余信息的语法技能。他们不仅没受到这种

---

① Marschark M, Sapere P, Convertino C M, et al. Are deaf students' reading challenges really about reading? [J]. American Annals of the Deaf, 2009, 154(4): 354-370.

② Li D G, Yi K, Kim J Y. Korean deaf adolescents' recognition of written words for taxonomic categories of different levels[J]. Scandinavian Journal of Psychology, 2011, 52: 112; Li D G, Gao K J, Wu X Y, et al. Deaf and hard of hearing adolescents' processing of pictures and written words for taxonomic categories in a priming task of semantic categorization[J]. American Annals of the Deaf, 2013(4): 426-437.

书面语语法错误的影响,相反,他们可以更加轻松自如地进行语义信息提取和整合。

　　对听生来说,可能因为句子太简单,他们对每个词的反应时都特别短,他们在正确句和错误句之间可能存在的差异没有得到体现。然而,聋生的表现则说明他们在阅读过程中同时存在两个方面的困难:在语义信息加工方面,他们对抽象词语义加工存在困难;在语法信息加工方面,他们一方面受限于薄弱的书面语语法意识,一方面还受到手语语法意识的影响。

　　手语可能有助于词汇和概念知识学习,但语法知识的发展和语义知识的发展是相互独立的。聋生在书面语活动中可能会不自觉地启用其手语法意识,他们对书面语语法技能的掌握过程不同于听生学习第二语言的情况。因此,虽然对如何训练聋生的书面语语法意识和阅读能力人们还缺乏经验[①],还需要进行大量类似的研究,但是,聋生汉语教学中目前最为重要的应该是尽量早、尽量多地引导他们进行阅读实践,毕竟语法技能是程序性知识,须在语言实践中获得。

五、结论

　　在句子阅读中,程度副词冗余不仅不会影响反而还会促进聋生对后续词的信息加工。聋生的这种异常表现有两方面原因:一方面,程度副词含义抽象,程度副词的连续呈现可能有助于加深其相应语义加工;另一方面,程度副词的连续呈现可能诱发聋生手语中对冗余信息的语法技能。因此,聋生对书面语中一些语法形式可能发展有独特的认知机制。今后还应对书面语常用语法结构等进行大量的实验研究,揭示聋生书面语语法认知的独特性,为加强针对性语言训练提供理论指导。同时,要注重引导聋生进行阅读实践,在语言实践中发展他们的语法技能。

---

　　① 　Ducharme D A，Arcand I. How do deaf signers of LSQ and their teachers construct the meaning of a written text? [J]. Journal of Deaf Studies and Deaf Education,2011(1):47-65.

第五节　聋生"是……的"句的句法意识[1]

一、问题的提出

聋人在认知上比较多地依赖视觉,因此发展了手语。若有足够的语言输入和实践,则其手语表达能力会不亚于听人的口语表达能力[2]。然而,95%的聋儿生长在健听人家庭,在手语言语输入和输出上,他们都严重不足。事实上,在与听人有限的言语交流和与外部世界的直接接触中,他们只能发展一些简单的手势。当然,聋童一旦入学并融入其他聋生的日常生活,那么,其手语能力就会迅速提高。而且他们还会掌握学校所在地的地方手语——社会聋人基于自然手语发展起来的手语方言。

聋生需学习汉语书面语,并以书面语为媒介来学习文化知识,但是,他们的书面语实践主要局限于课程学习。在其他活动中他们主要使用手语,手语是他们最自然的语言。因此在教学中,为帮助聋生理解课堂上将要讲解的科学知识概念,需引导他们首先用手语就相关话题进行讨论[3];对聋生手语无法表达的数学概念,老师也往往因为难度太大而放弃讲解[4]。对大部分聋生来说,手语是第一语言,书面语是第二语言[5]。

聋生往往是入学之后才开始学习使用书面语的,所以他们与听人晚期双语者情况有些相似。所谓晚期双语者是指熟练掌握第一语言之后

①　本节曾发表在《心理学报》2017 年第 11 期上,张帆为第一作者,有改动。

②　Lederberg A R, Schick B, Spencer P E. Language and literacy development of deaf and hard-of-hearing children: successes and challenges[J]. Developmental Psychology, 2013, 49:15-30.

③　Roald I. Norwegian deaf teachers' reflections on their science education: implications for instruction[J]. Journal of Deaf Studies and Deaf Education, 2002(1):57-73.

④　Pagliaro C M, Kritzer K L. Discrete mathematics in deaf education: a survey of teachers' knowledge and use[J]. American Annals of the Deaf, 2005, 150:251-259.

⑤　Mayer C. Issues in second language literacy education with learners who are deaf[J]. International Journal of Bilingual Education and Bilingualism, 2009(3):325-334.

才开始学习使用第二语言的双语者,他们学习第二语言时会得到其第一语言经验的帮助,也会受到其第一语言经验的制约①。然而,因为模式上的差异②,聋生学习书面语所遇到的困难可能远大于听生学习第二语言所遇到的困难。而且由于以下两方面原因,聋生在书面语语法学习中的困难尤其难以克服。

第一,在其第二语言技能发展早期,晚期双语者往往要依赖第一语言语法规则来学习第二语言③,但因为模式不同,聋生的手语语言技能难以迁移到其书面语实践中④。第二,人在语言活动中会自发地启用语法技能⑤,然而,因为第二语言技能比较弱,所以晚期双语者在第二语言阅读活动中往往会回避语法信息而更多地倚重语义信息等⑥。同样,聋生在书面语活动中也可能会策略性地回避语法信息加工。因此,语法技能较低是聋生书面语活动中尤为突出的现象⑦。

---

①　Saito K. Experience effects on the development of late second language learners' oral proficiency[J]. Language Learning,2015,65:563-595.

②　Goldin-Meadow S, Mylander C. Spontaneous sign systems created by deaf children in two cultures[J]. Nature,1998,391:279-281.

③　Schwartz B D, Sprouse R A. L2 cognitive states and the full transfer/full access model [J]. Second Language Research,1996,12(1):40-72.

④　Goldin-Meadow S, Mylander C. Spontaneous sign systems created by deaf children in two cultures[J]. Nature,1998,391:279-281.

⑤　Ardila A. There are two different language systems in the brain[J]. Journal of Behavioral and Brain Science,2011(1):23-36.

⑥　Clahsen H, Felser C. Grammatical processing in language learner [J]. Applied Psycholinguistics,2006,27:3-42.

⑦　Lederberg A R, Schick B, Spencer P E. Language and literacy development of deaf and hard-of-hearing children: successes and challenges[J]. Developmental Psychology,2013,49(1):15-30;Wolbers K A, Dostal H M, Bowers L M. "I was born full deaf." Written language outcomes after 1 year of strategic and interactive writing instruction[J]. Journal of Deaf Studies and Deaf Education,2012,17(1):19-38.

　　其实,自 20 世纪 70 年代起,人们便开始关注聋生的书面语语法问题①,但是,关于聋生书面语语法意识的研究还有待深入开展②。比如说在国内,虽然有学者就聋生书面语语法困难现象进行了一些思考分析③,但是,通过心理学实验来回答下列问题的研究尚比较缺乏:聋生在书面语中对哪些句式的学习较困难? 其学习困难在认知上又有怎样的表现? 对这样的问题做出回答,不仅会为聋生汉语教学提供借鉴,而且,对揭示聋生书面语语法技能发展困难的认知本质,推动语言认知普遍理论的发展都有重要意义。

　　在现代汉语中,"是……的"句是一种常见句式,也是句法最为复杂的句式之一④。在"是……的"句中,处于句尾的助词"的"与前面的助词"是"构成语法框架,使框架内的信息内容得到强调。例如,"她是爱护书籍的"这句话除表达"她爱护书籍"的意思之外,还强调,"爱护书籍"是"她"的一种习惯,或者是"她"的一种品质。

　　然而,该句式不仅外国留学生学习起来特别困难⑤,聋生学习起来也很困难。比如说,聋生作文中经常出现把"她是爱护书籍的"写成"她是爱护书籍"或"她爱护书籍的"的现象。聋生犯这样的错误说明,一方面他们对"是……的"句可能发展了一定的语法意识,另一方面他们关于助词"是"和"的"的语法框架意识还有所欠缺。聋生的读写技能是并行发

　　① Arfé B, Boscolo P. Causal coherence in deaf and hearing students' written narratives [J]. Discourse Processes, 2006, 42: 271-300; Lederberg A R, Schick B, Spencer P E. Language and literacy development of deaf and hard-of-hearing children: successes and challenges[J]. Developmental Psychology, 2013, 49(1): 15-30; van Beijsterveldt L M, van Hell J G. Structural priming of adjective-noun structures in hearing and deaf children[J]. Journal of Experimental Child Psychology, 2009, 104: 179-196; Wolbers K A, Dostal H M, Bowers L M. "I was born full deaf. " Written language outcomes after 1 year of strategic and interactive writing instruction[J]. Journal of Deaf Studies and Deaf Education, 2012, 17(1): 19-38.

　　② Traxler M J, Corina D P, Morford J P, et al. Deaf readers' response to syntactic complexity: evidence from self-paced reading[J]. Memory and Cognition, 2014, 42(1): 97-111.

　　③ 许保生,傅敏. 聋人文化视角下手语的省略现象及其语言学分析[J]. 残疾人研究,2015(1):31-34.

　　④ 熊仲儒. "是……的"的构件分析[J]. 中国语文,2007(4):321-330.

　　⑤ 谢福. 基于语料库的留学生"是……的"句习得研究[J]. 语言教学与研究,2010(2):17-24.

展的①,他们在"是……的"句阅读过程中也应该会有异常表现。本节拟对聋人大学生"是……的"句的句法意识进行实验研究。

句子阅读包括语义信息和句法信息两个并行的信息加工过程②。每个词的信息加工也可分解为词信息的提取、与之前词信息的整合和对之后词信息的预期③。若当前词是句尾词,则读者往往还要耗费额外的认知资源,出现所谓的"收尾效应"④,即出于对之前词进行信息整合的需要,读者对(主句和从句)句尾词的阅读速度慢于他们对之前词的阅读速度⑤。因此和句法技能较强的读者相比,就"是……的"句而言,句法技能较弱的读者在句尾助词"的"上的"收尾效应"会比较大。

若两类读者 A 和 B 在语义知识方面没有显著性差异,但在"是……的"句阅读中表现出不同大小的"收尾效应",则可推断,A 和 B 对"是……的"句可能发展了不同强度的句法意识。我们将使用移动窗口式自步速逐词句子阅读任务来验证这一研究假设。

在聋人学校中,一个班里的聋生大致可分为(听力损失高于 70dB 的)重度聋生和(听力损失不高于 70dB 的)中轻度聋生。和重度聋生不同,中轻度聋生不但熟练使用手语,而且,因经常佩戴助听器,能够与听人进行口语交流。第二语言实践有助于双语者发展目标语语法技能⑥。中轻度聋生因为有口语实践经历,所以比重度聋生有更为丰富的汉语语

①　Albertini J A, Marschark M, Kincheloe P J. Deaf students' reading and writing in college: fluency, coherence, and comprehension [J]. Journal of Deaf Studies and Deaf Education,2016, 21(3): 303-309.

②　Hofmeister P. Representational complexity and memory retrieval in language comprehension[J]. Language and Cognitive Processes,2011, 26:376-405.

③　Luka B J, van Petten C. Prospective and retrospective semantic processing: prediction, time, and relationship strength in event-related potentials [J]. Brain and Language,2014, 135:115-129.

④　Hirotani M, Frazier L, Rayner K. Punctuation and intonation effects on clause and sentence wrap-up: evidence from eye movements[J]. Journal of Memory and Language,2006, 54:425-443.

⑤　Kennison S M, Sieck J P, Briesch K A. Evidence for a late-occurring effect of phoneme repetition during silent reading [J]. Journal of Psycholinguistic Research,2003, 32: 297-312.

⑥　De Carli F, Dessi B, Mariani M, et al. Language use affects proficiency in Italian-Spanish bilinguals irrespective of age of second language acquisition [J]. Bilingualism: Language and Cognition,2015, 18(2):324-339.

言实践经验,因此,他们可能发展了更强的书面语语法意识。

　　叶盼云和吴中伟把外国留学生容易发生错误的"是……的"句归纳为三种类型:助词"是"和"的"之间是形容词(如"平坦")、动宾结构(如"爱护书籍")和带时间状语或地点状语的动词结构(如"在船上工作")。①对应这种种"是……的"句,聋生在作文中均有缺少助词"是"的错误现象(见表3-11)。本研究拟针对这种种类型的"是……的"句进行三项实验研究来验证上述假设。如果三个实验取得一致结果,那么上述研究假设将会得到强有力的支持。

表3-11　材料举例

类　型	完整句	省略句
1	道路是平坦的。	道路平坦的。
2	她是爱护书籍的。	她爱护书籍的。
3	叔叔是在船上工作的。	叔叔在船上工作的。

　　每个实验中,被试需阅读完整的"是……的"句(简称完整句)和助词"是"省略的"是……的"句(简称省略句)。在逐词句子阅读任务中,读者对每个词可能都会进行语法和语义上的信息提取、整合和预期②。当读到句尾助词"的"的时候,他们在省略句中遇到句法信息整合上的困难会大于他们在完整句中遇到的困难。

二、实验方法

　　移动窗口式自步速逐词句子阅读任务适合考察聋生句子阅读的认知过程③。在这样的任务中,读者若对某词的信息加工发生困难,则他/她对该词的阅读时间会比较长。和完整句相比,被试对省略句句尾助词"的"会出现更大的"收尾效应"。若重度聋生(实验组)对"是……的"句

　　①　叶盼云,吴中伟.外国人学汉语难点释疑[M].北京:北京语言大学出版社,2008.
　　②　Luka B J, van Petten C. Prospective and retrospective semantic processing: prediction, time, and relationship strength in event-related potentials[J]. Brain and Language,2014,135:115-129.
　　③　Traxler M J, Corina D P, Morford J P, et al. Deaf readers' response to syntactic complexity: evidence from self-paced reading[J]. Memory and Cognition,2014,42(1):97-111.

的语法意识较中轻度聋生（控制组）弱，则和控制组相比，实验组对句尾助词"的"的加工会出现更大的"收尾效应"。因此，每个实验中采用 2（被试：实验组和控制组）×2（句型：完整句和省略句）两因素混合测量设计。被试是被试间变量，句型是被试内变量。因变量是被试对句尾助词"的"的阅读时间，即反应时。

（一）被试

来自笔者所在学院的实验组和控制组被试参加了瑞文标准推理测量、阅读能力测验和背景信息问卷调查。耳聋会影响聋童的语言发展，进而影响其智力发展[①]，因此，以聋生为对象的研究往往需要平衡其智力水平。关于阅读能力测量，我们借用了《聋人大学生汉语课程的开发》一书附录中语言能力测试题的阅读理解部分，并假设在其他方面没有差异的条件下，若重度聋生的测试分数和中轻度聋生的测量分数没有显著性差异，则两类被试具备相同的词汇语义知识。

研究表明，聋童耳聋发生年龄越早，其口语能力发展受到制约的程度就越高；他们接受学前语言训练效果越好，入学后书面语学习效率就可能越高[②]。如果聋童的父母懂手语，那么，他们的手语能力就可能会得到较好的发展，而聋童的手语水平又会影响其书面语学习[③]。因此，背景信息问卷调查不仅包括性别还包括耳聋发生年龄、语训效果和父母是否使用手语等内容。

如表 3-12 所示，在每个实验中，两种被试在听力损失方面有显著性差异，但在年龄、阅读测量分数和智力测量分数等方面，他们之间没有显著性差异。

---

① Shojaei E，Jafari Z，Gholami M. Effect of early intervention on language development in hearing-impaired children[J]. Iranian Journal of Otorhinolaryngology，2016，28:13-21.

② Shojaei E，Jafari Z，Gholami M. Effect of early intervention on language development in hearing-impaired children[J]. Iranian Journal of Otorhinolaryngology，2016，28:13-21.

③ 郑璇. 浅论手语对聋儿主流语言学习的影响[J]. 中国听力语言康复科学杂志，2004（1）:51-53.

表 3-12 被试信息

	人数(女生)	听力损失 M±SD	听力损失 t值	年龄 M±SD	年龄 t值	阅读 M±SD	阅读 t值	智力 M±SD	智力 t值	耳聋发生年龄 2岁	耳聋发生年龄 2~4岁	学前语训效果 好	学前语训效果 一般	学前语训效果 不好	父母使用手语
实验1 控制组	18(9)	59.2±14.1	9.008**	20.5±3.6	0.305	59.0±14.5	0.587	46.5±5.7	0.658	11	7	2	9	8	0
实验1 实验组	19(9)	99.2±15.4		20.9±4.1		61.5±17.6		47.8±6.8		12	6	5	7	6	2
实验2 控制组	21(9)	57.5±13.3	9.675**	21.4±4.5	0.498	58.1±15.3	0.923	45.9±4.9	0.272	14	7	2	11	8	3
实验2 实验组	16(8)	99.1±15.4		20.9±3.3		60.9±16.5		46.2±5.7		10	6	3	8	5	2
实验3 控制组	23(11)	58.6±30.0	8.931**	20.7±3.9	0.898	60.2±14.8	0.625	46.4±4.9	0.087	12	11	3	10	10	3
实验3 实验组	20(10)	98.8±5.7		21.1±2.8		59.1±18.7		45.9±5.8		13	7	3	10	7	2

注：** $p < 0.001$。

（二）材料

实验 1、实验 2 和实验 3 的关键材料分别是 18、17 和 18 个完整句和相应省略句。参照 Li 等人的做法，我们请 20 位不参加实验的聋生对句子中的词进行熟悉度评定（1＝认识；0＝不认识），评定分数为 0.99 ± 0.06（$M \pm SD$）。请 20 位健听大学生用 7 点量表评定句子的可读性（7＝非常容易理解，1＝非常难以理解）。在实验 1[$t_{(17)} = 10.567, p < 0.001$，Cohen's $d = 5.13$]、实验 2[$t_{(16)} = 7.428, p < 0.001$，Cohen's $d = 3.71$]和实验 3[$t_{(17)} = 11.457, p < 0.001$，Cohen's $d = 5.56$]中，完整句的可读性分数（6.52±0.27；6.41±0.64；6.48±0.56）均显著高于省略句的可读性分数（4.23±0.36；5.13±0.53；5.02±0.58）。

在每个实验中，完整句随机分为两组，省略句也相应分成两组。然后，这四组材料交叉组合形成两个关键材料组。在实验 1 和实验 3 中，各组关键材料均由半数完整句和半数省略句组成；在实验 2 中，一组关键材料由 9 个完整句和 8 个省略句组成，另一组关键材料由 8 个完整句和 9 个省略句组成。每个句子被试只阅读一次：或者其完整句形式，或者其省略句形式。为避免被试对句型结构特点有所意识或启用阅读策略等①，实验中的填充句数量是相应关键句的 3 倍。填充句均为"是……的"句以外的句式，并在句长和词汇难度等方面和关键句相似。对每个被试所阅读的关键材料和填充材料均进行随机混合。

（三）过程

使用 E-prime 2.0 呈现刺激和记录被试的按键反应。每个句子开始时，在显示器中央呈现一个矩形框，框边的颜色为黑色，线宽为 0.25 磅，矩形框在长度和宽度上和相应句子所占空间相同。文字在白色背景下以 28 号（黑色）宋体呈现。被试按"F"或"J"键时，在左端出现第一个词（包括助词"是"和"的"，实验 1、实验 2 和实验 3 中完整句的句长分别是 4、5 和 5 个词），同时，矩形框消失；之后，被试每按一次"F"或"J"键，下一个词出现，之前的词消失；最后一次按键出现的是句号。每个词从出现到消失之间的时间间隔记录为它的反应时。所有句子阅读之后都有一个阅读理解题，被试需根据对相应句子的阅读理解做出肯定或否定应答。

在笔者所在学院的电脑教室内，对被试分小组进行集体测量，每个小组最多由 5 人组成。教室内光线明亮，被试端坐电脑前，眼睛与显示器（型号：LXB-L17C；分辨率：1280×1024 像素；刷新频率：75Hz）中央的水平距离约为 60cm。两个人之间左右间隔两个座位，前后间隔一排座位。实验开始之前，由课题组聋人老师用手语向被试讲解操作要求。被试需又快又准确地读懂每个句子，并且，对句子之后出现的阅读理解题，按"D"或"K"键做出应答。实验开始时有 12 个练习句子，之后是正式实验句。实验持续 25min。实验结束时，被试每人领取一份价值 15 元左右的小礼物后离开教室。

三、实验结果

实验组（83.8%±5.7%）和控制组（84.3%±5.2%）对句子理解题目应答的准确率无显著性差异，$t(115)=0.806$，$p>0.10$。参照以往研究，关键句中词的反应时如果短于 80ms 或长于 1200ms，数据应删除。实验 1、实验 2 和实验 3 中数据删除比例分别是 1.9%、2.5% 和 2.2%。

---

① Rüschemeyer S A，Zysset S，Friederici A D. Native and non-native reading of sentences：an fMRI experiment[J]. NeuroImage,2006，31：354-365.

对被试在句尾助词"的"的反应时数据进行 2(被试)×2(句型)两因素混合测量方差分析(包括被试分析和项目分析)。从篇幅角度考虑,我们主要报告显著性效应结果。

(一)实验 1

实验结果如图 3-7 所示,在句尾助词"的"的反应时上,被试主效应显著 $[F_{项目}(1,17)=26.45,p<0.001,\eta_P^2=0.609]$,句型主效应显著 $[F_{被试}(1,35)=22.61,p<0.001,\eta_P^2=0.392;F_{项目}(1,17)=7.82,p<0.05,\eta_P^2=0.309]$,被试和句型两因素交互作用显著 $[F_{被试}(1,35)=13.31,p<0.005,\eta_P^2=0.275;F_{项目}(1,17)=6.73,p<0.05,\eta_P^2=0.283]$。简单效应分析表明,实验组在完整句和省略句中对"的"的反应时没有显著性差异 $[t_{被试(18)}=1.195,p>0.10;t_{项目(17)}=0.767,p>0.10]$,然而,控制组在完整句中对"的"的反应时显著短于他们在省略句中对"的"的反应时 $[t_{被试(17)}=4.138,p<0.005,\text{Cohen's }d=2.01;t_{项目(17)}=3.036,p<0.01,\text{Cohen's }d=1.47]$;实验组对完整句中"的"的反应时显著长于控制组对完整句中"的"的反应时 $[t_{项目(17)}=6.620,p<0.001,\text{Cohen's }d=3.21]$,然而对省略句中"的"的反应时,实验组和控制组之间没有显著性差异 $[t_{被试(35)}=0.195,p>0.10;t_{项目(10)}=0.869,p>0.10]$。

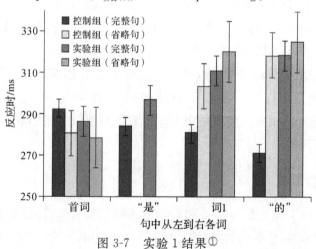

图 3-7　实验 1 结果[①]

(二)实验 2

实验结果如图 3-8 所示,在句尾助词"的"的反应时上,被试主效应显

---

① 注:如完整句"道路是平坦的"中从左到右的 4 个词分别是"道路""是""平坦""的"。

著$[F_{项目}(1,16)=8.22,p<0.005,\eta_P^2=0.339]$,被试和句型两因素交互作用显著$[F_{被试}(1,35)=11.09,p<0.005,\eta_P^2=0.241]$。简单效应分析表明,实验组在完整句中对"的"的反应时显著长于他们在省略句中对"的"的反应时$[t_{被试(15)}=5.170,p<0.001,\text{Cohen's }d=2.67]$,然而,控制组对"的"反应时在完整句和省略句之间没有显著性差异$[t_{被试(20)}=1.473,p>0.10]$。

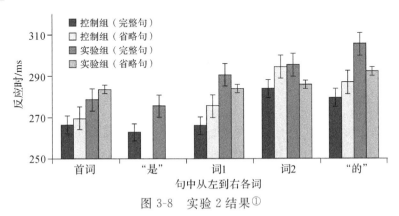

图 3-8　实验 2 结果①

（三）实验 3

实验结果如图 3-9 所示,在句尾助词"的"的反应时上,被试主效应显著$[F_{项目}(1,17)=11.93,p<0.01,\eta_P^2=0.412]$,被试和句型两因素交互作用显著$[F_{被试}(1,41)=6.41,p<0.05,\eta_P^2=0.135;F_{项目}(1,17)=4.82,p<0.05,\eta_P^2=0.198]$。简单效应分析表明,实验组在完整句和省略句中对"的"的反应时没有显著性差异$[t_{被试(19)}=2.057,p>0.05;t_{项目(17)}=1.327,p>0.10]$,然而,控制组在完整句中对"的"的反应时显著短于他们在省略句中对"的"的反应时$[t_{被试(22)}=2.910,p<0.05,\text{Cohen's }d=1.24]$;实验组对完整句中"的"的反应时显著长于控制组对完整句中"的"的反应时$[t_{项目(17)}=3.050,p<0.01,\text{Cohen's }d=1.48]$,然而对省略句中"的"的反应时,实验组和控制组之间没有显著性差异$[t_{被试(41)}=0.833,p>0.10;t_{项目(17)}=0.800,p>0.10]$。

---

① 注:如完整句"她是爱护书籍的"中从左到右的 5 个词分别是"她""是""爱护""书籍""的"。

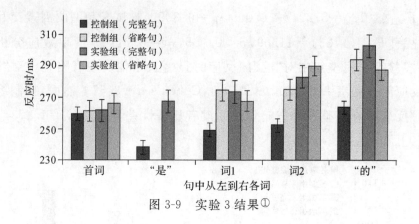

图 3-9　实验 3 结果①

四、讨论

本节以完整的(完整句)和省略助词"是"的(省略句)"是……的"句为材料,以主要使用手语的重度聋生(实验组)和既懂手语又懂口语的中轻度聋生(控制组)为对象,进行了三项移动窗口式自步速逐词句子阅读实验测量。实验1、实验2和实验3的完整句中两个助词"是"和"的"之间分别是形容词(如"平坦")、动宾结构(如"爱护书籍")和带时间状语或地点状语的动词结构(如"在船上工作")。每句读完之后,被试需回答一个阅读理解题目。

结果发现,实验组与控制组对句子理解题目应答的准确率均高于80%,说明他们认真参与实验并且读懂了句子。对被试在句尾助词"的"的反应时分数进行方差分析表明:(1)实验1和实验3的结果相似。实验组对句尾助词"的"的反应时在完整句和省略句之间没有显著性差异,然而,控制组在完整句中对句尾助词"的"的反应时显著短于他们在省略句中对句尾助词"的"的反应时;在完整句中,实验组对句尾助词"的"的反应时显著长于控制组对句尾助词"的"的反应时,然而,在省略句句尾助词"的"的反应时上,实验组和控制组之间没有显著性差异。(2)在实验2中,控制组对句尾助词"的"的反应时在完整句和省略句之间没有显著性差异,然而,实验组在完整句中对句尾助词"的"的反应时显著长于他们在省略句中对句尾助词"的"的反应时。

---

① 注:如完整句"叔叔是在船上工作的"中从左到右的5个词分别是"叔叔""是""在船上""工作""的"。

句子阅读包括语义信息和句法信息两个并行的信息加工过程①。对每个词的信息加工可分解为信息提取、整合和预期②，然而对句尾词的信息加工往往会出现"收尾效应"③。本研究中三个实验的结果一致表明，实验组似乎和控制组一样，能够迅速提取句首词的语义信息。这与他们的阅读能力测试分数没有显著性差异的结果一致。两类被试毕竟来自同样的班级，有相似的受教育经历，因而也可能发展相似的语义知识网络。

和语法技能相比，聋生在语义知识发展方面的困难要小得多④。然而，仅靠语义信息加工是难以确保流畅性阅读的⑤。也许因为实验组相应心理表征欠缺，他们在句法信息加工方面效率较低，所以在阅读中出现比控制组更大的"收尾效应"。

（一）重度聋生"是……的"句句法意识薄弱

在实验1和实验3中，控制组对省略句所表现出的"收尾效应"显著大于他们对完整句所表现出的"收尾效应"。这符合实验预期，说明他们在省略句句尾助词"的"的语法信息加工上遇到更大困难。重要的是，和控制组相比，实验组在完整句和省略句中均有比较长的反应时，这一结果值得深入讨论。

在完整句中，实验组读到助词"是"时能够提取其表示肯定性判断含义的心理表征。但可能缺乏该词在"是……的"句中作为助词的语法信息表征，对"是……的"结构框架缺乏足够的句法意识，因此读到句尾助

①　Hofmeister P. Representational complexity and memory retrieval in language comprehension[J]. Language and Cognitive Processes，2011，26：376-405.

②　Luka B J，van Petten C. Prospective and retrospective semantic processing：prediction，time，and relationship strength in event-related potentials［J］. Brain and Language，2014，135：115-129.

③　Hirotani M，Frazier L，Rayner K. Punctuation and intonation effects on clause and sentence wrap-up：evidence from eye movements[J]. Journal of Memory and Language，2006，54：425-443.

④　Lederberg A R，Schick B，Spencer P E. Language and literacy development of deaf and hard-of-hearing children：successes and challenges[J]. Developmental Psychology，2013，49(1)：15-30.

⑤　Cain K，Oakhill J，Lemmon K. Individual differences in the inference of word meanings from context：the influence of reading comprehension，vocabulary knowledge，and memory capacity[J]. Journal of educational Psychology，2004，96：671-681.

词"的"时不能在句法上与前面的助词"是"形成句法结构框架。对"是……的"句句尾助词"的"的理解难以与之前的词进行信息整合,从而出现较大的"收尾效应"。

汉语中,句法主要不是通过形态变化来体现的,而是通过词的多义性来体现的。这一点似乎与聋生的语言认知特点相左。比如说,可能与聋生难以对同一事物做出多项选择判断现象相关[①],聋生难以掌握书面语词的第二个含义。对重度聋生来说,"的"字不论出现在句中还是出现在句尾,它可能只有一个意思,那就是它的第一个和使用频率最高的那个意思,即表示所属关系的语义(如,"父亲的背影"中的"的")。这恐怕是实验组对"是……的"语法意识较控制组薄弱的主要原因之一。

实验组对省略句句尾助词"的"反应时较长的结果可做同样解释。从严格意义上讲,因为"是"的省略,省略句在句法上是不完整的,句尾助词"的"的出现在句法上是有些突兀的,因此其可读性较完整句低。而且控制组对省略句句尾助词"的"的反应时显著长于他们对完整句句尾助词"的"的反应时。

关于重度聋生在"是……的"句阅读中的这些证据,直接支持了人们在观察研究中关于聋生书面语句法意识发展有所异常的推断[②]。我们相信,如果采用同样的设计进行 ERP 实验,那么,对实验组在完整句和省略句句尾助词"的"的信息加工会主要测量到 N400,对控制组在省略句句尾助词"的"的信息加工会主要测量到 P600。

在实验 2 中,虽然控制组对省略句和完整句句尾助词"的"的反应时差异没有达到显著性水平,但他们对省略句的"收尾效应"似乎也有大于

---

① Marschark M, Lang H G, Albertini J A. Educating deaf students: from research to practice[M]. New York:Oxford University Press,2002.

② Arfé B, Boscolo P. Causal coherence in deaf and hearing students' written narratives [J]. Discourse Processes,2006,42:271-300;Friedmann N,Szterman R. Syntactic movement in orally trained children with hearing impairment [J]. Journal of Deaf Studies and Deaf Education,2006(1):56-75;Lederberg A R, Schick B, Spencer P E. Language and literacy development of deaf and hard-of-hearing children: successes and challenges[J]. Developmental Psychology,2013, 49(1):15-30;van Beijsterveldt L M, van Hell J G. Structural priming of adjective-noun structures in hearing and deaf children[J]. Journal of Experimental Child Psychology,2009,104:179-196;Wolbers K A, Dostal H M, Bowers L M. "I was born full deaf." Written language outcomes after 1 year of strategic and interactive writing instruction [J]. Journal of Deaf Studies and Deaf Education,2012, 17(1):19-38.

他们对完整句"收尾效应"的趋势。与此相反,不同于其他两个实验的是,实验组在完整句中表现出的"收尾效应"反而大于他们在省略句中表现出的"收尾效应"。

重度聋生对省略句中句尾助词"的"的信息加工和他们在其他两个实验中的情况相似,主要是因为语义信息整合困难而出现"收尾效应";但是,在完整句中,他们之所以表现出更大的"收尾效应",一方面是因为他们在语义信息整合上遇到困难,另一方面还因为他们可能已经发展了某种程度上的句法意识,对这种结构有进行语法信息加工的趋势,但其加工效率还比较低。

(二)启示

本研究中两种被试之间的主要不同是,中轻度聋生因为懂口语,可能发展了较强的书面语句法意识;相反,重度聋生因为主要使用手语,不大可能普遍发展口语能力[①],因此难以像中轻度聋生那样发展明确的书面语语法意识。实验 1 和实验 3 似乎很好地证实了这一推断,但是,实验 2 的结果表明,重度聋生对"是……的"句句式在某种程度上也发展有一定的句法意识。这些发现给我们带来一些重要启示。

一方面,双语者在第一、二语言语法方面的差异大小决定其第二语言学习难度[②]。手语是视觉语言,在模式上和口语有差异。在书面语活动中,无论是自觉或不自觉地依赖其第一语言语法技能——手语语法技能[③],还是有意识地回避书面语语法信息[④],都不利于聋生发展书面语语法意识。因此,聋生必须在书面语语法学习实践中摸索语法规律和发展语法意识。确实,在多年汉语学习过程中,他们也许对某些结构发展了某种程度的语法意识。

如图 3-7、图 3-8 和图 3-9 所示,控制组对省略句句尾助词的反应时分别比他们对完整句句尾助词的反应时长 47ms、7ms 和 30ms。即,和其

①　梅芙生. 对我国聋人语言教学法的沉思[J]. 教育科学,1999(3):44-47.

②　Foucart A, Frenck-Mestre C. Grammatical gender processing in L2: electrophysiological evidence of the effect of L1-L2 syntactic similarity[J]. Bilingualism: Language and Cognition,2011(14):379-399.

③　Schwartz B D, Sprouse R A. L2 cognitive states and the full transfer/full access model [J]. Second Language Research,1996, 12(1):40-72.

④　Clahsen H, Felser C. Grammatical processing in language learner [J]. Applied Psycholinguistics,2006,27:3-42.

他两种类型的"是……的"句相比,实验2完整句(如"他是爱护书籍的")中的"是……的"语法框架在心理表征上可能是最为松散的,毕竟在口语中"他爱护书籍的"这样的句子听起来似乎也不是那么拗口,而且和其他两个实验相比,实验2中完整句和省略句的可读性分数之差是最小的,只有1.28。因此,至少在移动窗口式自步速逐词句子阅读任务中,实验2省略句中的句法错误似乎不容易在中轻度聋生身上测量出来。相反,阅读这种所谓"心理语法结构最为松散"的"是……的"句时,重度聋生已经发展起来的某种"是……的"句句法意识反而能够得以体现。因此,进行句式强化训练将有助于促进聋生的句法意识发展。

另一方面,手语也是一种语言,有其独特的语法系统[①]。但迄今为止,人们对手语语法规律知之不多。关于重度聋生对"是……的"句似乎发展有一定语法意识的现象,笔者做以下推论。

手语语法和汉语语法之间在某些方面可能有所相似。例如,有学者认为,有些自然手语语句中手势词之间的先后顺序与甲骨文中文字成分的位置顺序有相似性[②],与古汉字中文字成分的位置顺序有相似性[③]。因此,重度聋生在书面语活动表现出的某种程度上的语法意识可能是其手语语法技能的正迁移。而且,汉语书面语是视觉信息极其丰富的语言形式,这种丰富性似乎符合聋人基于视觉的认知习惯。例如,和美国聋人记忆英文数字情况相比,日本聋人对汉字数字的记忆成绩更高[④];在青少年聋生具体事物间分类学联系和主题关联联系相对强度意识比较研究中,韩国青少年聋生对图片和文字两种形式的刺激有不同的反应模式,而中国青少年聋生对图片和文字两种形式的刺激却有相同的反应模式[⑤]。因此,对汉语中有些书面语形式所蕴含的语法规律,聋生也许能够自然而然地在某种程度上有所驾驭。不过,其中的奥妙尚需深入探究。

总之,重度聋生因为主要是用手语,所以和中轻度聋生相比,他们在

---

① Goldin-Meadow S, Mylander C. Spontaneous sign systems created by deaf children in two cultures[J]. Nature,1998,391:279-281.

② 游顺钊. 视觉语言学[M]. 台北:大安出版社,1991.

③ 高宇翔. 试论中国手势语和古汉字的相似性[J]. 绥化学院学报,2017(1):28-30.

④ Flaherty M, Moran A P. An investigation of the Stroop effect among deaf signers in English and Japanese: automatic processing or memory retrieval? [J]. American Annals of the Deaf,2007,152:283-290.

⑤ 叶盼云,吴中伟. 外国人学汉语难点释疑[M]. 北京:北京语言大学出版社,2008.

书面语语法意识发展上处于劣势,但是,他们不是没有发展书面语语法意识的可能。未来研究需要对聋人手语和聋生的书面语活动进行观察研究,并结合心理学实验,以各种句式为研究内容,对听力损失程度不同的聋生的书面语语法认知活动进行考察,对重度聋生在哪些句式上难以发展明确的语法意识,在哪些句式上能够发展一定程度的语法意识形成系统认识。相关研究发现不仅可以为有的放矢地指导聋生进行书面语语法技能训练提供理论帮助,而且还会在句式上反衬手语和书面语之间的差异和相似之处,为指导聋人手语研究和推动聋人语言认知研究发展做出贡献。

五、结论

聋生在书面语语法意识发展上有显著个体差异:和中轻度聋生相比,重度聋生对"是……的"句的语法意识比较弱。本研究带来的启示是,需要进行大量这样的实验研究,确定他们在这些句式上的认知特点,为对聋生进行有的放矢的语言教学提供借鉴。

第六节　本章小结

本章从认知心理学视角出发,综述国内外近年来聋生汉语习得领域研究进展,并在此基础上主要开展了如下四方面的研究。

其一,自建 14 万字的小型语料库,开展聋生汉字习得情况调查,用 Access 软件和 Excel 软件统计总汉字数、字种数、汉字频率、汉字偏误。如果以累积覆盖率达 95.618％,语料中出现 10 次以上的汉字作为聋生掌握汉字的标准,那么从小学到大学阶段,聋生常用汉字量为 1044 个,这种情况说明他们的汉字使用量非常集中。采用人工筛查的方法,对 35403 字的大学聋生语料进行穷尽检索,偏误率为 16.30％。偏误类型主要为"笔画偏误",其次是"部件偏误",再次是"整字偏误",这说明聋生的汉字偏误主要集中在笔画和部件上。调查表明,聋生汉字基础知识薄弱,对笔画数目、组合规则概念不熟悉,缺乏汉字正字法意识。这可能与他们感知笼统、思维缺乏完整性和精密性有关。他们对汉字的识记和运用还处于基础阶段。

其二,为揭示聋人书面语词的心理表征,揭示其书面语词识别加工过程中的普遍规律,对聋生分类学联系概念书面语词的识别加工进行了考察,使用语义归类判断任务对学院聋人大学生进行了四项实验研究。结果表明,聋生不仅在上位词识别过程中会激活两套概念表征系统,而且和听人相似,他们对下位刺激的自动加工能够促进对相应上位词的识别,只不过他们对下位概念的典型性变化不如听人大学生敏感。研究表明,聋生对分类学联系概念书面语词能够发展和听生相似的心理表征系统。可以推论,他们接受书面语教育程度越高,就越能发展和听生相同的概念表征系统。

其三,聋生学习书面语抽象词时往往会感到困难,比如程度副词的学习就是难点之一。为考察他们在句子阅读中对程度副词的信息加工,以有、无程度副词冗余错误的句子为材料,使用移动窗口式自步速阅读任务对学院聋生进行了一项实验。研究发现,这种冗余错误反而有助于促进聋生对后续词的信息加工。聋生在句子阅读中可能对程度副词发展有独特的认知加工机制。研究对揭示聋生书面语语法认知独特性方面有启示意义,为开展针对性的语言训练提供了理论指导。

其四,为进一步探究语义和句法信息在聋生句子阅读过程中的作用,以"是……的"句为实验材料,使用移动窗口式自步速逐词句子阅读任务进行三项实验,研究发现,和既懂手语又懂口语的(听力损失不高于70dB 的)中轻度聋生相比,(听力损失高于 70dB 的)重度聋生对句尾助词"的"的句法信息加工尤其困难,他们对"是……的"句的句法意识较弱。虽然他们对"是……的"结构句已经发展了某种程度的句法意识,对这种结构有进行语法信息加工的趋势,但其加工效率还比较低。

未来需要继续开展大量实验研究,揭示聋生书面语认知机制的独特性,为聋生汉语教学提供理论指导。

第四章　认知视角下聋生汉语教学研究

　　近五十年来,国内聋教育汉语教学领域出现过不同的教学思潮,其差别和争论主要归结于课程定位上。从近些年的研究成果看,手语是聋人的第一语言,汉语学习对聋生而言具有二语习得性质这一看法已达成初步共识。但从二语教学的视角出发开展聋生汉语教学,实践层面应从何处着手,如何改革,人们还有疑问。面向聋生的汉语教学与二语教学有相通之处又有明显区别。聋人与听人同属于汉文化圈,共享相同的社会文化背景,听力的丧失使得聋人以视觉作为语言学习的主渠道,对他们开展二语教学应具有特殊性。要界定聋教育汉语课程的属性,应从聋生汉语学习需求与认知特点出发,对如下两个问题作认真思考:一是如何把握汉语课程中人文性与工具性的关系;二是如何看待手语在语文教学中的地位,也就是教学中如何处理手势汉语、自然手语、汉语书面语三者之间的关系。厘清这两个问题,才能在此基础上明确聋教育汉语课程的定位,开展有针对性的教学。

第一节　聋教育汉语课程的属性与定位

一、聋教育汉语课程的属性

（一）"工具性"与"人文性"

聋教育语文教学是对聋生开展第二语言（汉语）的教学。关于这门课程的名称，我国义务教育阶段聋教育参照普通教育的课程设置方案，也称之为"语文"。课程名称体现了人们对课程价值取向和课程性质的认识，那么，普通义务教育"语文"课程的性质在课程标准里是怎么规定的呢？2011年新一轮基础教育改革发布的《义务教育语文课程标准》指出："语文课程是一门学习语言文字运用的综合性、实践性课程。义务教育阶段的语文课程，应使学生初步学会运用祖国语言文字进行交流沟通，吸收古今中外优秀文化，提高思想文化修养，促进自身精神成长。工具性与人文性的统一，是语文课程的基本特点。"[①]《义务教育语文课程标准》指出，工具性和人文性相统一是语文课程的基本属性。

义务教育阶段聋教育《聋校义务教育语文课程标准（2016年版）》（以下简称"课标"）与普通义务教育语文课程标准如出一辙："语文课程是一门学习语言文字运用的综合性、实践性课程。聋校义务教育阶段的语文课程，应使聋生初步学会运用祖国语言文字进行交流沟通，吸收古今中外优秀文化，提高思想文化修养，培养聋生自尊、自信、自强、自立的精神。工具性与人文性的统一，是语文课程的基本特点。"[②]课标中除对"思想文化修养"作进一步强调，要求培养聋生"自尊、自信、自强、自立的精神"外，其余部分的表述与普通教育语文课程标准是一样的。

聋校语文课程是"工具性"与"人文性"相统一的课程吗？与普通教育的"语文"课程相比，两者是否有不同之处？课标对聋校语文课程性质的规定似乎把语文课程教学任务分成了两部分：一部分是要培养聋

---

① 人民教育出版社课程教材研究所.义务教育语文课程标准（2011年版）[EB/OL].（2018-03-31）[2018-06-03].http://old.pep.com.cn/xiaoyu/jiaoshitbjxkbjd/kb2011/.

② 中华人民共和国教育部.聋校义务教育课程标准（2016年版）[EB/OL].（2016-12-13）[2018-06-03].http://www.moe.gov.cn/srcsite/A06/s3331/201612/W020161213303084460898.pdf.

生理解和运用祖国语言文字的能力；另一部分是要塑造和培养聋生的人文素养，提高聋生的思想文化修养，体现语文课程的育人价值。为体现语文课程的"人文性"，聋教育语文课标在第二部分"目标与内容"中还有如下表述：要"认识中华民族文化的丰厚博大，汲取民族文化智慧，弘扬民族精神。关心当代文化生活，吸收人类优秀文化的营养，提高文化品位。"[①]人们不禁要问，聋校语文课程性质、功能是否有泛化之嫌？聋教育语文课程是一门以工具性为主的语言课程，还是既有工具性，又有人文性，工具性和人文性两者并重的课程？课标在"前言"最后一段做了一个概括性表述[②]："聋校语文课程的多重功能和奠基作用，决定了它在聋校义务教育中的重要地位。""多重功能"的表述使得聋校语文课程定位变得更模糊了，聋教育语文课程还有哪些附加功能，课标没有具体展开。反观现实中的聋校语文课堂，有的老师把"语文"课上成"语文＋思想＋人文＋文化"式的大杂烩课，一篇课文既讲段落大意、中心思想，又讲修辞手法、艺术特色，还有句意理解、字词品味，最后还有拓展延伸……好像什么都讲了，又什么都没讲，聋生到底从这篇课文中学会了什么呢？好像什么都学了，又什么都没学。目前，语文课程学时在整个聋校义务教育课程设置方案中所占比例最高（24.8%～24.3%）[③]（注：十二年时间共 2700 多个课时），可是到大学阶段，聋生的汉语能力仍未过关，书写不端正、错别字多、语病多的现象非常普遍，很多聋生甚至连"请假条""通知"等日常应用文也写不好，这一问题不得不引起人们的警惕和反思。

　　课标中对聋教育语文课程性质的表述值得商榷。如果认可聋生语文教学具有第二语言教学的性质，那么就应该与面向听人学生的外语教学、少数民族学生汉语教学等一样，将重心放在语言教学上，研究学习者语言学习的认知心理过程，帮助他们掌握汉语这门语言的规律，使他们能正确使用汉语这门语言。对聋生而言，汉语学习的根本目的应该是"正确使用祖国的语言文字"，学会在不同的交际场合、不同交际情境中

---

　　①　中华人民共和国教育部. 聋校义务教育课程标准（2016 年版）[EB/OL].（2016-12-13）[2018-06-03]. http://www.moe.gov.cn/srcsite/A06/s3331/201612/W020161213303084460898.pdf.

　　②　中华人民共和国教育部. 聋校义务教育课程标准（2016 年版）[EB/OL].（2016-12-13）[2018-06-03]. http://www.moe.gov.cn/srcsite/A06/s3331/201612/W020161213303084460898.pdf.

　　③　顾定倩. 聋校课程与教学[M]. 北京：北京师范大学出版社，2011：37.

准确使用汉语来表达自己的见解和观点。对聋生而言,语文课程首先是一门工具课程,在言语实践、交往体验、社会参与、合作共享的过程中,发展语言综合运用能力,进而培养良好的个性、健全的人格与合作精神。当然,这里所指的"工具性"不是"纯工具性",所谓的政治思想教育、伦理道德教育、经典文化教育不应该从语文的工具属性中剥离且与之并列起来,政治、思想、道德、科学、人文这些内容都是从属于工具性的。"语文具有工具性"这句话本身是一个比喻,语言是交际工具、思维工具和文化传承的工具,对它的掌握并臻于熟练始终不能脱离语言的工具性①。因此,不该牺牲"工具性"去彰显所谓的"人文性",这样做只会模糊、削弱聋教育语文课程的"工具性",从而导致课程目标不明确、教学重点不突出、教学效率低下。聋教育汉语教师应教会聋生老老实实地掌握汉字的结构、部件,学会正确书写汉字;掌握标点符号的使用方法;能运用汉语的语法规则写出完整、通顺的书面语句子,让聋生掌握运用汉语书面语交际的本领,满足社会生活和日后的工作所需。

从 20 世纪四五十年代开始,西方哲学界和心理学界出现了"语言学的转向",语言背后并不存在着某种需要用语言来表达的理性内容,相反,语言本身就是这些内容。语言是人类最重要、最直接的思维现实②。西方分析哲学大师维特根斯坦(Wittgenstein)指出,"凡能够说的,都能够说清楚;凡不能谈论的,就该保持沉默",他认为语言与思维是形式与内容的关系,没有内容的形式和没有形式的内容都没有意义,语言与思维是一体的。海德格尔(Heidegger)也认为,"存在在思想中形成语言,语言是存在之居所",思想是语言的自我显现。教会聋生正确使用汉语这个工具,同时也是教会他们用汉语这个工具进行思维的本领。聋生运用汉语表达的过程,同时也是个人思想、情感、人文精神的塑造过程。我国叶圣陶、吕叔湘、张志公等语文教育界元老级人物都曾提出"语言是工具"这一观点,强调语文教学要一心一意培养学生正确运用祖国语言文字的能力。吕叔湘先生曾说:"我要代语文教师呼吁一下,请求各科的同事和他合作,都来关心学生的语文,对学生的语文负责。各科教师都应该要求学生在回答提问和书面作业的时候正确地使用语文……对学生的语文负责,每出一个布告,每发一个通知,每作一个报告,都应该检查一下

---

① 倪文锦.我看工具性与人文性[J].语文建设,2007(7-8):6-7.
② 张积家.青少年聋生的概念结构[M].广州:暨南大学出版社,2010:2.

语文质量,包括错别字在内。"①这里的"语文质量"应该就是"正确运用语言文字的能力"。

总之,面向聋生的汉语教学就是汉语作为第二语言的教学,彰显聋教育汉语教学课程属性的"工具性"并非功利主义和实用主义思想所驱,而是对课程本质属性及聋教育语文教学现状深刻反思之后的再认识。目前,以国家教育文件形式颁布的《聋校义务教育课程设置实验方案》(2007)、新修订的《聋校义务教育课程标准》(2016)都将课程名称定为"语文",笔者认为,面向聋生的汉语言教学应将课程名称定为"汉语"更恰当。"语文"面向母语学习者,"汉语"面向二语学习者,将课程名称定义为"语文"还是"汉语",表面上看是称谓不同,本质上是两种课程认识论的差异。

(二)"自然手语"与"手势汉语""汉语书面语"

1. 自然手语与手势汉语

除口语外,聋校课堂教学语言主要有两种:自然手语与手势汉语。自然手语就是聋人手语,本书中若不加以特别说明,"手语"一词的概念都是指自然手语。自然手语是聋人群体使用的形义结合的手势——视觉沟通符号体系,是聋人群体的母语,是聋人群体在长期交流中发展起来的,具有独立的语言地位②。自然手语具有形象生动、简明扼要且富于变化的特点,容易为聋人习得。手势汉语是在汉语基础上加以运用的手语,具体手势与汉语词汇相对应,组合造句服从汉语语法规则③,是对汉语的手势符号化,或者说是汉语的手势表达方式,与聋人自然手语存在本质差异。手势汉语具有与汉语语序对应、节律趋同、口型伴随、表情中性、字形优先、虚词省略等特征④。

作为聋校课堂教学用语,手势汉语一直遭受颇多诟病,对聋校课堂上要不要使用手势汉语,什么场合下使用手势汉语还存在着不少争议。一种观点是:譬如学习英语,老师上英语课的时候为什么不先教中式英语,再告诉大家其实真正的英语不是这样的;而手语同样作为一门独立的语言,教学中为什么就需要借助手势汉语这根拐棍呢?手势汉语是

① 吕叔湘.吕叔湘语文论集[M].北京:商务印书馆,1983:337.
② 龚群虎.聋教育中手语和汉语问题的语言学分析[J].中国特殊教育,2009(3):64.
③ 哈平安.两种不同的手语[J].中国特殊教育,2002(3):42-45.
④ 郑璇.双语聋教育中的语言学问题[J].听力学及言语疾病杂志,2011(5):449.

否是听人教师在没有学会自然手语的前提下，不得已而为之的一种教学交际工具？来自聋校教师课堂手语的调查表明，手势汉语在聋校课堂教学中也确实存在着不少问题。如：用手势汉语机械地翻译课文，聋生看不懂，师生间无法有效沟通，教学效率低；手势汉语照搬汉语语法，不符合聋生视觉思维习惯，对词句的理解容易引发歧义；手势汉语掺和自然手语，教师本人也难以区分两种手语，不能根据教学场合需要做出恰切的选择；教师过于倚重手势汉语教学，忽视聋生汉语书面语字、词、句等书写能力的培养；手势汉语伴随口语同步输出，遗漏关键信息。①

该如何看待聋校课堂教学中的手势汉语，处理手势汉语与自然手语的关系呢？笔者认为，从教学需要的角度出发，从有助于聋生书面语能力培养的角度出发，手势汉语还是有其存在价值的。比如在讲解生词难句，阐释抽象概念的时候，需要使用自然手语来帮助聋生理解；讲解汉语语法结构、定义定理公式、部分抽象词汇时，需要自创手势汉语来帮助聋生界定概念。自然手语、手势汉语两者可在教学中根据需要灵活选用。中挪 SigAm 双语聋教育实验提供了一个自然手语、手势汉语结合使用的范例：当聋人教师用手语时，听人教师会将聋人教师的手语翻译成汉语口语，并在白板上写下这个句子，接着用手势加发声读出句子。然后，聋人教师用手语解释这个句子的意思。理解课文内容之后，训练聋生用手势汉语来朗读、背诵课文，也可用自然手语来复述课文内容，训练他们的"口头"表达能力。这样一方面可以检查聋生对课文的理解、掌握程度，另一方面也有助于教师调整教学节奏和教学方法。② 又如针对古诗词教学，有教师开展了如下教学活动：导读环节用手势汉语诵读全诗，理解环节用自然手语阐释全诗，品读环节随时转化两种手语来赏析全诗，最后在记诵环节根据聋生个人喜好，任选手势汉语或自然手语进行表演等，激发聋生课堂参与度，起到了较好的理解、记忆效果③。聋人教师也肯定

① 方红.语文教学要正确运用聋人手语[J].现代特殊教育,2011(7/8):47-48;徐小飞.聋校语文教师课堂语言现状分析[J].现代特殊教育,2014(9):15-16;彭盈雪,张金.聋校语文教师课堂手语运用现状研究:以唐山市某特殊学校为例[J].绥化学院学报,2018(4):32-36.

② 欧纳.与中国聋校的沟通和合作:中挪手语双语教育的合作经验[J].中国特殊教育,2009(4):59-69;程益基,丁勇,徐泰来,等.中挪 SigAm 双语聋教育实验项目终期报告[J].中国特殊教育,2009(4):52-58.

③ 赵凤陆,印邦枝.合理运用两类手语 提高聋校古诗教学实效[J].绥化学院学报,2017(10):48-50.

手势汉语在教学中的积极作用,强调手势汉语与自然手语在课堂上应视情况使用①。总之,在聋校课堂教学中,手势汉语是一种重要的教学手段,它不仅是"读""说"汉语的媒介,而且是将汉语深层结构表层化的有效工具。教师应合理使用自然手语与手势汉语,发挥两种语言各自的优势,把握好使用手势汉语与自然手语的度,并注意手势汉语的规范化表达。

此外,为了准确教授汉语书面语,聋校教师还需要具备自创教学手语的能力。自创手语是否准确,教师应广泛听取聋生与其他任课教师的意见;当一个书面语词的自创手语打法确定之后,应及时记录下来并与其他教师分享,以保证教学语言的一致性。孙联群老师在教授《纪念刘和珍君》一文中,曾举过一个生动的例子:课文中有"苟活"一词,没有现成的手语词汇,需要自创。老师们使用过如下打法:

(1)第一个动作:G("苟"的首字母);第二个动作:活。

(2)第一个动作:藏;第二个动作:活。

(3)第一个动作:双手伸开,掌心向下,置于胸前,然后大拇指与其余四指捏在一起,同时双手向胸部靠拢,装扮狗的畏缩状;第二个动作:活。

"苟活"的这三种自创手语打法,哪种更易于聋生理解和接受呢?第一种自创手语"区别性"差,不便于识别其含义。第二种自创手语"准确性"不足,容易被误解为藏某物。第三种既有别于其他手语,又准确地表达了意义,并且注意了形象性,符合聋生认知规律,易于被聋生接受,相比之下是较为贴切的自创手语。汉语新词新义层出不穷,词语内涵不断变化,聋校教师需要在日常生活中主动观察、不断积累汉语新词的手语打法,以顺利完成教学任务。②

2.自然手语与汉语书面语

对聋生自然手语与汉语书面语之间的关系,聋教育界长期以来存在着轻"手语"而重"汉语"的倾向。持这样观点的人认为,手语是聋生不学自会、无师自通的;聋教育语文课程的教学目标是为了让聋生学会主流语言"汉语",手语不是聋教育语文课程教学的重点。在课堂教学中,手

---

①　孙联群.聋校教学手语使用中应注意的问题[J].现代特殊教育,2018(2):65-67.

②　孙联群.聋校教学手语使用中应注意的问题[J].现代特殊教育,2018(2):65-67.

语只是作为一种教学辅助工具,教师可以利用手语来帮助聋生学习汉语。有些教师有意无意地弱化手语教学,强调掌握汉语书面语词汇、语法结构的同时,却忽视聋生手语词的规范掌握、手语语法结构的训练。聋校语文课堂中存在着这样一种现象:老师打的手语部分学生看不懂,学生打的手语部分老师也看不懂。此外,还有的聋校"口语为主"的教学理念占主导地位,手语没有得到应有的重视,聋人教师比例偏低,听人教师的手语水平也不高。

查阅 2016 年聋教育语文新课程标准,"手语"一词一共在六处出现①。第一处在课程"总体目标与内容"部分,要求聋生"能选择比较适合的沟通方式,文明、主动地进行人际沟通和社会交往。了解口语、书面语与手语表达方式上的异同和进行转换的方法,不断提高人际沟通和融入社会的能力"。第二、第三处在"学段目标与内容"的部分,鼓励聋生"能结合语文学习,观察大自然,热心参加校园、社区活动,能用口语、手语或图文等方式表达自己的见闻和想法",以及"能根据交往对象和场合,恰当地使用口语、书面语、手语等方式"。第四、第五处出现在"实施建议"的"教学建议"部分,要求教师"合理运用不同的语言沟通手段和教学方式,加强对聋生手语与书面语表达方式的分析和转换能力的指导","帮助聋生了解手语和书面语表达的异同,并在此过程中逐步完成手语和书面语的转换"。第六处出现在"实施建议"的"评价建议"部分,要求聋生能"使用口语(口形)、手语正确、连贯、有感情地朗读课文,不添字、不漏字"。总览这六处内容,新课标强调应依据聋生语言习得特点开展教学,不仅认可手语在聋生语言习得中的重要作用,将手语置于与汉语平等的位置上,而且还将这一理念落实到课程总目标、各学段教学、教师教学建议与评价建议全过程中,体现了对聋生语言习得特殊性的尊重。

课标对"手语"的表述是符合认知心理研究发现的。认知心理研究和二语习得研究成果表明,聋人与听人习得二语过程类似,都需要第一语言支持,而且聋人对第一语言手语的依赖可能比听人更强。聋生思维过程中不能脱离对手语的依赖,在对他们进行语言教学的过程中,应充分发挥手语思维优势,以提高教学效率。陈穗清、张积家指出,手语—汉语双语者对汉语高度熟练后,语义加工中仍会激活手语①。冯敏等指出,手语作为聋人的第一语言,聋人对其依赖比较强,即使在识别熟悉的汉语词汇时,依然会激活第一语言手语②。手语在聋人的学习中具有不可替代的作用,聋人熟练掌握手语,能够促进汉语的发展。如果忽略他们基于手语进行思考判断的事实,那么,他们将难以在知识信息之间建立逻辑关系,学习效率的提高必然会很缓慢。21世纪以来,手语汉语并重的教学实验在国内一些省份试点并取得成效,其中包括联合国儿童基金会与天津聋人学校合作开展的"聋儿双语双文化项目",中国爱德基金会、挪威聋人福利基金会、江苏省特殊教育专业委员会合作推行的"中挪SigAm双语聋教育项目",以及香港中文大学邓慧兰教授开展的手语双语共融教育项目教学实验。③ 这些教学实验均指向一个事实:手语能促进聋儿的汉语书面语习得,有助于聋儿的思维发育。

事实上,大部分聋生来自听人家庭,他们的手语是到聋校之后在与同学交往的过程中逐渐学会的,聋生的手语水平很大程度上受制于其所在群体的手语水平。如果仅为了满足学校生活与日常交际所需,聋生实际使用的手语词汇数量并不多。而且由于地域的差异,同一个概念在不同省份的聋生中出现三四种打法并不奇怪。不同地域、不同聋校聋生的手语水平参差不齐。聋教育课堂教学中师生之间沟通效率低、聋生信息获取量低的现象一直存在。我国从1956年开始在聋校推广口语教学体系,没有理顺手语与学习汉语的关系,认为手语干扰汉语的学习。受口语教学法影响,曾有一个时期手语被排斥在聋教育教学工作之外,再加上目前国内尚未形成成熟的手语语法体系,使手语在课堂教学中没有得到应有的重视,导致聋教育汉语课程整体教学效率不高。相较而言,目前美国、丹麦、挪威等部分欧美国家单独设置了手语课程,老师教给聋生生活中必需的手语,并以此为基础开展手语故事创编、手语诗歌、手语舞蹈、手语笑话等教学活动,让聋生通过多种途径熟练掌握第一语言——手语,在提高聋生手语表达技能的同时,增进对手语的认同感和身份归

---

① 陈穗清,张积家.从新的语言关联性理论看语言对听障人群认知的影响[J].中国听力语言康复科学杂志,2018(2):150-153.

② 冯敏,韩媛,郭强.聋生汉语词汇识别过程中手语激活的实验研究[J].中国特殊教育,2017(11):25-31.

③ 邓慧兰,姚勤敏,林慧思,等.手语双语研究对聋人教育的启示[J].当代语言学,2011(2):175-187.

属感。

综上,建议依据聋生语言习得现状开展汉语教学。聋生语言习得包括手语习得和汉语习得两方面。手语习得方面,首先,要鼓励聋生规范手语的使用。2018年7月,历时七年研究形成的《国家通用手语常用词表》正式颁布实施,这标志着中国手语有了首部"国标",聋校手语教学有规可依、有据可循。教学中应帮助学生积累手语词汇,扩充手语词汇量并规范手语打法。其次,应加强聋生手语使用的熟练度。两种语言越熟练,灵活性越强;当两种语言都高度熟练时,聋生就能在两种语言间顺利、快速地切换。① 在汉语习得方面,首先,可结合聋生已有的生活经验和语言积累,借助具体的、直观的事物,充分利用视觉观察的优势,帮助他们理解和运用语言文字;其次,应充分重视手语的重要性,利用手语加强聋生汉语阅读与表达能力的培养;再次,应通过手语与书面语表达方式的对比分析,引导聋生分清两种语言,学会从手语的语法规则转换到汉语的语法规则,培养聋生的汉语语法意识,提高聋生手语与汉语间的转译能力。总之,培养聋生的手语交际技能与汉语书面语读写技能是聋校汉语课程的主要任务,聋校汉语教学应"手语""汉语"两手抓、两手都要硬,不存在孰轻孰重的问题。

二、聋教育汉语课程的定位

结合义务教育阶段国家语文课程标准对聋生的要求,以及聋生汉语学习具有二语习得性质这一事实,笔者认为,聋教育汉语教学应避免教学目标多元化,处理好手语、手势汉语、书面语三者之间的关系,把提升聋生的汉语应用能力作为教学归旨,培养聋生"正确使用祖国语言文字的能力"。基于以上思考,笔者对聋教育汉语课程定位做出如下表述:

汉语属于汉藏语系,历史悠久,使用人数众多,是中国通用语言,也是当今国际交流与合作的重要沟通工具。汉语是中国聋人的第二语言,学习和使用汉语对聋生而言具有重要的意义。汉语是聋生学习、工作、生活的重要工具,学习汉语的目的是让聋生具备正确使用汉语言文字的能力,具备应对各种信息的沟通交际能力。汉语是一门让聋生学习及应用语言的课程,工具性是其突出属性。

---

① 陈穗清,张积家. 从新的语言关联性理论看语言对听障人群认知的影响[J]. 中国听力语言康复科学杂志,2018(2):150-153.

义务教育阶段,聋教育汉语课程应强调对聋生语言能力的培养、思维方式的训练,强调帮助聋生学习和运用汉语基础知识和基本技能,强调手语—汉语之间的转译能力,为聋生学习、就业和终身发展打下良好基础。工具性的一部分是专业性,高等教育阶段,聋教育汉语课程应继续强化聋生的汉语语言能力训练,开展适应其认知心理特点的文本的抽象性、词汇的丰富性、语法结构的复杂性训练;并在此基础上增加专业汉语的学习,为学生用汉语学习学科知识提供语言支持,使其能理解"专业领域的技术性讨论"①,满足其专业学习及后续步入职场工作的需要。

掌握汉语是聋生回归主流社会的必备技能。在整个学校教育过程中,要让聋生树立提高语言运用能力就是增进、改善思维水平的意识,要引领聋生在阅读中体会汉语言文化之美,激发他们热爱、珍视汉语的情感,唤醒他们提高语言能力的志趣、责任感和主动性,提升他们的汉语言素养。

第二节　聋教育汉语课程内容的重构

一、聋教育语文课程现状

参照普通中小学课程设置方案,聋教育义务教育阶段开设了"语文"课程。但与普通教育相比,聋教育语文课程的整体发展大大滞后了,课程内容研制、开发力量较为薄弱,教材建设的基础性工作做得不够,课程改革进展缓慢。聋教育语文特级教师梅次开指出,语文教学"目前在教学语言、教学沟通、教学设计上的问题不少,'填鸭式''保姆式''拔苗助长式''抄背应考式'教学时隐时现,聋生缺乏学习主动性,不知该怎样学"②。聋教育语文教学的特级教师、上海第四聋人学校老校长季佩玉曾这样评价语文课堂:"一堂课中教师喋喋不休地分析、讲解,教师一言堂、聋生当观众","用形象代替文字,多媒体演示、分角色演示,没有把形象与语言文字结合起来","教师充当口语翻译,一节课

---

① 王守仁.坚持科学的大学英语教学改革观[J].外语界,2013(6):10-11.
② 季佩玉、黄昭明.聋校语文教学法[M].上海:华东师范大学出版社,2006:6.

中极少甚至没有让一个聋生在黑板上写过他说的话"①——这些评论直指聋教育语文教学的痛处,时至今日仍一针见血。义务教育阶段语言文字教学不落地,聋生语文课堂教学质量堪忧,聋生字词句积累不过关,即使能掌握 3500 个常用汉字,要让他们读懂汉语经典原著、背诵优秀诗文、用笔谈与听人完成交际任务仍会面临各种不同程度的困难,更不要说高水平写作了。聋生汉语阅读、写作能力远远落后于同龄听生,有报告指出,14～16 岁聋生的阅读平均分数相当于 7 岁的听生②。笔者曾在所在学院开展过一项聋生汉语阅读跟踪调查,调查结果显示,对大多数聋生来说,阅读不是一件令人愉悦的事。其中超过 58.5％的聋生三年来没有去图书馆借阅过一本专业书籍;2017 级聋生中,能完成义务教育课程标准第三学段提出的"课外阅读总量不少于 160 万字"要求的人数为零。

课程内容是"根据特定的价值观及相应的课程目标,从学科知识、当代社会生活经验或学习者的经验中选择的课程要素"③。课程内容是依据课程目标对该门课程做出的"教什么"的规定,从学生学的角度看也是对"学什么"的规定。但聋教育语文课程内容研制工作做得不够,语文教材在很大程度上顶替着课程内容,一线教师教语文其实就是在教教材。而语文教材的编排又多由一篇篇的课文组成,某一篇课文的教学目标、教学重点基本依靠教师自身的知识结构和教学经验设计,使得教学具有随意性。在 2017 年新版聋教育语文教材出版之前,聋教育使用的语文教材主要有三类:一类是 1996 年版聋校语文实验教材,一类是普通学校语文教材,还有一类是各校自编的校本教材。1996 年版的语文教材许多内容已经过时;为听生编写的语文教材不能满足聋生汉语学习的特殊需要;校本教材在文章的选择、取舍方面尚存在着一定的主观性与随意性。面对这样的现状,广大一线教师"心有余而力不足",他们迫切期盼与专家、学者合作,进行教材开发与课程内容研制的研究。

高中阶段聋教育与普通教育差距更大。从 1992 年国家教委、中残联委托南京市教育局在南京创办国内第一所聋人普通高中——南京聋人高级中学起算,中国聋人普通高中教育已历经 27 年,但迄今为止国内聋

① 季佩玉,黄昭明.聋校语文教学法[M].上海:华东师范大学出版社,2006:13.
② 张会文,吕会华,吴铃.聋人大学生汉语课程的开发[M].北京:华夏出版社,2009:59.
③ 张华.课程与教学论[M].上海:上海教育出版社,2000:229-232.

人高中尚未出台统一的课程标准,聋生通过参加高校的对口单招升入特殊高等院校就读。2016 年,南京聋人高级中学校长孙荣宝在全国聋校聋人高中阶段教育研讨会上指出:"全国各地聋人高中课程整体方案都是自行制定,随意性较大,教学重点各不相同,教学进度不一,没有统一的教材。"①课程标准缺失、课程内容不确定导致聋人高中阶段的课程建设处在各校自行探索的阶段,各地聋校参考普通教育,对不同版本普通高中和职业高中的语文教材进行选择、加工或改编,开发各种类型的校本教材用于本校教学。校本教材开发是有益尝试,但也导致课程评价标准不统一,教学质量监测很难开展。

高等教育阶段聋教育与高中阶段聋教育是类型相同、层次递进的教育。但目前两者还存在着外部管理和内部培养不衔接,专业设置、培养目标、教学计划和课程设置之间相互脱节的问题,两者未能形成一体化、协调化、连续性的发展。目前国内招收聋生的特殊高等院校已有 20 余所,面向聋生的高考采取单考单招的招生方式,各省教育考试院委托各特殊教育高等院校自主命题,各特教学院汉语高考测试标准不统一。这导致聋生升入大学后,很难用统一的标准来衡量他们的汉语学业水平。面对聋生汉语整体水平偏低的现状,高等教育阶段聋生汉语课程仍需将时间与精力集中在汉语基础知识教学上,把完成聋教育中小学阶段未完成的教学任务作为主要目标②。

从课程内部看,高等教育阶段的聋生汉语课程有不少问题需要解决。首先,课程名称的不一致反映出目前国内各特殊教育院校对汉语课程的课程属性、课程定位理解上的不一致,"大学语文""高职语文""阅读与写作""语文素养"等多种课程名称需规范、统一。其次,教材编写步伐急需跟上。有部分高校沿用中等聋教育的教材体例,以人文为主题自编教材,构建教学单元,如浙江工商大学出版社出版的聋人《大学语文》教材,每个单元包括"阅读与欣赏""表达与交流""媒介素养综合实践活动"三个模块,其中"阅读与欣赏"以名篇讲读为主,在整个教学学时分配中占较大比重,"选文包括不同时代、不同国家、不同作者的典范作品,力求通过阅读这些文章,

① 聋人高中课程标准亟待统一[J].中国残疾人,2016(7):7.
② 郑璇,戴旭芳.提升聋生《大学语文》课堂教学有效性的思考[J].绥化学院学报,2014(6):131.

对聋人大学生的情感、态度、价值观产生积极影响,提高他们的人文素养"①,该套教材侧重于对聋生人文素养的培养。也有的高校先对聋生汉语水平进行分层分级:"汉语阅读与写作"(高级)课程针对汉语程度较高的学生开设,课程内容以文学史为纲,主要选择中国古代及现当代名家名篇,对学生开展语言训练和文学熏陶;"汉语阅读与写作"(中级)课程针对汉语程度一般的学生开设,以"成长""学习方法""意志品质""科普""就业工作""景物"等主题安排单元教学,选文以现代文为主,强化学生的语言表达训练②。应该说,上述两套教材都是一线教师对课程改革做出的积极探索,但教材的适用性仍有待实践的进一步检验。

　　编写一套适用于大学阶段聋生的汉语教材,是一项非常艰巨的任务,不仅需要确定课程与教学目标、找准方向,对聋生群体的语言水平做出合理评估,还需要对课程要素进行合理编排,在体例设置、练习形式,甚至版面和装帧设计上下功夫。以阅读教学为例,在确定了教材编写原则、定位后,要在教材形式和内容的编排上深入研究:是以阅读技能训练为主,以技能为纲来编排,还是给出课文,不设置专门的阅读技能训练内容,在一个教学单元后附上一个"技能小结"? 以技能为纲编排,可能存在前面的技能训练和后面的课文脱节,所选课文体现的本课技能数量少、不典型等问题(俗称"两张皮"现象);而非技能型教材技能的训练与否、训练多少依赖于教师本身,如果教师的阅读技能知识丰富,阅读技能训练意识强,那么训练可能就会多一些③。两者各有利弊。再如,教材是以单元还是非单元编排为主? 单元编排有助于生词的复现,同一单元同一体裁有助于聋生对汉语篇章结构的把握,但单元编排也有话题重复、多样性不够、容易引起聋生阅读疲劳的问题。此外,单元型教材同一单元内的课文是多篇课文呈平行关系,还是多篇课文有主辅之分? 课文是否需要以边注形式对语言点做专门的讲解,从而引起聋生对汉语词法、句法形式的关注? 是否需要辅之以情景化的例句,以促进他们对语言知识的学习? 课文语料的选用上以多少字数为宜? 是选用真实语料还是改编语料? 语料的选编上如何体现适度性、针对性、趣味性、实用性、广

　　①　傅敏.大学语文[M].杭州:浙江工商大学出版社,2014:1.

　　②　张会文,吕会华,吴铃.聋人大学生汉语课程的开发[M].北京:华夏出版社,2009:157-160.

　　③　刘颂浩.汉语阅读教学研究[M].北京:北京语言大学出版社,2016:167-168.

泛性原则？对上述问题需要开展严肃、认真的研讨，教材编写稿需要交给一线教师试用，让实践说话。高等教育阶段聋生汉语课程内容研制与教材的开发任务还相当艰巨，课程建设任重道远。

可喜的是，这一现状在义务教育阶段中已有所改观。2016 年 12 月教育部出台的《聋校义务教育课程标准》是对我国多年来特殊教育发展和教育教学改革经验的集中总结，也是第一次专门为聋人学生制定的学习标准。这份标准作为"十三五"以及今后一个时期特殊教育教学改革的顶层设计①，对推动义务教育阶段聋教育发展具有重要意义。在此基础上，2017 年 7 月，教育部、民政部、中残联等七部委联合发文的《第二期特殊教育提升计划（2017—2020）》提出了"编写完成中小学各科教材"的目标②。在 1996 年出版的全日制聋校实验教材语文教科书二十载之后，聋教育新教材编制终于启动，新版一年级《聋校义务教育实验教科书·语文》已于 2017 年底出版并投入使用。

二、聋教育汉语课程内容的建构策略

《欧洲语言共同参考框架》和美国的 21 世纪外语学习标准《目标：为 21 世纪做准备》为聋教育汉语课程内容的建构提供了一种改革思路。欧洲的《欧洲语言共同参考框架》详细列举了二语学习者具备有效的言语行为所必须掌握的知识、能力和文化因素，对外语教学目标、教学内容和教学方法做了明确的描述，为外语水平制定了详细的等级标准③。美国外语教学提出了 21 世纪外语学习的"5C"标准（外语教学的五大准则）——沟通（communication）、文化（cultures）、联结（connections）、比较（comparisons）、社区（communities），具体地说，就是运用目的语进行交际、体认多元文化、贯连其他学科、比较语言和文化特性、运用于国内外多元文化社区。"5C"标准已成为美国外语教学和教材编写的"宪章"，也

---

①　中华人民共和国教育部.聋校义务教育课程标准（2016 年版）[EB/OL].（2016-12-01）[2018-06-05].http://www.moe.gov.cn/srcsite/A06/s3331/201612/t20161213_291722.html.

②　中华人民共和国教育部.第二期特殊教育提升计划（2017—2020 年）[EB/OL].（2017-07-18）[2018-06-06].http://www.moe.gov.cn/srcsite/A06/s3331/201707/t20170720_309687.html.

③　刘珣."结构—功能—文化相结合"的汉语教学理念再思考[J].国际汉语教学研究，2014(6):20.

为国际第二语言教学界广泛接受①。这两份纲领性文件对聋生汉语课程内容重构的启示意义是:首先,明确教学起点,对聋生汉语水平进行测试评估,确定其等级水平;其次,选取课程内容要素,设计"结构"与"功能"并重的课程;再次,选用合宜的教学方法,将语言知识教学与语言运用能力培养相结合,培养聋生的汉语应用能力。

(一)聋生汉语水平测试评估

课程内容的建构需要依据聋生学情,以聋生已有的汉语水平为起点开展教学。但目前面向聋生的汉语中介语大规模语料库还未建成,理论界对聋生汉语习得认知规律的研究还不够,聋生汉语水平等级标准还未建立。聋教育教师可参考对外汉语水平考试(HSK)或少数民族汉语水平考试(MSK)这两类相对成熟的测试试题对聋生汉语水平进行摸底测试,借鉴 HSK 或 MSK 的标准,划分聋生汉语水平等级,将其作为确立教学目标和筛选教学内容的依据。当然,聋生与外国留学生、少数民族学生的汉语学习有共性更有差异,参照 HSK 或 MSK 的标准对聋生汉语水平进行评估仅是目前状况下的权宜之计。

也可引入我国香港、台湾等地在学习障碍型学生语言能力测评方面的做法。香港中文大学开发了"中文语法知识评估工具"(CGA)②,该工具可以测试学生对 24 类典型中文语法结构的理解和判断能力,共 190 个测试项,听生测试对象为小学一至五年级学生,聋生测试对象为小学二年级至初中三年级学生。该工具可用于评估聋生汉语书面语的语法能力。

针对包括听障儿童在内的特殊学习需求儿童,台湾已形成较为成熟、完备的测评体系:先由特殊教育教师和诊疗人员组成专业团队,对有特殊教育需求的学生实施身体、心智、学业、学习能力等各方面的测验,在此基础上对其进行学习障碍鉴定,确定特殊教育的类型及安置方案,然后依据个案资料实施详细、周备的个别化教育,包括探究个案现状、分析成因、鉴定类型、设计策略等教学与诊断互为渗透的教学干预活动。

---

① 刘珣."结构—功能—文化相结合"的汉语教学理念再思考[J].国际汉语教学研究,2014(6):20.

② 2018 年 6 月 23 日至 24 日,天津师范大学主办"语言发展评估研讨会",李群博士宣读了香港中文大学邓慧兰教授团队的成果"聋童中文书面语语法评估",并对该评估工具做了详解介绍。

以汉语书写障碍为例,台湾小学儿童书写语文能力诊断测验量表①设计如表 4-1 所示。

表 4-1　台湾小学儿童书写语文能力诊断测验量表

1.产品量表
总字数：
总句数：
平均每句字数：

2.造句(语法)量表

错误类型	用　字	错别字	标点符号	总　计
添加				
省略				
替代				
字序				
总计				

字数(NW)＋总省略(TO)＝总单位(TU)
总单位(TU)—总错误(TE)＝总正确(TC)
TC/TU×100％＝造句商数(SQ)

(改自 Myklebust,1965)

3.文意(抽象—具体)量表

抽象—具体	得分层次(打√)	分数(圈选数字)
层次一：无意义语句		0
层次二：具体—描述		1　2　3
层次三：具体—想象		4　5
层次四：抽象—描述		6　7
层次五：抽象—想象		8　9　10

(改自 Myklebust,1965)

(1)用字分析
不同字体字数(types)：_____
总字数(tokens)：_____
types/tokens＝_____(改自 Johnson,1944)

---

① 杨坤堂.书写语文学习障碍[M].台北：心理出版社,2009：126-130.

续表

(2)词性分析

词 性	次 数	词
名词		
代名词		
动词		
形容词		
副词		
介词		
连词		
叹词		
助词		
量词		

(3)句子类型分析

句 型	次 数	例 句
破碎句		
简单句		
复合句		
复杂句		

(4)汉字与注音符号字比例分析
总字数：_____
总注音符号(字)：_____
总注音符号(字)/总字数×100＝_____

(5)错别字错误类型分析

错误类型	次 数	错别字
添加基本单位		
省略基本单位		
替代基本单位		
错置基本单位		
颠倒基本单位		

错误类型	次　数	错别字
基本单位空间位置配置不当		
添加笔画		
省略笔画		
错置笔画		
颠倒笔画		
同音字		
近似音字		
以他字替代		
完全镜写		
部分镜写		

(6)注音符号错误类型分析

错误类型	次　数	错别字
添加注音符号		
省略注音符号		
替代注音符号		
颠倒注音符号		
以不同注音符号替代		
添加调号		
省略调号		
替代调号		

　　该量表针对小学一至六年级书写语言障碍型儿童编制,包括产品、造句、文意量表三大部分。每个部分都设置了不同的指标参数,其中文意量表还细分为词性、错别字、注音符号等小类,通过定量与定性相结合的方式对个案的作文做出综合评估,然后出具评估报告。台湾面向书写障碍儿童的教学以该测试结果为起点,设定阶段性教学目标,给出教学干预策略,为他们提供量身定做的临床教学。目前境内"班级授课制"体系下聋教育汉语教学虽不能完全照搬此教学评估体系,但可借鉴他们的思路,开展大范围的面向各特殊教育学校的聋生汉语水平测试,为不同学龄段、不同听障等级的聋生做出语言评估与诊断,以此为基础研制聋

生汉语水平等级标准,对同一所学校同年级段的聋生实施分类、分层教学,使教学目标的确立、教学活动的实施以及教学评价都变得有据可循。

(二)课程内容要素的选取

所谓课程内容要素的选取,就是要确定课程内容的具体范围和指标。从语言要素的角度划分,汉语课程教学内容可以分为语音教学、字词教学、语法教学和文章教学,言语技能和言语交际技能的训练。参照《欧洲语言共同参考框架》,如果把汉语词汇归属到词汇学习的总范围,那么"哪些领域的词汇"就是具体范围,"词汇的数量"就是具体指标。也就是说,课程内容要素的选取应明确、清晰,具有可操作性。

教学内容范围、指标不仅要与聋生汉语等级水平对应,还应与不同学习阶段的学习需求相对应。例如,面向高等职业教育聋生的汉语教学,汉语不仅是他们的生活工具,还是他们今后的职业工具,汉语课程内容要素的选取就应既有共性又要体现差异。所谓共性是指对同一个等级水平聋生的共同学习内容,所谓差异是要体现不同专业学习的特殊性,满足他们未来职业岗位的工作需要。仍以词汇教学为例,"掌握汉字基本的笔画、部件,具备汉字正字法意识;正确书写现代汉语常用的3500个汉字,并知晓字义;掌握现代汉语常用词法知识"这些属于词汇学习的共同标准,而确定不同专业领域词汇学习的最低数量和考核要求则是不同专业词汇教学的个性所在。高等职业教育阶段,国内面向聋生开设的专业主要有工艺美术、数字媒体艺术设计、中西面点工艺、服装制作等大类,不同专业大类对汉语词汇学习的要求有很大不同,不同专业需要制定不同的汉语学习课程标准,遴选不同的词汇学习范围并确定词汇数量指标,开发"数媒阅读""工美阅读""餐饮阅读"等专业阅读教材,以满足聋生的学习需求。总体来说,国内聋生汉语课程内容开发还很薄弱,这方面的研究亟待深入。

(三)课程设计

课程设计是连接课程内容、教材编写和课堂教学的纽带。聋生汉语课程可参照英语教学开设几门专项的技能课,如听力课、口语课、写作课、精读课、泛读课;或者只开设一门综合课,也可以是综合课与几门专项技能课相结合的方式。对应到课堂教学中,可以综合训练为主,也可将综合技能与分技能训练相结合。目前国内聋教育义务教育阶段分设了"语文"和"沟通与交往"两门课程。具体来说,"语文"课程包括"识字与写字""阅读""写作""语言交往""综合性学习"五个部分的内容。"沟通与交往"课程包括"口语""手语""笔谈""其他"四个方面的内容,其中"口语"包括"听觉训练""看话训练"和"说话训练","笔谈"是指利用文字进行沟通与交往,"其他"包括"体态语""符号"和"信息技术和辅具"①。两门课程相辅相成,构建了阅读、写作、沟通与交往三位一体的课程体系。高中阶段、大学阶段的汉语课程,可与义务教育阶段的课程设置相衔接,将"阅读""写作""沟通与交往"三部分内容整合在一起,通过开设"中级汉语""高级汉语"等综合课的方式,构建三者互补的课程框架。

高等教育阶段,有残余听力且康复效果较好的听障学生可升入普通高校就读。而在特殊教育院校就读的聋生听力损失程度普遍较重,对聋生开展口语语境下的看话和说话训练事倍功半,以手语和笔谈训练为主的沟通与交往训练符合他们的实际需求,能有效地提高他们的人际沟通能力与社会适应性水平。而手语、笔谈能力的提高离不开对手语、汉语互译能力的培养,聋生需要具备手语、汉语两种语言的基本知识,了解两种语言在表达方式上的异同,掌握两者间互相转换的方法。

(四)教学方法的确立

教学方法是教学过程中教师与学生为实现教学目的和达到教学任务要求,在教学活动中所采取的行为方式的总称②。从具体到抽象,教学方法有不同的层次,如可将教学方法分为原理性教学方法、技术性教学方法与操作性教学方法③。通常说的讲授法、练习法、讨论法、多媒体演示法都是从教学方法外部形态进行的操作性分类;结构主义教学法和功能主义教学法是从教学方法原理性角度进行的分类。结构主义教学法主要围绕语法结构,根据语法点的难易程度编排教学内容,围绕语法项目组织语言材料并进行技能训练。功能主义教学法则提倡根据交际的需要确定功能项目,围绕功能项目组织语言材料并进行技能训练。聋教育汉语课程可借鉴二语教学领域"结构与功能相结合"的路子,将结构主义与功能主义两种教学方法相结合开展教学。

① 中华人民共和国教育部. 聋校义务教育课程标准(2016 年版)[EB/OL]. (2016-12-13)[2018-06-09]. http://www.moe.gov.cn/srcsite/A06/s3331/201612/W020161213303084460898.pdf.

② 吕必松. 关于教学内容与教学方法问题的思考[J]. 语言教学与研究,1990(2):12.

③ 黄甫全. 关于教学、课程等几个术语含义的中外比较辨析[J]. 课程·教材·教法,1993(7):54-57.

具体来说,聋教育汉语课程目标是帮助聋生掌握看、说(打手语)、读、写基本技能,培养聋生正确使用汉语言文字的能力,课程不强调知识的系统传授,重在技能的掌握。积累丰富的语言基础知识,掌握熟练的语言基本技能是语言教学的直接目的但不是根本目的,语言教学的根本目的是要让聋生获得语言沟通与交际的手段。[①] 阅读与表达能力的培养要满足聋生交际需要,以解决他们的生活、工作所需。因此聋生阅读教学不能仅停留在理解课文中的词义,掌握句型结构,能复述、把握课文大意,会就课文进行问答等上面。如果离开实际生活中的语言应用,语言知识教学不论安排得多么精细,都会失去意义。但反过来说,如果脱离词语的积累、汉语固定句式的掌握,就谈不上语言的应用;语言的应用一定是建立在掌握汉语语法规则的基础上的。聋生汉语教学可借鉴对外汉语教学经验,走"结构"与"功能"相结合的路子,既要通过大量练习让聋生在实践中掌握汉语词汇与语法规则,具备汉语语法规则意识,逐步减少对手语的依赖,又要以此为基础为聋生提供适合的话题和情境,强调教学内容的真实性与实用性,强化汉语交际实践。

三、高等教育阶段聋教育汉语课程重构

高等教育阶段聋生汉语可开设"高级汉语""专业汉语"两门课程。其中"高级汉语"课程以"汉语阅读与写作"为主体,以"手语汉语互译""沟通与交往:手语与笔谈"为两翼,将三者统整起来开设一门综合课程来实施教学(图 4-1)。教学中继续强化汉语阅读、写作技能培养,凸显手语汉语互译、笔谈应用能力训练,以全方位提升聋生的汉语应用水平。"高级汉语"可作为大一阶段聋生的公共基础课,而面向各专业学习需求的"专业汉语"可作为大二阶段专业领域的必修课来实施。

图 4-1 "高级汉语"课程设计框架

---

① 叶立言.聋校语言教学[M].北京:光明日报出版社,1990:181.

（一）汉语阅读与写作

1. 汉语阅读

学者们普遍认同"阅读教学的目的是提高学生的语言能力"这一观点①。吕必松指出，"一切正规的第二语言教学的目的都应当是培养学生的目的语能力和运用目的语在一定范围内进行交际的能力"②。李世之认为，阅读课的最终目的不是理解，而是语言能力的形成③。刘颂浩指出，阅读课的目的是在理解的基础上积累语言知识，从而提高阅读能力④。因此，阅读课有两个训练重点：一是理解，包括语言理解和内容理解；二是语言知识的积累。理解是手段，积累是目的。

对听生阅读能力构成因素及影响因素的研究表明，在小学六年级，语言编码能力（字词解码）是影响阅读能力的主要因素；到初中三年级，组织连贯能力和新分化出的概括与评价能力在阅读能力中占主导地位；到了高中三年级，对文章整体把握的组织连贯能力和语义推断能力占绝对优势。⑤ 可见在自然阅读中，随着年龄的增长，阅读任务要求的不断提高，信息加工活动由原来的以语言解码能力为主逐渐转化为同时进行语言编码与组织连贯加工活动，并以后者为主。聋生的阅读能力发展滞后于听生，但阅读能力的发展规律应该是一样的，都是从"自下而上"的字词解码逐渐向高级的语篇连贯加工能力过渡的过程。

针对不同学习阶段的聋生可制订不同的阅读教学目标。如果做一个粗略的区分，对小学阶段的聋生，阅读教学的目的主要是让他们通过视觉感知汉语的字、词、句子、段落以及篇章等书面文字材料，学会从汉语书面语中获取信息，积累汉语词汇，了解汉语语法规则，养成良好的阅读习惯；对中学阶段的聋生，要在小学学习的基础上，巩固所学的汉语词汇和语法规则，适当地扩展词汇，让聋生接触不同体裁、不同风格、不同交际领域的文体，并初步掌握阅读技巧，形成阅读策略意识和元认知意识，能够运用汉语进行基本的书面语交际；对大学阶段的聋生，要在之前

---

① 吕必松.对外汉语教学概论（讲义）（续十五）[J].世界汉语教学.1996（2）：71；刘颂浩.关于在语境中猜测词义的调查[J].汉语学习.2001（1）：45.
② 吕必松.对外汉语教学概论（讲义）（续十六）[J].世界汉语教学.1996（4）：74.
③ 李世之.关于阅读教学的几点思考[J].世界汉语教学.1997（1）：79.
④ 刘颂浩.阅读课上的词汇训练[J].世界汉语教学，1999（4）：13-14.
⑤ 贺荟中.聋人阅读研究进展与动态[J].中国特殊教育，2004（5）：54.

学习的基础上,调动阅读背景知识,掌握较多的阅读策略,使他们不仅能快速完成字词解码、句子理解,而且还能在句子之间建立局部连贯,在文本不同部分间建立整体连贯,快速、熟练地阅读并准确理解汉语书面语材料,培养他们理解中华民族博大精深文化的能力,以及具备阅读专业汉语文献的能力。

高等教育阶段,仍应遵循"精讲多练"的原则,除对课文总体信息、主要思想有所理解和掌握外,每一篇课文都是聋生学习、积累词汇、掌握某个语法点和汉语句式的例子。语言点的讲解在教学中占有重要地位,教师一方面要对聋生进行示范、讲解、点拨,另一方面要对聋生提出明确要求,组织开展针对性的练习。在练习设计中,要以词汇语法题为主,以课文理解题为辅(高等教育阶段也可以两者并重,但切不可忽视词汇、语法点等基础知识的教学)。教师在"精讲"基础时给聋生提供足够量的练习,给他们提供训练语言技能的机会,帮助他们提高阅读水平。

2.汉语写作

能进行规范的汉语书面语写作是聋人汉语交际能力的重要体现。目前,高等教育阶段面向聋生的汉语写作教学从研究到实践都非常薄弱。首先,尚未从聋生已有的知识结构、认知方式、书写习惯等条件出发开展写作教学,教学设计缺乏针对性。其次,缺乏一套可操作的写作知识体系,一线教师多依据自身教学经验开展教学。再次,与中学阶段的写作训练缺乏内容体系上的衔接与层次上的递进。大致来说,目前面向聋生的写作教学通常安排"提供范例—写作指导—批改"等几个环节,有些教师会在写作前、写作中、修改和成稿等阶段分别给聋生提供指导,或依据自身经验来确定写作实践的侧重点,讲解"拓展思路""展开主题""打草稿""修改"等方法。

就高等教育阶段写作教学而言,目前急需开展两方面的基础工作:一是研制、开发聋生写作教学知识体系,编写一套完整的写作教材。在传统的词汇、句型、语法等知识基础上,把语篇知识建设也纳入教材编写体系。面向中低级写作水平的聋生,可以汉字书写、组字成词、组词成句教学为主;而具有中高级写作水平的聋生已经能写出完整、通顺的句子,但从连句成段、组段成篇的角度看,可能还存在句子排列、语义连贯、语篇主旨、语篇整体结构等方面的问题,语篇知识欠缺是他们写作的薄弱环节。以笔者目前任教班级中写作水平较高的一位女生的作文为例,从单句看,她的作文没有问题,但通篇阅读后总觉得有点别扭,还存在着句与句之间或不连贯，或啰唆，或语句重复、内容空洞等问题。总之，语篇知识教学急需引起重视。

二语教学领域对汉语语篇知识的本体研究已有部分成果。周红指出，语篇知识由内容知识、结构知识、语言知识三部分构成[①]。所谓语篇内容知识是指完成语篇主题、交际意图、事件所需具备的知识。

从语篇内容角度看，写作过程是一个围绕语篇主题，明确语篇交际意图，组织适宜的语篇交际事件，选择合适的语篇样式，逐步实现语篇意义建构的过程。例如语篇主题有叙述型、说明型、议论型之分，不同主题应对不同的交际意图与交际对象，因此围绕语篇所需的事件数量、性质也有区别，语言表述方式也有差异。记叙文的语言以生动形象为主，说明文的语言讲究严密准确，议论文的语言以严谨有力见长。从语篇内容知识角度开展教学，对聋生树立写作对象意识、明确写作意图、注意语言表述的准确规范等有很大帮助。

从语篇结构知识角度看，不同体裁谋篇布局的结构特征不同，语篇事件在语言层面上的组织顺序也有差异，比如有并列式、顺序式、层递式、转折式、比较式等段落发展模式，不同体裁类型与语篇的结构顺序上有倾向性的匹配关系。语篇中的这种结构组织顺序是教学中往往容易忽视的。人们常说聋生写作文像记流水账，或者意思不连贯、语无伦次、段与段之间跳跃性大等，都与聋生缺乏语篇结构意识有关。

从语篇语言知识角度看，它既包括句子生成的主述结构，也包括语篇衔接中的照应、替代、省略和连接等语法衔接手段，还包括词汇的重现和同现这两种词汇衔接手段。主述结构包括主位和述位两部分，主位是话语的出发点，也是叙述者或说话人要突出的部分，而述位是对话语出发点的陈述，是围绕主位所说的话做进一步的阐述。汉语有丰富的语法衔接手段，代词与指称对象之间的照应是语篇的常用衔接技巧。如"我家宿舍楼旁边有一座小平房，里面住着一对小裁缝，他们是外地人，来这里已经有五六年了"一句，"他们"指代"小裁缝"，"这里"指代"我家宿舍楼边的小平房"。省略也是汉语中为避免重复、使上下文紧凑的一种常见语法手段，省略有主语的承前省和蒙后省、主语修饰语的省略、宾语省略以及动词性成分的省略和小句省略等表现形式。如果说替代和省略

---

①　周红.语篇知识建构与对外汉语写作教学研究[M].上海：上海人民出版社，2016：58-161.

是汉语的语法衔接手段,那么照应则更多地体现为一种语义关系,前者需要读者在上下文中寻找它们所替代、省略的词语,后者则需要读者在上下文中寻找对应意思或解释①。

聋生非常欠缺写作中的这种照应、替代、省略、连接意识,写下的作文句与句的衔接往往比较生硬,语段内部结构松散,意思也不够连贯。下面这段"自我介绍"出自一位汉语水平在班上中等偏上的大学一年级聋生之手。

> (1)我来自中西面点工艺183班,我是广西人,汉族。(2)喜欢旅游,收藏美丽的图片和明星片。(3)我是一个活泼开朗的人。(4)热爱烘焙。(5)我的人生格言是:走自己的路,让别人跟着走。(6)在丰富多彩的生活中,每个人有着自己想要过的生活,希望每天过得充实。(7)在学业毕业前学到更多有用的知识,让自己满袋而归,为今后做铺垫。

这段话共124个字,除去"明星片""满袋而归"两处固定表达错误外,有4处地方缺少主语。从语篇内部结构看,还有4处地方存在语意衔接问题:第(4)句"我热爱烘焙"与第(1)句目前学习的专业——"中西面点工艺"语意上有关联,第(1)句"我来自……"应该搭配籍贯"广西",第(1)句、第(4)句两句连在一起可改成"我来自广西,目前就读于浙江特殊教育职业学院。我喜欢烘焙,我选择的专业是中西面点工艺制作。"第(3)句"我是一个活泼开朗的人"是总起句,应该放在喜欢旅游、喜欢收藏图片等具体介绍之前。第(6)句"每个人有着自己想要过的生活"应加上副词"都","希望每天过得充实"应加上"都能",使其与前面的句子在语义衔接上更紧密。

二是要构建聋生汉语书面语偏误语料库,掌握聋生作文语篇偏误的整体情况,加强偏误考察,分析聋生书面语词汇、语法习得顺序,探究聋生写作的认知规律。研究成果既可以作为编制写作教材的重要依据,也可以直接指导写作教学,使教学有的放矢,更有针对性。

(二)手语与笔谈训练

语言的学习与发展要遵循在情景沟通交流中形成,并为在情景中沟

---

① 黄国文.语篇分析概要[M].长沙:湖南教育出版社,1988:113.

通交流而服务的规律①。2007 年颁布的《聋校义务教育课程设置实验方案》首次将"沟通与交往"作为一门必修课列入聋校课程计划,希望通过"感觉训练、口语训练、手语训练、书面语训练及其他沟通方式和沟通技巧的学习与训练,帮助聋生掌握多元的沟通交往技能与方式,促进聋生语言和交往能力的发展"。② 听力缺失导致语言发展障碍,阻碍了聋生的社会交往,这使得聋生的沟通交往学习任务比听生要艰巨得多。口语训练包括听觉训练、看话训练、说话训练等具体的训练项目,这对部分有残余听力且康复效果较好的听障学生有积极作用,可以帮助他们学习发音说话,培养说话能力。丰富多样的声音刺激及不断重复的讯息,可以发展这部分学生的听觉技巧及听觉策略;呼吸训练、舌部运动、齿唇运动、拼音练习、情境对话训练等可以发展他们的口语表达能力。

但对多数就读于特殊教育学校的聋生来说,在佩戴助听器及其他听力改善技术效果不佳的情况下,发展手语与书面语沟通能力是首要的学习任务,因为这是他们今后工作生活中的主要交际手段。从笔者所在院校调查来看,目前,在高等特殊院校就读的聋生听力损失程度较为严重,整体口语康复效果不佳。他们的交往实践手段较为单一,主要依赖手语,日常生活中较少使用口语、书面语。少数有残余听力的聋生与同学交往时也主要使用手语,与老师交流时不够积极、大方。

1.手语训练

手语是聋人之间日常交流的工具,手语使用得规范、准确、流畅有助于不同地域、不同年龄层次、不同教育背景聋人之间的信息传递。从步入社会后的交往实践看,手语与笔谈是聋人的主要沟通方式。相应地,高等教育阶段聋教育汉语教学重点不在于听觉、口语训练,而应放在手语与笔谈训练上。手语训练方面,应督促聋生学习中国手语通用词汇,掌握手语词汇的规范表达,并注意与地方手语比对,积累手语词汇;要教会他们查阅手语工具书,学习手语新词打法,扩大手语词汇量;要让他们在日常交际中掌握手语成语、惯用语的固定表达,了解其含义;要学习手语沟通技巧,运用手语进行日常会话及发问;要学习用手语复述故事,用

① 季佩玉,黄昭鸣.聋校语文教学法[M].上海:华东师范大学出版社,2006:37.
② 中华人民共和国教育部.聋校义务教育课程设置实验方案[EB/OL].(2007-02-02) [2018-10-01]. http://old. moe. cn/publicfiles/business/htmlfiles/moe/s3331/201112/ xxgk_128271. html.

手语进行诗歌诵读,用手语演讲、表演歌曲等。打手语的时候要做到表情自然、体态大方、表意完整清晰、用词准确、语句流畅。

2.笔谈训练

书面语是聋生终身学习和持续发展的重要工具,书面语水平的高低对聋生能否顺利融入主流社会产生直接影响。笔谈训练的目的在于让聋生养成用书面语沟通的习惯。笔谈不仅包括书面纸笔沟通,还包括使用手机互发短信,使用微信、QQ 等线上沟通工具完成交际任务。笔谈是聋人与听人沟通交流的主要方式。笔谈训练首先要端正聋生对汉语书面语的书写态度,强化乐于动笔、勤于动笔的意识,养成用"写"的方式来表达自己思想、意愿的习惯。在小学阶段,应鼓励聋童随身携带纸笔,多写、多问、多练,在家庭生活、校园生活中养成随时与人笔谈的习惯,学用结合;到了大学阶段,鼓励聋生用手机、平板电脑等工具随时随地与他人交流。①

北京联合大学特教学院汉语"阅读与写作"自编教材开发了一套较为完备的笔谈训练系统,值得借鉴。该教材遵循从"日常生活"入手的原则,设计了一套从词语到问题,再到主题的笔谈训练系统。该系统分三个步骤实施。首先,训练聋生准确掌握一整套日常生活用词,为日常交流搭建平台。其次,进行日常生活笔谈训练,训练主题包括自我介绍、家庭朋友、学习专业、工作购物、业余爱好、社会问题、体育艺术、远足旅游、饮食食品、服装建筑、健康保健、中国世界等十二个方面,能基本涵盖日常生活中的交际所需。最后是主题笔谈训练。所谓主题笔谈训练就是训练学生有条理地描述社会热点人物或热点事件,并发表自己的见解、体验及想象。② 笔者认为,结合聋生所学专业及未来工作所需,除生活笔谈外,还可在这套笔谈训练系统中增加专业领域的笔谈训练,与职场对接,使聋生能用专业术语顺利完成典型工作任务的交际。在教学方法上,笔谈训练强调以典型场景为背景,以"真事真景"的方式导入教学,根据语境准确、合适、得体地运用汉语交际,提高聋生的语用能力。

笔谈训练也是目前高等教育阶段汉语教学的薄弱环节,聋生的笔谈能力存在不少问题。笔者与聋生在微信上曾有过一番关于看病的对话:

---

① 潘梅英,郭加.聋校"沟通与交往"课程教学的实践思考[J].现代特殊教育,2017(7):30.
② 张会文,吕会华,吴铃.聋人大学生汉语课程的开发[M].北京:华夏出版社,2009:159-160.

（交际情景：该生脸上起了红疹，比较着急，她用手机自拍后将面部照片传给了我。）

生：带病症本和市民卡上医院看皮肤可以吗？

师：可以。

生：去哪个医院？

师：坐193路到汽车西站下车，再转49路到体育场路站下车，然后去杭州市中医院挂皮肤科就诊。

生：好吧，谢谢您告诉我，我会治好啊。

师：嗯，不用担心，我们随时联系。

生：我放心吧。

在上述对话中，聋生出现了少量的语法错误（"病症本"应为"病历本"，"看皮肤"应为"看皮肤病"）。交际过程中的语法错误固然会影响交际，但这类错误容易被对话另一方识别，并能得到老师的理解；当老师安慰她"不用担心"的时候，该生的回答是"我放心吧"，这样的回答令人啼笑皆非，不符合交际语境。该生想表达的是"请你放心"，但她没有准确、合适地表达自己的意图。"我会治好啊"一句在语气上也不妥，改为"我会治好的"更为恰当。步入社会后，如果聋生遣词造句都没有语病，但尚不能准确得体地使用汉语，言谈中就有可能显得不礼貌甚至冒失唐突，从而导致交际受阻。

如果说汉语阅读与表达中的写作训练重在培养聋生词语使用准确、语句通顺、谋篇布局合理等能力，那么笔谈训练则重在语用能力的培养。笔谈训练不刻意强调语句的完整性，重在考察交际任务是否顺利达成。"在什么情况下""对谁说""怎么说""为什么这么说"这些在语言运用当中与交际成败密切相关的重要因素，应成为笔谈训练的重点。比如日常生活中有这样的交际情境：

A：今天天气真好，我们去西湖边玩吧？

B：好的，我也正想去。

在即时交流中，A、B间共享的语境使得B在回答问题时省略了句子的部分成分（完整的书面语表达应该是"好的，我也正想去西湖边玩"）。笔谈交际允许适当省略，这有别于汉语写作训练。笔谈训练中的语用能力培养至少包括以下四个要素①：

语境（情景）：任何交际都必然在语境中进行，它包括社会文化语境、具体的交际情景和上下文语境；

理解：在识别语境的基础上，正确理解交际对象所传达的意思和意图；

选择：在了解语用系统知识的基础上选择恰当的语言形式；

表达：在具体的语境中使用语言准确、得体地表达自己的意思和意图。

除上述教学内容之外，笔谈训练还应强化与听人沟通交往中的技巧、策略训练。在沟通交往实践中，应让聋生了解与听人会话的一般原则，比如：开启话题，轮流发言，参与话题的选择与讨论，发言简洁且维持他人兴趣，乐意分享他人的兴趣，有礼貌地打断别人，恰当表达自己的需要，等等。在交往过程中，要目视对方、保持距离、举止文明、大方有礼，使聋生感受到聋听间笔谈交往的愉悦，养成积极、主动地进行沟通交往的良好态度和习惯。总之，通过笔谈教学，让聋生具备在不同情境中与人沟通交往的实际能力，理解和尊重不同的沟通方式，让他们乐意与听人交往。

（三）手语汉语互译

手语汉语互译应贯穿于聋生汉语学习的全过程。对大部分聋生而言，汉语书面语输入只有通过手语的转换、翻译才是可理解的、可被加工的。对于具体的事物，聋生不需要重新建立概念，可以借助手语已经建立的概念来理解汉语词；对于抽象的概念，教师需要将其转化为聋生能理解的、具体的概念，并通过手语形象化地表现出来，这样才有助于聋生理解和掌握。

20 世纪 90 年代，聋教育专家叶立言曾强调指出："翻译这种言语活动须臾不能离开聋人学校的生活，但又很少有人去认真地研究它，似乎翻译这种能力无须专门培养。"②遗憾的是，二十多年过去了，聋生手语汉语翻译能力的培养还未得到足够的重视。从目前高等教育阶段聋教育汉语课程看，教师对手语汉语互译的重视程度远远不够，汉语课程中增

---

① 董于雯.对外汉语语用教学研究[M].北京：中国社会科学出版社，2015：19.

② 叶立言.聋校语言教学[M].北京：光明日报出版社，1990：136.

设手语汉语互译内容尤为急迫。具备手语汉语互译能力是聋生学好汉语的现实需要，是聋生在聋听群体间交往的客观需要，聋生手语汉语互译能力需要经过科学化、系统化的学习才能获得。但从目前教学实践看，手语汉语互译教学以作文批改、病句修改的方式散落于作业点评中，鲜有教师树立自觉意识，将其视为独立的课程内容，并在课堂中强化落实。多年来语文课程教学效率不高，很大程度上是因为聋生不清楚老师在课堂上"说"了什么，师生间沟通不畅，教师的手语（或书面语）输出与聋生的信息接收不对等，聋生无法对教师输出的信息进行准确的编码加工，在书面语词义提取、句法加工、信息整合诸环节中均存在着障碍。

对手语的认同度会对聋生汉语学习产生较大影响。从笔者的一个小调查来看，高等教育阶段聋生对手语的认识仍然模糊不清。在大一新生开学第一课，笔者曾在班级 QQ 群里发起"手语是否是一种独立的语言？"的投票活动，结果显示，约有 45％的聋生选择"不是"，35％的聋生选择"是"，还有 20％的聋生选择"不知道"。当笔者进一步追问原因时，同学们几乎都答不上来，很多聋生说自己是"猜的"。如果聋生尚未意识到自己的第一语言手语是一种独立的语言，学习汉语书面语就像中国人学英语一样属于第二语言的学习，那么他们不自觉地把手语中的词汇、语法直接移植到汉语中也就不奇怪了。

本书第二章第二节的大量例子表明，手语与汉语绝非一一对应的关系，手语汉语互译存在着省略、增补、移动、替换等种种复杂关系，当一个手势动作翻译成汉语时，有时可能需要一个词组、一个句子甚至一小段话来陈述，汉语转写成手语也是同样的道理。遇到汉语中的抽象名词，教师需要用列举法、举例法来描述该名词的下位概念，以便聋生全面清晰地掌握该名词的意义。如汉语中存在着大量的近义词，形容一个人的心情不错，可以用"开心""高兴""快乐""喜悦""愉快"等大量词语来形容；同样地，手语中也存在着一个概念的多种打法，如全国各地手语"没有"一词的手势多达一二十种，越来越多的聋人喜欢用"零"的手势来表达"没有"[①]。作为视觉语言，手语中很多手势取自物体外形特征的模拟，事物会发展变化，手语打法也会随之发生改变。例如，老式手机是按键拨号的，所以手语中的手势是左手伸出拇指，其余四指弯曲，右手食指在

---

① 赵晓驰.科学认识中国手语，努力提高应用水平[J].现代特殊教育,2016(11):40.

左手手心处点几下;而现在的手机多是触屏的,所以手势换成右手食指在左手手心处滑动①。汉语转译成手语时,也要注意这些变化。

　　每篇课文的学习都要落实手语汉语互译、笔谈技能两项训练。在手语汉语互译教学中,首先应帮助聋生树立手语、汉语是两种不同的语言的意识,树立起使用一种语言就应该遵守这种语言的规范的明确意识。其次,应传授手语与汉语知识,有意识地区分手语和汉语两种不同的语言,树立起手语语法和汉语语法的规则意识,在此基础上掌握两种语言不同的构词及句法规则。再次,应创设大量的语言训练情境,设置多样化的语言任务,让聋生在不同情境和语言任务中激发学习兴趣,扩充手语、汉语词汇量,掌握手语、汉语句型,提高聋生的手语汉语互译水平。总之,要使聋生具备手语汉语互译的能力,能根据交际场合和交际对象的不同在手语与汉语之间自如切换,努力让他们成为社会生活中平衡的双语者。

　　手语汉语互译可以依托课文进行,穿插在教学过程中灵活开展,也可以作为练习布置给聋生课后实践。要让聋生从一开始就具备不能将手语直译成书面语的意识,教师应告诉聋生,不能将手语直译成书面语写下来。在书面语翻译成手语的过程中,可用手语帮助学生理解书面语句意,提供示范,示范过程中穿插语法知识点的讲解。然后,让聋生打手语复述句子,测试其理解程度。如果复述过程中聋生遇到困难,应给予提示和帮助,并及时记录学生反映出来的普遍问题,将之作为重难点做后续的强化训练。

　　在具体的语篇教学中,就笔者教学经验来看,汉语翻译成手语可从如下三方面入手:一是通读课文、了解大意,把握课文的整体结构。二是在课文空白处标记翻译的重难点,如:切词、断句标注;长句、难句拆分;数字、人称、词性的转换;词序的调整;虚词的删减以及必要成分的补充说明;否定句、"把"字句、"被"字句、"是……的"句等特殊句型的处理;等等。三是手势表达力求准确、流畅、简洁、易懂,同时注意面部表情、肢体的配合,避免不必要的重复与停顿。

　　手语翻译成汉语,可从如下三方面入手:一是看手语了解内容梗概,梳理句子的先后次序,把握重点。二是标记翻译的重难点,如:标注手

---

① 赵晓驰.科学认识中国手语,努力提高应用水平[J].现代特殊教育,2016(11):40.

语、汉语词义部分对等或不对等的词语;将手语句子进行结构调整、重组、合并,重新组句;分清句子主次关系,添加汉语连接词语;数字、人称、词性的转换;词序的调整;特殊句型的处理;增补问答句、比较句等手语中省略的成分;根据意义或修辞的需要增加汉语形容词、副词、量词等。三是书写力求整洁、清楚,用词准确、语句通顺、逻辑清晰,避免涂改。

　　总之,手语汉语互译是翻译的一种特殊形式,涉及一种视觉符号信息与另一种视觉符号信息间的转换,手语翻译过程中的理解、记忆和语码转换应该有独特之处①。但目前手语翻译研究尚显薄弱,学界对此关注不多,高等教育阶段手语汉语互译课程内容亟待开发。今后,如果能借鉴相对成熟的口笔译理论框架,从心理学、语言学、符号学、社会学等多学科视角来探讨手语翻译的认知机制,必将极大推动聋人翻译认知行为的理解,促进聋教育汉语课程改革。

第三节　基于认知规律的聋生汉语教学

　　面向聋生的汉语教学具有第二语言教学性质,体现第二语言教学共性,遵循第二语言教学的一般原则。但聋生作为特殊的学习群体,视觉信息的输入成为他们获取信息的主渠道,语言学习具有与听生不同的特点,因此汉语教学应遵循聋生认知特点和规律,从他们的学习需求出发设计教学、实施教学。

一、加大汉字教学力度,构建聋生汉字心理词典

　　第三章第二节关于聋生汉字习得的调查表明,聋生汉字学习中存在着用字量偏少、用字量增幅缓慢、汉字书写偏误率高等问题。从认知心理角度看,聋生汉字学习的本质就是建构汉字心理词典,汉字教学的本质就是帮助他们建立起可以不依赖手语的、相对独立而又有效的汉字心理词典。所谓汉字心理词典是汉字的音、形、义特征在头脑中的表征与加工。教汉字不仅是教一种书写符号,同时也是在聋生头脑中建立起汉字形、音、义联结的过程。成熟的汉语母语者能不假思索、下意识地完成

---

　　①　张宁生.手语翻译概论[M].郑州:郑州大学出版社,2009:8-10.

书写任务,达到意到字出的自动化加工程度,只有遇到比较生僻的字时才会有意识地分解加工。但对聋生而言,他们的心理词典尚不具备自动分解加工汉字的能力,笔画、部件、结构、整字等各层次的信息无法做到同时加工,所以聋生书写速度要比听生慢很多。以高考试卷为例,国内面向聋生单考单招的高考语文试卷,在 2~2.5 小时的考试时间里,对作文的字数一般只要求在 600 个以上。

与其他二语习得者相类似,聋生汉字心理词典的构建可能是一个缓慢的过程。关于留学生字形结构知觉、字形监控能力发展和汉字形、音、义学习影响因素的研究表明:留学生对汉字结构从"知觉分解水平"向类似母语者的"结构类型分解水平"发展;对字形的监控从最初完全不能监控发展到能对简单的整体完形进行监控,再发展到对字内成分有一些监控;对声旁和形旁线索的提取从熟悉字开始扩散到不熟悉字。[①] 与留学生相似,聋生的汉字心理词典表征可能也是比较浅的、不精确的、模糊的、缺乏必要的冗余特征,同时表征之间缺乏必要的联系,心理词典的加工不太有效。但与留学生不同,聋生因为听力缺失,他们缺乏语音表征,无法像留学生那样形成形—音—义三者之间完整的心理词典,因此形—义间的建构难度可能要比普通的二语习得者大得多。

遗憾的是,汉字教学在聋生汉语教学中没有得到应有重视。本书第三章第二节聋生作文语料调查发现,如果以累积覆盖率达 95.618%、语料中出现 10 次以上的汉字作为聋生掌握汉字的标准,那么从小学到大学阶段,聋生常用字量为 1044 个汉字,他们的汉字使用量非常集中,大学阶段的聋生还未达到义务教育九年级识字教学标准中"认识 3000 个常用字,2500 个字会写"的标准。义务教育阶段识字教学不过关,直接影响了聋生后续文化知识的学习。

(一)选好常用汉字,加强汉字识记训练

国家语言文字工作委员会和教育委员会 1988 年联合发布的《现代汉语常用字表》共收字 3500 个,其中一级常用字 2500 个,二级常用字 1000 个。国家语言文字工作委员会和新闻出版总署同年联合发布的《现代汉语通用字表》收字 7000 个。北京语言学院 1986 年根据对 180 万字语料统计结果编制了《现代汉语频率词典》,该词典中的《汉字频率表》共列汉

---

① 徐彩华.汉字认知与汉字学习心理研究[M].北京:知识产权出版社,2010:241-249.

字 4574 个,其中字频统计的前 2500 个汉字可以覆盖现代汉语 99％的阅读面,前 2000 个汉字可以覆盖现代汉语中 98％的阅读面。①《聋校义务教育课程语文课程标准》附录部分根据当代各类汉语阅读材料中的汉字出现频率和汉字教学的需要收录了常用汉字 2500 个。上述种种数字说明,现代汉语中的常用字和次常用字应为 2500～4000 个。汉字教学如果能围绕各类词典、字表覆盖的 2500 个常用汉字进行,就能保证聋生学习常见的、足够量的汉字,覆盖最大的阅读面。此外,汉字常用字笔画少,罕见字笔画多,"常用字笔画趋减率"使得常用汉字形体结构不复杂,这些高频汉字又可以成为后续汉字学习的构字成分,因此掌握一批常用汉字和基础部件对基础教育阶段的聋生汉字教学具有重要意义。从汉字教学的角度看,对"强化书写练习""反复记忆"这些基础的认知规律要给予足够的重视,特别是对汉字书写有畏难情绪的聋生,每篇课文的学习都要落实汉字的书写要求,在大量、反复的练习中帮助他们积累汉字识字量,加深对汉字的记忆。

在书写过程中,汉字表征的细节部件、笔画都要被提取,而且要按照顺序依次提取,表征细节的含混容易导致书写变形和错误。对聋生而言,汉字书写难度、重要性程度并不亚于汉语词、句、语法知识的习得。根据笔者调查,聋生的汉字书写偏误率显著高于听生,其中又以笔画偏误和部件偏误最为常见。汉字书写是一个需要专门研究的环节,大学阶段聋生汉字书写仍需在课堂中加以重视和强调。

(二)根据字形解释字义

聋生汉字心理词典中缺乏语音表征,识别汉字的时候具有强烈的字形依赖倾向②。听生可以从字音的角度来辨别字形与字义,但字音对聋生识记字形、字义远不及听生有效。课堂上老师对字音的讲解留给聋生的印象是极其肤浅的。他们只观察到老师的口型,用手触碰到自己发音器官,此时字音的学习对聋生来说还只是一个没有概念内涵的躯壳,因此教学中帮助他们在字形、字义之间建立联结尤为重要。象形字、指事字、会意字都是着眼于直观表义的汉字,结合汉字直观表义的特点,可大力开展字形—字义联结的教学,根据字形解释字义,帮助聋生理解和记

---

① 吕必松.汉语与汉语作为第二语言教学[M].北京:北京大学出版社,2010:165.

② 吴彩娟.学龄初期聋童与健听儿童汉字学习心理的实验研究[D].大连:辽宁师范大学,2001:10.

忆汉字。比如"日"＋"月"成为"明",日月结合表示"光明"之意;"手"＋"目"成为"看",描绘出手举在眼睛上方"看向远方"的情景;三个"木"是"森",表示树木众多而成森林;三个"口"是"品",从表示人口众多延伸为物品众多之意。东汉许慎《说文解字》中,会意字占了 1254 个,如果教学中能有效引导聋生理解各部件的意义联结关系,探索会意字背后的造字理据,不仅对聋生识字、理解汉字大有帮助,还能提高他们的学习兴趣。因此,抄写练习、加强汉字识记训练是构建聋生汉字心理字典的基础,但不局限于这一种方法。对汉字进行分析基础之上的深层加工会产生较好的记忆效果,实践证明,对汉字的分析越精细,聋生对汉字理解和掌握的效果就越好。

当然,并不是所有的汉字都可以根据字形解释字义,为了帮助聋生掌握字义,还应积极探索使用其他方法,比如用实物或图片解释,用同义字和反义字解释(如"高"的反义字可以有"低"或"矮")。还可以通过叙述情境来解释,遇到无对应手语词、表意抽象的汉字,可通过举例的方式,将汉字放在不同的语境中造句,通过造句的方式让聋生加深对字义的认识。

在字形分析的过程中,还可以引入汉语形近字的比较教学,通过辨认字形加强不同字形与其字义的对应关系,巩固不同字形、字义在聋生心理中的表征。比如讲解"田"这个字时,可以联系比"田"少一画的"日"和"曰",笔画组合方式异于"田"的"甲""由""申"等,将这些形近字联系起来,对它们的读音、意义和用法进行讲解和对比,列举常用词,如"田野""甲鱼""由于""申请"等。利用对比联系法授课,既可以由老师先收集相关的形近字,直接教授给聋生学习消化,也可以在教学过程中,引导聋生自己去归纳分类、总结记忆,增强他们对汉字构形的理解能力,提升他们感知和分辨汉字之间细微差别的能力,使他们对不同形近字的意义形成更加深刻的认识。

(三)知识与能力并重,引导聋生建立稳定有序的心理词典

汉字教学中有一个很重要的任务,就是帮助聋生形成正确的汉字观念,了解汉字的性质、特点和规律,培养汉字意识和汉字学习能力,形成逐渐接近于汉语母语者的成熟、完善的心理词典。在汉字教学中,相关字的联结是一种有效的方法,这种联结的线索可以在部件层面上展开,也可以在字层面上展开。在部件层面上,可以让聋生写出带相同形符的

汉字,用线条把相关部件连接成字,进行形似部件汉字的对比,同类义部件的归纳等。在字层面上,可以联系同声符字、同义符字、同结构字、同部件字、形近字,开展对比归类练习。以形近字"大、夫、天"为例,当一个"人"张开双手便成为"大",一人为"大"表示尊称,如老大、大人、大王、大爷等。古人眼中最大的事物是"天",所以在"大"字上面再加一横就成了"天"。甲骨文中"夫"表示男子的形象,与用簪子固定在头顶、行成年之礼的男子形象相似。男子成年之后从事各种体力劳动,所以"夫"又引申为从事不同体力劳动的人,比如"农夫""渔夫""船夫""车夫"等。[①]

此外,用字组词、见字猜词、改正别字和错字也是常用的方法。通过这些练习,帮助聋生在归纳、对比、分析的基础上,了解汉字的构成规律与构形特点,将所学汉字存储在心理词典中合适的位置,加强汉字形、音、义之间,某单元与相关单元之间的联结,从而形成清晰有序的心理字典[②]。这种清晰和有序可以大大减少聋生在汉字识别和书写过程中的偏误。

二、发挥聋生手语思维优势,积极开展双语词汇教学

手语在聋生语言与认知发展中起到重要作用,是聋生汉语学习的桥梁与工具,手语的作用无可替代。在汉语教学过程中,教师用手语来讲解、聋生用手语辅助理解概念,特别是面对汉语基础薄弱的聋童,如果没有手语的辅助,只用汉语解释汉语是很难让他们理解、领会的。许多认知心理实验都表明,对第一语言手语,聋生有很强的依赖性,他们即使在识别熟悉的汉语词汇时,依然会激活手语[③]。教学中强化手语的作用,特别是面向中低段聋生的教学,有助于他们识读、拼写汉语词汇,构建汉语语义网络,更快更好地习得汉语。

(一)在比较中掌握手语"音位"和构词法

开展手语语言知识教学,让聋生在比较中掌握手语"音位"和构词法,加深对第一语言的认识。作为一门新兴学科,手语语言学在学术领

①　唐思婧.针对泰国学生初级汉语学习形近字的教学探讨[D].成都:四川师范大学,2014:15.

②　冯丽萍.认知视角的对外汉语教学论[M].北京:北京大学出版社,2013:92-93.

③　冯敏,韩媛,郭强.聋生汉语词汇识别过程中手语激活的实验研究[J].中国特殊教育,2017(11):25-30.

域讨论得多,而聋教育界关注得少。本书第二章第一节指出,手形、位置、动作、方向是手势的基本构成要素,改变其中任何一个要素都会引起词义的变化。比如手语中伸出拇指的"👍",当方位、动作、朝向等其他参数发生改变时,可以分别表示"老""印度""比""朋友""得意"等多种不同意义。教学中,可以某一手形为常量,以同一手形下的方位、动作、朝向、双手的协作等为变量,帮助聋生构建以手形要素为基点的手语词汇群,加深记忆,体会手语强大的构词能力。

手语构词也有类似于汉语的单纯词、复合词、派生词等构成方式,手语词内部可析出类似于汉语的词素、词缀、词根成分,如:表示民族的手语"汉族""藏族""回族""维吾尔族"共用手语词根"族",都用"掌心向上,五指指尖并拢"来表示;"鲫鱼""鲢鱼""鲤鱼""鱼叉""鱼网""鱼钩""鱼篓"共用手语语素"鱼",这些手语词中语素"鱼"的打法相同。类似的例子非常多,可以其中一个词素为常量,通过搭字组词的方式帮助聋生构建手语词族,帮助他们在同类词族内部建立稳固的心理联系,并结合汉语、手语构词法知识教学,加深对手语汉语两种语言的认识。

(二)构建语义网络,建立手语与汉语词语意义的对应关系

依据《国家通用手语常用词表》,从大的方面看,手语词汇可以分作称谓类、社会生活类、事物性质类、哲学伦理类、心理行为类、政治法律类等 22 类,同一大类手语内部不同词语之间语义具有相关性,比如表示直系家庭成员的"爷爷、奶奶、爸爸、妈妈、哥哥、姐姐、弟弟、妹妹"等称谓类的手语词,这些词打法相似,都用指尖贴于唇部表示,区别在于不同的手指:拇指为尊,在家庭成员中地位最高,指代父母辈;从拇指到小指依次排序,小指为卑,地位最低。手语称谓类词语遵循汉民族家庭内部伦理关系准则,用相似的打法构建了家庭成员内部的语义关系,教师可适时引导,在手语词与汉语词的比较中导入文化背景知识的讲解。又如"进步—退步""结婚—离婚""知道—不知道""花开—花谢"等等,汉语中大量的反义词或词组在手语中也能找到相互对应的关系。手语词"进步""退步"手形、动作相同,区别在于方向;"知道""不知道"位置、方向相同,区别在于手形。将手语近义词、反义词与语义对应的汉语词相关联,通过反复比较的方法,帮助聋生构建手语、汉语语义网络,贯通手语、汉语之间的心理联结通道,丰富手语、汉语词汇量。

作为两种不同的语言,手语和汉语对事物的分类、命名不是完全等

值的,这不仅表现在对同类事物或现象的命名有不同的规范,还表现在两种语言对应词的词义范围大小也有差别。如汉语的"家"是多义词,最常用的意义有"家庭"(如:我家有三口人)和"家庭住处"(如:我家在浙江省杭州市),汉语"家"对应到手语中用"双手搭成'∧'形,如屋顶状"的手势来表示,但在手语中,手势"∧"形除可以表示汉语"家"这个概念外,还可作为"教室""食堂""医院""厕所""电影院"等一系列表处所词的词根,"室、堂、院、所"在手语中均用手势"∧"来表示。可见这两个对应词的词义只有部分相重叠。又如汉语中的"前天",手语用"一手食、中指直立,自太阳穴部向后划动一下"来表示,直译为汉语是"两天以前","前天""两天以前"语义有别;汉语中的"米",手语用"一手拇、食指微张,在嘴角处前后微动两下"来表示,在手语中则有"米""米饭""粮食"和姓氏"米"四种含义。不同语言中对应词的词义范围不同是常态,这正如汉语词汇中命名为"骆驼"的动物,阿拉伯语中用 400 多个词语来命名,汉语中有"伯父、姑父、姨父、舅父"等表亲属关系的称谓,英语中只用"uncle"一个称谓来指称一样,手语、汉语两种语言对应词不仅词义范围有别,而且在搭配关系、适用范围、感情色彩、语体风格、文化内涵等方面也有差异。这些差异从更深层次看与两种语言的语言性质、聋听思维方式差异有关。当两种语言间对应关系不一样时,母语知识可能会产生负迁移,导致词语的识别、理解出现困难。聋生在学习此类汉语词汇时,不仅要学习新词,同时还要对应到手语中,与手语词汇知识相比较,克服手语构词规则知识产生的干扰,因此习得难度高,应成为词汇教学的重点。

此外,针对聋生分类学联系中上位概念表征较弱,上下位概念联系缺乏稳定性的认知特点[①],词汇教学中应设计分类学联系概念的教学,开展词语归类、命名练习,加大上位水平概念词的教学力度,训练聋生的抽象思维能力,提高他们的抽象思维水平。在聋校低年级教学中,教授"鞋子"一词时,可出示各种式样、颜色、大小不同的鞋子(如球鞋、皮鞋、雨鞋、凉鞋、拖鞋),让聋生在形象生动的表象基础上抽象出"鞋子"一词的概念。在词的归类练习中,可要求聋生把学过的词语按照学习用品、体育用品、动物、蔬菜、水果等类别进行归类,然后按照课文句式说出"篮球、羽毛球、足球是体育用品""老虎、大象、狮子是动物"等句子。通过这

---

① 李德高.青少年聋生的概念结构[M].广州:暨南大学出版社,2010:65-73.

样的句式训练培养聋生对事物进行分类判断的能力,帮助他们厘清概念之间的关系。组织结构图也是上下位概念教学中常用的方法。例如给聋生呈现"司机""工人""老板""教师""农民"汉语词与"卡车司机""语文教师""饭店老板"图片,其中"司机""工人""老板"是基本水平概念,"卡车司机""语文教师""饭店老板"是下位水平概念,处于较低层次,词义较为具体,在聋生头脑中有较为清晰鲜明的表象。教师可引导聋生将这些概念进行整理归类,归类后的概念形成节点,节点之间用箭头相连,这样概念与概念之间组建起上下关系的层次网,在这张层次网的顶端则是这些词的上位概念"职业"。对"职业"这个概念,聋生头脑中的表象意识较为模糊,还需要教师帮助他们在上述基本水平概念中寻找共性特征,训练他们从表象中抽离出概念本质特征的能力。这样,当聋生需要对某个概念进行回忆的时候,就可以联系其上下左右的概念,快速提取所需信息,提高效率。当掌握了一定数量的上位概念词之后,还可以通过反向联想的方式,根据某个上位概念词析出基本概念词和下位概念词,提高他们的认知灵活度。

(三)重视汉语词语语法意义与色彩意义的教学

有些聋生写下的作文结构完整、主题明确,没有明显的语法错误,但部分句子读起来还是不够通顺,其原因之一是词语选用不恰当。聋生缺乏汉语母语者的语感,要全面掌握某个词的概念意义、语法意义、色彩意义等不同层面的语义特征是有很大难度的,判断语义相近词语之间的细微差别则更为困难。如汉语"温顺、温柔、温和、温暖",这些词共用语素"温"反映了词义中的共性,"温"的本义是"不冷不热,使人感觉舒服";"温顺"一般用于修饰人的态度、脾性,"温和"既可以修饰气候,又可以修饰人的脾气,而"温柔"一般用于形容人的性情,多用于女性,"温暖"则更多地侧重于人的内心感受(如"他的一席话温暖了我的心")。"温顺""温柔""温和"应分别与哪些词搭配,在哪些场合使用?这需要根据上下文语境做出判断。笔者曾在班里做过测试,即使在大学阶段部分汉语水平较高的聋生群体中类似的选词填空出错率也很高。教师在教学中应抓住这些近义词的共用语素,给聋生提供足量的例句,把这些词(如"温顺、温柔、温和、温暖")放在例句中进行讲解、比较,明确不同形容词修饰的对象与语义色彩,设计近义词辨析、选词填空、手语配对练习,帮助聋生在心理词典中为每个词确立合适的位置。在此基础上,以该共用语素为核心串联起一系列近义词,帮助聋生在心理词典中构建一张近义词语义网。语义网中的某个词素节点可能又会与别的词素节点在意义上发生近义或反义的联系,这样网与网相连,词汇量得以不断地增长。

就某一个词内部的概念意义、语法意义、色彩意义等不同层面的语义特征而言,聋生相对容易掌握的是概念意义,语法意义、色彩意义的掌握难于概念意义。如,汉语动词学习方面,聋生的主要困难不在概念意义而在语法意义,表现在造句练习中,不该加宾语的动词加了宾语,不该连用的动词出现了连用,不能与持续体搭配的动词搭配了"着",这些在日常教学中已有大量发现。"谢谢您辛苦了,我明白学习。""同学们今天劳动。""三个照片是我拍,你喜欢,送你。"——这些日常交流中的句子老师都能理解,说明他们对动词的概念意义理解都是基本正确的,但动词的使用不符合汉语语法规范。词汇终究是静态的学习单元,进入动态交际环节后必须能够在句子中正确地将这些词语组合成句子,这就要求他们以概念意义为基础,同时掌握词语的语法意义。对已有一定词汇量基础的高年级聋生而言,他们的书面语表达最大的困难不是心理词典中缺少对应的词汇,而是落笔之时不知道如何选用恰切的词汇,以及怎样用符合汉语句法形式的结构来表达。汉语词汇色彩有感情色彩(如褒义、贬义、中性义),形象色彩(如视觉类"雪白",嗅觉类"臭烘烘",味觉类"甜蜜蜜"等),还有语体色彩(如口语语体、书面语体、科技语体、文艺语体、公务语体等),这给聋生词汇学习和书面表达增加了难度,聋生书面语作文中句子结构单一、用词量少很可能是他们拒绝使用心理词典中尚不确定的词语,是认知回避策略的表现。如口语语体中"得了,得了吧"一句,聋生因缺乏口语交际体验容易误解为"得到了,得到了吧";"心里憋着一口气"容易误解为"用力屏住呼吸"。如果汉语课堂仅局限于汉语词汇概念意义的讲解,忽略词汇附属意义的教学,这显然是有所欠缺的。

应加强汉语词感情色彩义的对比、辨析,重视、强化词语色彩意义的教学。如"成就""成功",其理性意义都含有"取得"某种成绩之义,但仔细分析后不难发现,二者的感情色彩在程度上有轻重之分:"成就"往往用于重大事件取得的成果,指多个成果的总和;"成功"指完成某种事件,且事件有针对性,多指单个事件的完成。教师要引导聋生根据具体的语用环境选择合适的词语,培养他们根据上下文语境选词的能力,并能根据语境的不同及时做出调整、判断。又如,"骄傲"一词在不同的语境中感情色彩会发生变化,可列举出两种不同的句子让聋生辨析:

（1）张海迪是我们中国人的骄傲。

（2）虚心使人进步，骄傲使人落后。

例句（1）张海迪身残志坚的事迹感动、激励了无数人，"骄傲"在句中是褒义词，有自豪之意。例句（2）"骄傲"与"虚心"相对，有傲慢、目中无人之意，带贬义色彩。同一个词语在不同的语境中会附带不同的感情色彩，这在面向听生的教学中无须刻意强调，因为他们在日常口语交流中已积累了大量的交际体验，已获得了母语语感；但面向聋生的教学则不然，词语的语法意义、色彩意义都需要在课堂中有意识地"教"。

（四）用认知语言学相关概念加深对手语、汉语本质规律的认识

引入认知语言学理论，用原型范畴、象似性、隐喻、转喻等概念指导聋生加深对手语、汉语本质规律的认识。原型是一个范畴内各成员典型特征的最佳代表，如鸟这一范畴的原型应该是体型小、有羽毛、会飞的麻雀、燕子等，而不是那些不会飞的、体型庞大的成员如企鹅、鸵鸟等①。从认知心理角度看，原型应该是作为范畴核心的心理表征。在一个概念范畴内部，范畴成员有等级之分，有的成员具有更多的关于这个概念的认知特征，而有的成员处于相对边缘位置，具有较少的认知特征，各成员之间以家族相似性为原则组织在一起。原型范畴理论对聋生词汇教学有两点启示：一是对于多义词的教学，多义词内部各义项习得的难易程度是不一样的，原型性较强的义项比原型性弱的义项习得要更容易。如对于动词"伐"来说，原型性较强的义项是"砍伐"，如"伐树"，而"伐罪"（征讨有罪的人）、"伐善"（夸自己的好处）就是原型性较弱的义项；又如"风"本指自然界"风雨"的"风"，"风尚（风俗）""作风"等则是原型性较弱的义项。汉语词汇教学应遵循聋生不同义项习得顺序的规律来开展。对聋生来说，原型性较强的义项理解和使用的发展顺序也比较靠前，习得过程会比较顺利，在心理词典中的地位更稳固。因此教授新词时，不要把所有义项都一股脑儿塞给聋生，而应该将原型性强的、易懂的义项先教，原型性弱的、难懂的后教。二是在汉语学习中，应经常启示聋生有意识地对输入的词汇进行合理分类，给输入的汉语词汇不断建立新范畴的机会，或对原有的范畴类型进行调整和补充。比如，将商业经营中的"销

---

① 唐承贤.第二语言习得研究中的语言学视野［M］.广州：世界图书出版广东有限公司，2014：158.

售"作为基本概念,可开展"头脑风暴"活动,让聋生到黑板上来写出相关概念,并对下位概念进行整理归类,如"批发、零售、交售、倾销、畅销、促销、脱销"都属于"销售"一词的下位概念(见图 4-2)。提示聋生自主学习,构建辐射性的语义网络,更好地归类记忆。大脑中的材料归类得越清楚、越有条理,需要用的时候就越容易提取出来。

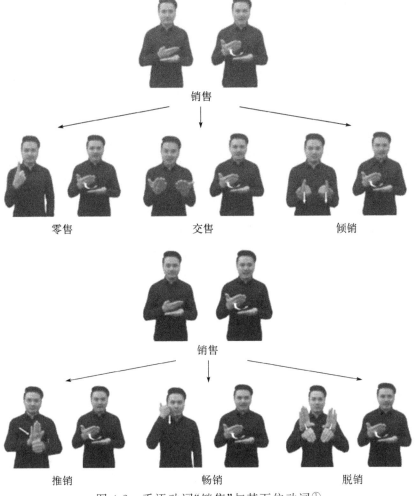

图 4-2　手语动词"销售"与其下位动词①

语言符号的象似性(亦称理据性)主要指语法形式和其所指概念结

---

① 手语图为课题组聋人成员卢苇老师提供。

构之间的可分析性和可释性,象似性是语言和认知互动的生动体现①。任何一种语言符号都是任意性与象似性的结合,语言结构源于身体经验,是人类认知能力的一部分②。现阶段应用认知象似性概念开展手语研究的成果主要集中于词汇方面,语法方面的成果尚不多见。对高年级段特别是大学阶段的聋生,可引入语言学中的象似性概念,帮助他们增进对手语、汉语本质规律的认识。就词汇方面看,手语构词具有鲜明的直观性和形象性,转喻和隐喻是手语表达象似性的两种重要手段。以转喻为例,聋人和听人一样,在认知过程中善于用凸显、易感知、易辨认的部分代替整体或其他部分,或用整体代替部分。手语较为典型的转喻构词方式有:特征转指人或事物,事件要素之间的转指,行为转指抽象概念,约定俗成的转指,等等③。有研究者将《中国手语》一书中 60 个国家名称的手语打法进行系统归类,结果发现,在 60 个国家名称中,有 2/3 的国家是通过服饰、国旗、国徽、地图、景观、动植物、历史文化等转喻的方式来指代的④。比如国名"日本",手语用著名景观富士山的倒影来转指;国名"埃及",手语用金字塔和狮身人面像的组合手势来转指。隐喻构词方面,手语和汉语都善于利用隐喻思维把抽象概念具体化,利用已知事物来理解和诠释未知事物。比如汉语中与人体"头"有关的隐喻数不胜数(如床头、码头、船头、碰头、口头、牵头、枝头,独占鳌头、街头巷尾、源头活水、百尺竿头……),手语中与"头"相关的隐喻构词也有许多(如反思、梦、顽固、经验、聪明、刺激……),手语将"头"比作一个容器,把头部看成是有内部和边界的、可进可出的容器图式的体验。手语、汉语构词中的象似手段都反映了人类认知手段的经济性。一方面,可充分利用汉语手语共有的象似性特征帮助聋生学习汉语,引导学生在"知其然"的过程中"知其所以然",准确把握概念的含义。另一方面,也应注意手语象似性对理解汉语书面语抽象词的负面影响。有教师指出,在聋校小学二年级课堂上,即使经过了结合图画的讲解,有的聋生还是不理解"农民"

---

① 李恒,吴铃.手语语言学和认知语言学的双向性研究综述:以象似性为例[J].中国特殊教育,2014(7):26-29.

② 张积家,陈磊,陈穗清.语言符号的象似性对手语具体名词语义加工的影响[J].语言文字应用,2013(1):89-98.

③ 傅敏,褚蓓娟.基于认知语言学的聋人手语转喻研究[J].中国特殊教育,2013(10):23-26.

④ 方玉千.国家名称手语的手势探源[J].现代特殊教育,2015(4):65-67.

一词的意思①,"爷爷"被理解为"长着长胡子的人","阿姨"则是"短头发的女人"。汉语中"卓越""典型""设备""模型""干预"等许多词义抽象程度高的词语在聋生手语中找不到对应表达,教学中需要将这些词的汉语释义解释给他们。除此以外,还应加强汉语词引申义、比喻义的教学,帮助聋生深刻理解概念内涵。

总之,聋教育汉语教师应具备对两种语言异同比较的意识,既要积极调动聋生手语思维积极因素,同时也要注意避免手语思维可能带来的消极影响,通过多种途径开展词语教学,帮助聋生构建词义网络,使词汇学习系统化、序列化,提高聋生的手语、汉语双语水平。

三、运用句法加工策略指导面向聋生的汉语句子教学

句子是语言交际中的重要单位,也是语言认知与习得、语言教学研究中一项非常复杂的内容。对于语言学习者来说,一种语言的使用最终要体现在句子上。成熟的汉语母语者能以最简洁、经济的方式对句子进行加工,使用多种句法与语义认知策略来完成句子意义的建构,但与汉语母语者相比,聋生的汉语句法加工水平低下,缺乏对形成汉语句子基本结构、句子局部构成的明确意识,句子书写偏误种类多、数量大,制约着他们整体语言能力的发展。因此句子教学既是聋教育汉语教学的重点也是难点。

（一）母语者句子加工的语法认知机制

对聋生汉语句子加工的语法认知机制研究还很薄弱,心理学家们总结出了一些母语者的句法和语义策略,这些策略可为指导面向聋生的汉语教学提供帮助。②

1.功能词策略

在句法分析中,限定词、介词、连词、代词、数词等功能词的作用都是可以利用的重要线索。很多情况下,功能词有标记句子成分类型的作用。学习者可以利用对功能词邻近的实义词进行预测和分类,以确定它在句子中的语义和句法功能。在形态标记丰富的语言中,利用词缀识别实义词如名词、动词、形容词和副词等,是句子理解中常用的句法策略。

---

① 哈平安.聋人的语言及其运用与习得[M].长春:吉林文史出版社,2005:85.

② 彭聃龄,谭力海.语言心理学[M].北京:北京师范大学出版社,1991:153-158;桂诗春.心理语言学[M].上海:上海外语教育出版社,1985:95-99.

例如在"The man in the parlour"（在客厅里的男人）中，听到"The"就知道后面跟着的是一个名词，听到"in"就知道名词词组已经结束，后面跟着的将是一个介词词组。

2.实义词策略

功能词可以帮助邻近的实义词进行分类，因此辨认出一个新的成分后，就必须寻找合适于这个成分的实义词。在语义分析中，人们常用实义词去构造有意义的命题并以此对句子进行相应的切分，这是常用的语义策略之一。人们构造的命题是受一定的语义关系约束的，句子中的实义词本身就隐含了相应的语义关系，使理解过程中的搜索空间大为缩小，因而有助于对句子成分做出合理的切分。

实义词中的动词往往最活跃，它在句子理解中起着十分重要的作用，人们常利用动词作为一种线索来确定句子中相关名词的数量与动词相关的工具、场所、方式等成分。因此，实义词的句法、语义特征，如名词的是否有生命、动词的是否及物、动词的配价特征等不仅对句子构成有很强的制约性，同时也是句子意义理解中的重要线索。

3.语序策略

语句中的词或短语不是随机排列的，其顺序遵循着一定的规律，受到句法和语义的制约，因此句子理解中也常常利用"语序策略"。特别是以动词为中心的语序策略，还决定了语义关系的可逆和不可逆。语序表面上反映一定的句法结构、逻辑事理和语言习惯，但在本质上也是由语义决定的。二语习得者在理解汉语句子时多依赖于语序策略，即语句结构，而汉语母语者在面对非标准语序时能采取语序与语义相结合的方法。

4.语境策略

语境策略是指人们运用语境进行话语理解的策略，是"根据话语出现的外部语境条件，启动大脑中相应的背景知识，对话语进行有选择性的定向处理、联想，从而达到理解"的过程，它可以与自下而上的句法—语义策略配合使用、互相补充，实现对话语的准确理解。① 上下文语境在语义分析中是一个重要因素，在某种程度上限制了句中成分的语义关系，对理解产生着重要影响。在现实原则和合作原则的基础上，语言的

---

① 周明强.试论语境策略在语文教学中的运用[J].浙江教育学院学报，2003(3):94.

交流总是直接或间接地涉及一些有关实体的信息，人们往往借助于上下文将这些实体联系起来，并作为理解的依据。

(二)手语思维对聋生汉语句子加工的影响

句子加工必须综合使用句法、语义、语用知识，句子加工是多种线索互相竞争和聚合的结果。在汉语句子加工过程中，存在着多种可以利用的线索，包括语义线索（如生命性）、句法线索（如词序）、词形线索（如"把""被"标志）等[①]。而不同语言中用来确定意义与形式之间关系的信息是不同的，语言性质不同，句子加工方式和策略就会有差异。手语和汉语两种语言内部，都遵循形式结构和语义结构相统一的原则，但用什么样的形式结构表示什么样的语义内容，手语和汉语都有自己的规范。例如，在手语中，与汉语"今天我们去哪里吃饭？"相对应的结构是"今天/吃饭/哪里？"两句话的语义内容相同，形式结构不同，用不同的形式结构表达同样的语义结构，体现了聋人和听人思维方式上的差异。

1.词的边界性

作为一种在时空中架构的语言，手语词与词之间有相对明确的界限，但汉语书面语词在书写形式上没有明显的边界，也不像手语那样通过词形内部的屈折变化来表达词的语义和语法信息。缺乏语音意识的聋生对书面语句子中词的切分要困难得多，阅读句子时，他们需要有意识地对句子中的成分进行"切词"加工，有时结合上下文也很难确定某个词在句中的边界及其具体含义。

笔者所在学院汉语自编教材中有毕淑敏的一篇散文，其中有"我们的生命，端坐于概率垒就的金字塔的顶端"一句，很多聋生都不明白这句话的意思，当笔者要求他们对句子中的词语切分时，班上有2/3的同学把这句话后半句切分为"端坐/于概/率垒/就的/金字塔/的/顶端"，还有的同学试图在词典中查找"率垒"一词的含义。这句话对听生来说读起来不会有什么障碍，但对聋生来说理解起来就非常困难。"概率""垒就"两个词都是聋生日常生活中不常接触的词，"概""率""垒"属于低构词能力词素，而且属于不能独立使用的黏着词素，意义比较抽象，聋生头脑中对这类词的加工、激活存在困难，无法通过词素分解通达整词意义，遇到这样的词需要老师结合上下文做重点讲解。教学中，笔者尝试用数字列举

---

① 冯丽萍.认知视角的对外汉语教学论[M].北京:北京大学出版社,2013:154.

法(如:概率 1/100 比概率 1/10 的小,概率 1/1000 比概率 1/100 小,依次类推)让聋生明白"概率"一词的含义,然后用图片示例让他们明白"垒就"就是将砖、石堆砌起来的意思,再将这两个词放回原文中,请聋生结合上下文语境默读、领会这句话的意思,用手语转译的方法把这句话解释一遍,让聋生明白作者此处想表达的是"我们每个个体来到世上都很不容易,充满了人类所不能把握的偶然性"这个道理。当笔者进一步询问,为什么要以两个音节而不是一个或三个音节为单位来切词时,同学们都答不出来,这可能受汉语构词双音节化的影响,当遇到阅读障碍时,聋生倾向于用两个音节作为汉语词的构词单位去猜测词义,从而模糊了"概率""垒就"的边界。

2.语序

任何语言的语法都有语序的问题。本书第二章第二节指出,手语有比较丰富的词的形态变化,有些语法意义不是通过语序而是通过形态变化来表示的,而且手语语序相对比较自由,语法结构的表达具有较大的灵活性,同一种语义结构有时可以用多种语法结构来表达。但汉语句子缺乏像手语那样的词形变化,不能通过词形来确定一个名词的单复数,一个动词属于什么时态,很多语法意义要通过语序来体现。汉语的句法信息和语义信息常常包含在句子语境而不是单个的词中,因此汉语母语者更多采用语境策略,而聋生则受手语思维影响更多地采用集中的、依赖词的策略。表现在汉语书写中,聋生不太讲究汉语书面语词的排列规则,汉语语法意识薄弱的聋生写下的句子更像是一些手语词的堆砌。反过来说,在与聋生的交流中,听人教师也会利用手语的这一特点,抓住手语句中的几个实义词,将其进行重新组合后构建句子意义,而不是按照手语的语序,从第一个词开始逐个识读、串联起整句话的含义。

汉语母语者在理解简单句的时候,常根据词在句子中的排列位置来判断其句法作用及其相互关系。"我们学校明天开运动会"是一般主谓宾语句,"运动会我们学校明天开"是具有汉语特点的话题句,所表达的信息和语义焦点与主谓宾语句有所不同。"领导坐在主席台前"是对"领导"的陈述,"主席台前坐着领导"是对环境的描写。同样的意思语法结构不同,语义侧重点有别。但聋生很难体察这种语义上的不同,对他们来说,两句话要表达的意思是一模一样的。汉语句型不同则语义有别,这是聋生汉语学习的难点。因此开展句法教学不仅是对他们汉语词语组合规则能力的培养,更是句意理解能力的培养。

（三）聋生汉语句子教学建议

聋教育汉语教学不宜脱离课文抽象地讲解语法知识，但这并不意味着教师不需要重视语法教学。相反，教师应主动学习语法理论和二语教学理论，汲取语言学研究的新成果，努力用一些通俗易懂的语言解释聋生难以理解的汉语语法现象，为他们开展专门的语法补偿教学。从汉语句式教学的重难点看，在对外汉语教学中总结出的一些汉语句式的固定结构与特殊用法可供聋生汉语教学参考。其中包括汉语数量名结构、连动结构、动补结构、形容词作述体的主述结构、时态范畴与体标记；"把"字句和"被"字句、"是……的"句、"比"字句、否定句、连动句、兼语句和紧缩句；含关联词的复句等。与其他二语习得者相似，聋生对这些固定结构和特殊用法的学习也存在不同程度的困难，需要老师们花大力气去研究解决。从操作层面看，传统的"中心词分析法"和"层次分析法"在句子教学中仍有较大的应用价值，动词配价理论和语块理论可吸纳到聋生汉语句子教学中，作为一种新的教学尝试。

1.中心词分析法

中心词分析法是聋教育语文教学中传统的语法教学方法，也是一种常用的语法分析法。中心词分析法基于汉语"句本位"语法理论，先明确句子的六大成分及其相互关系：主语和谓语是主要成分，宾语和补足语（主要是表语）是连带成分，形容词性的附加语（定语）和副词性的附加语（状语）是附加成分。在此基础上分析单句，分析句子的省略与倒装，进而分析复句以至句群与段落篇章。从教学角度看，中心词分析法易于操作，分析简单句时直观、简洁；从聋生学习的角度看，中心词分析法能帮助他们找到全句的中心词，再找出依附于中心词的其他成分，帮助他们抓住句子的主要意思。因此，中心词分析法在聋教育汉语教学中使用广泛。中心词分析法不仅可以分析各类句子，帮助聋生掌握句子的构造规律，也有助于纠正聋生的语病，比如发现句子成分的多余或残缺、词语间的搭配不合理等等。

中心词分析法在教学中有很多种训练手段，包括提取关键词、词语接龙、造句、扩写、缩写、改写等等，这些都可用于句型训练。比如造句法，可提供某一基本句型结构，示范语句表达，然后让聋生练习如何使用不同的词语串联起合乎同类语法结构的句子。又如缩写法，让聋生把课文语段中句子的主干提取出来，分清句子的主干和枝叶，检测聋生对课文语段的理解情况。此外,扩展法用于扩句训练,可以帮助聋生加深对句子不同成分及所处位置的认识。

2.层次分析法

层次分析法是按照句子内部构造的层次,逐层分析句子的直接组成成分的方法。层次分析法也是一种传统的语法分析法。层次分析法认为,句子不是一个简单的线性序列排列,而是由一些直接成分的层次构成的,每一个较低层级的成分是较高层级成分的一部分。当遇到一些层次不同的多义短语,复杂句式或者歧义句时,往往会使用层次分析法来进行语法教学。层次分析法能让聋生较为清楚、直观地看到汉语句子的内在层次,有助于他们理清句子的结构,理解句意。如下例①。

(1)衣服 晾 干 了   (2)坑儿 挖 浅 了

两句句子格式相同,都是"名词+动词+形容词+了"的句式,但在意义表达上有所区别:在"衣服晾干了"一句中,"晾干"形成述补结构再与"了"结合,表示"预期目的的实现"之义;在"坑儿挖浅了"一句中,形容词"浅"和"了"先进行组合,然后做前面动词"挖"的补语,表示"预期目的的偏离"之义。用层次分析法开展教学,可以帮助教师讲解不同句式之间的语义差别,帮助聋生看清并理解一些难以弄懂的语言现象。又如下句。

(1)几个 学校的学生 都来了   (2)几个学校的 学生 都来了

画线可让聋生看到句内不同的层次关系,在此基础上,引导聋生分析两句话在句义上有什么不同,让他们结合上下文确定这句话在语境中的具体含义。聋生对汉语句法意识合理性的判断能力较弱,教师应淡化语法术语的讲解,结合层次分析法多开展一些显性的句法判断练习、改错练习,比如让聋生在不同句子成分下面画线,指出句子表面结构相似但意义不同的句子,让他们判断句子是否有歧义等,通过练习、思考与讨论,帮助他们梳理、巩固汉语的句式特点,形成对汉语不同类型句式较为自觉、理性的认识,提高汉语运用能力。

值得指出的是,无论使用中心词分析法还是层次分析法,都应该将

---

① 陆俭明.配价语法理论和对外汉语教学[J].世界汉语教学,1997(1):3-4.

教学重点放在有意义的沟通上,也就是说,应该安排有意义的沟通情境或结合课文中的语句开展读写训练,强调沟通式的互动而非简单的、脱离语境的机械训练。语言技能的习得只有为达成沟通所需的目的时才有意义。应在开展对话、叙事、说明、解释等多种方式的教学活动时,培养聋生书面语句法意识,帮助他们习得正确的句法结构。

3.用动词配价理论指导聋生句子学习

"动词是句子的中心、核心、重心,别的成分都跟它挂钩,被它吸引住。"①句子的产生就是通过一定的语法手段使动核结构(动词和相关动元组成的结构)展现为显层的句法结构,并给以某种语用价值的生成。不同语言间相对应的动核结构所反映的语义内容有共性,这就使得不同语言间有对译的可能性;而不同语言间所对应的动核结构在展现为显层的句法结构时会有较大的差异,这就形成了不同语言句法系统的个性。②

一些以英语为材料的实验发现,动词在句子理解中发挥着重要作用。在动词的心理词典中,除了形、音、义等一般词汇信息外,还存储着许多特殊信息用于描述事件或行为,如表示动作发起者或接受者的"动作参与者信息",表示事件延续情况的"持续性信息",表示完成动作所需工具的"工具信息",表示所跟宾语是否有生命的"宾语有生性信息",等等,这些附加信息为读者提供了进行句法分析和语义加工的线索③。

动词在语言学中的这种重要作用也同样体现在聋生汉语句子加工的心理过程中。手语动词存在着动词与论元的一致性关系,动词的方向性表明了手语动词与句子成分的一致关系,例如常用的手语动词"给、送、借、告诉、通知"等等,动词运动的起点和终点分别指向主语和宾语。手语动词与类标记手形的结合附带动作的工具信息(如手语动词"锤、梳、吃、洗、扫、敲"等);手语动词的运动路径与运动方向可以表示动作的持续状、进行态或完成状;手语动词的及物性强弱与动词的方向性有十分密切的关系。但作为一种在时空中架构的语言,聋生在手语动词中的使用经验却很难直接迁移到汉语句子的加工中去。

① 吕叔湘.句型和动词学术讨论会开幕词[M]//中国社会科学院语言研究所现代汉语研究室.句型和动词.北京:语文出版社,1987.

② 冯丽萍.认知视角的对外汉语教学论[M].北京:北京大学出版社,2013:158.

③ Ferretti T R, Mcrae K, Hatherell A. Integrating verbs, situation schemas, and thematic role concepts[J]. Journal of Memory and Language,2001, 44(4):516-547.

在成熟的汉语母语者心理词典中,动词存储的不仅是语义信息,还包含动词配价特征、句法信息、句法功能,也就是说,在句子理解过程中,动词一旦被识别,它的许多句法和语义信息立即被提取,并对句子的加工发挥重要作用。有研究发现,汉语母语者面对配价特征相同的动词时,如果它与相关名词的句法搭配特征形式不同(如二价动词"打扫"可直接搭配动元成分"房间",而二价动词"见面"则需介词"与、和"与动元"朋友"搭配),其激活方式也不一样。① 但聋生对汉语动词的语义指向性、动词与补足语成分的关联程度或者说对汉语动词配价能力的意识是模糊的、不敏感的,聋生在学习汉语的过程中常会写出"我见面老同学""爸爸带我暑假旅行北京""我感兴趣我的专业"之类的句子。从深层语义关系的角度说,"见面老同学""旅行北京"的受事和共事都是动词意义所指向的动元成分,但它们的表层句法结构形式是不同的。在汉语母语者的心理词典中,不同配价特征的动词会与不同性质、不同数量的名词进行联结,对服务类、协同类、针对类等动词来说,需要用介词将共事成分提前,形成"介词+共事+动词"的句法形式,如"和朋友见面、为后代着想"。② 聋生书面语句子中出现的偏误大多与句法有关,而动词又是句子的核心,因此汉语动词配价理论为对聋生的句子教学提供了一种新的思路。

(1)在动词教学中引进配价的观念

聋生作文中常见"我回去学校""我回去寝室"之类的句子,造成这种偏误的原因就在于他们不清楚"回去"是一个一价动词,只能有一个论元,后面不能再跟补语。在学习一个新动词时,教师可以把配价观念引进教学,在讲解动词意义的同时也把相应的配位方式教给聋生。如学习"回"这个动词时,教师可以告诉聋生,动词"回"与补足语的配位方式是"NP1+VP+NP2",然后给出相应的例句"我回学校了";学习动词"回去"时,也给出它与补足语的配位方式"NP1+VP"③,然后给出例句"我回去了"。学习了"回"和"回去"两个动词之后,可以把这两个词放在一起

① 冯丽萍,丁国盛,陈颖. 动词配价特征的心理现实性研究[J]. 语言文字应用,2006(2):66.

② 冯丽萍,丁国盛,陈颖. 动词配价特征的心理现实性研究[J]. 语言文字应用,2006(2):66.

③ 戴耀晶. 现代汉语动作类二价动词探索[J]. 中国语文,1998(1):1-5.

比较,引导聋生说出这两个词用法上有什么不同,再对聋生的发言进行总结,让他们领会到"回去"是一价动词,只能有一个补足语,而"回"是二价动词,可以有两个补足语。

当聋生对配价有了基本了解之后,讲解二价动词时就可以运用上面的方法。例如,在学习动词"见面"时,教师给出这个词与补足语的配位方式"NP1+和/跟 NP2(与事)+见面"①,然后给出例句"我昨天跟他见面了";讲解动词"服务"时,也给出它与补足语相应的配位方式"NP1+为 NP2(与事)+服务"②,然后给出例句"我为大家服务"。当聋生接触了更多的二价动词之后,教师可以引导他们总结这一类词的特殊用法,即与事宾语不能直接放在动词后面作宾语,而应该用介词引导在动词前作状语,动词与补足语的配位方式是"NP1+Prep NP2+V"。

语言学习应该遵循循序渐进、由易到难的原则,实际教学中不可能一下子给聋生讲这么多的知识,上述教学尝试只是为动词教学提供一种思路,也就是把配价观念逐步引入教学中,从简单的一价动词开始,再过渡到二价、三价动词。当聋生对动词配价概念有了基本了解之后,他们会慢慢树立起动词配价意识,并运用到日常写作中去。

(2)注重对词义相近动词的配价比较

汉语中有很多词义相近,但用法上有明显差异的动词,有些动词使用频率非常高,聋生习作中经常出现,因此要重视这些动词的教学,从配价角度帮助他们区分这些动词的用法,以减少语病。例如,"帮助"和"帮忙"两个词在词义上都表示"在别人遇到困难时替人出力、出主意或给予物质上、精神上的支持",但我们只能说"我不能帮助他",不能说"我不能帮忙他"。讲解这两个词时,教师可以把它们的价位、与补足语配位的方式告诉聋生,以帮助他们对这两个近义词进行区分:"帮助""帮忙"都是双向动词,也都可以带一个受事补足语,但是"帮助"的受事补足语可以出现在后边,而"帮忙"的受事补足语通常出现在"帮"和"忙"的中间,而不能出现在后边,可以说"他经常帮助我们""他帮过我们不少忙。"③

又如,"通知"和"告诉"在词义上都表示"把事情说给别人,使别人知

---

① 陈昌来.现代汉语不及物动词的配价考察[J].语言研究,1998(2):44.

② 鲁川,缑瑞隆,刘钦荣.交易类四价动词及汉语谓词配价的分类系统[J].汉语学习,2000(6):9.

③ 方绪军.近义动词的配价差异及其对习得的影响[J].海外华文教育,2003(4):11.

道",都是三价动词,它们与补足语的配位方式都是"NP1+告诉/通知+NP2(与事)+NP3(受事)",如,"老师通知我们晚上七点开会""老师告诉我们晚上七点开会",但两个词在用法上有区别。首先,在带有受事补语的情况下,"通知"的与事补语可以不出现,而"告诉"的与事补语不能不出现,可以说"老师通知晚上七点开会",但不能说"老师告诉晚上七点开会"。其次,动词"告诉"后面的受事补语如果是小句,这个小句可以用"不"或"没"来表示否定,两句表示的意思不同;但是"通知"后面的补语如果是小句,只能用"不"来否定,不能用"没",可以说"同学告诉我今天没上课"或"同学告诉我今天不上课",但不能说"同学通知我今天没上课"。①

(3)加大情景教学的力度

情景教学通过设置有意义的情景,让聋生在情景中开展言语活动,强调通过模仿、练习培养新的语言习惯,让学习者的语言能力在自然的、无意识的学习中得到培养。教师可以把要教授的动词放在具体的语境中,设置不同的情景引导聋生开展交际练习。比如针对低年级聋童的汉语教学,当讲授了"见面、握手、问好、送行"等二价动词后,可设计如下情景:

情景一:乐乐和思思两位同学周末一起去公园玩,请用学过的动词"见面"和介词"和"来做造句练习。

情景二:乐乐到思思家里做客,见到思思父母,请乐乐用动词"问好"和介词"向"来做造句练习。

情景三:乐乐要转学去外校读书了,请思思用学过的动词"送行"和介词"为"来做造句练习。

通过角色扮演活动完成造句练习后,再要求聋生对"见面、握手、问好、送行"等词语进行比较,让他们归纳出汉语不同的动词要用不同的介词来引导的语法特点:"见面""握手"之前要用介词"和"来引导,"问好"要用介词"向"来引导,"送行"要用介词"为"来引导。如果是面向高中或大学阶段的聋生,还可在此基础上进一步启发他们,动词与其补足语组成句子时,各自的位置往往是一定的。这四个动词有一个共同点,它们在语义上表现为支配两个必有成分,但在句法上,另一个必有成分是由

---

① 方绪军.近义动词的配价差异及其对习得的影响[J].海外华文教育,2003(4):12.

介词引导的，形成介宾短语被提到动词之前，因此宾语位置上不出现名词性的成分。对应到聋生习作中，今后就应该避免再出现"我见面老同学""我问好老同学"之类的句子。

汉语语法教学是有目的的行为，只有通过聋生自身的积极参与、内化、吸收才能实现。教师在教学中应努力为聋生创设语言氛围和沟通交际的环境，唤起他们积极的情感体验，调动他们的学习积极性、学习热情，使学习活动成为他们主动进行的、快乐的事情。用情景教学法开展动词配价教学可以把抽象的语法知识化解到情景中，让聋生在沟通交往过程中顺利地习得语法知识，从而实现预期教学目标。

总之，聋生书面语句子中出现的许多偏误都与句法有关，而动词又是句子的核心，引入汉语动词配价理论，可为聋生句子偏误分析和句子教学提供一种新的角度和思路。

4. 用语块理论指导聋生句子学习

语块（chunk of language）理论是由学者纳丁格（Nattinger）和德卡里科（DeCarrico）在 20 世纪 90 年代初提出的，他们把英语学习中学生对一些使用频率和接受程度很高的短语词汇（lexical phrases）称为语块，如"by the way，have no idea，look forward to"等，这些语块可以作为学习者语言习得后的既成规则和模式存在于人的记忆中，当组织句子需要时就会率先从存储中提取出来，以帮助人们完成语言组织，所以也叫预制语块[①]。语块已经具备了一定的语法功能和交际性，兼有语法和词汇的特征，它是一种语言使用惯例，暗含着一定的潜语境，作为整体被学习、使用，并保留在记忆中。语块具有因循性和约定俗成的特点，具有相对固定的形式和可预测的性质，能缩小期待的范围，预测语篇的内容[②]。近年来，语块教学已引起二语教学界的关注。

对于汉语语块的分类，国内学者看法不尽相同。比较有代表性的是周健的观点，他立足于对外汉语教学，将汉语语块分为三类：（1）词语组合搭配语块，如"做出—贡献""健康—快乐""共商—国是""可持续—发展"；（2）习用短语、熟语，含固定形式和半固定形式，如"三个臭皮匠赛过诸葛亮"，"撒腿就跑""没完没了""话又说回来"；（3）句子中连接成分、构

---

① 亓文香.语块理论在对外汉语教学中的应用[J].语言教学与研究.2008(4):54.

② 周健.语块在对外汉语教学中的价值与作用[J].暨南学报(哲学社会科学版),2007(1):100.

造成分等固定结构,如复句的关联词"一方面……另一方面……""不但……而且……""与其……不如……"。也有的研究者认为语块还应包括整个句子提供框架结构的词汇,如"所谓……""谈到……""就……而言""从……看出"等。

　　语块理论给对聋生的汉语教学提供重要启示:首先,如果聋生能够牢固熟练地掌握一些汉语固定语块,那么就可以大大减轻工作记忆负荷,将数量较多、关系复杂的词语转换成数量相对较少但信息更多的记忆单元,扩大记忆容量,提高单位时间的语言加工效率,加快阅读理解速度与提高正确率。其次,如果聋生头脑中储存了大量的汉语预制语块、日常套语公式性语块,他们就能在不同的交际语境中"信手拈来""出口成章"地使用具有某些特定语用功能的语块,生成规范、地道的汉语表达,降低表达错误率,提高语用水平。再次,掌握汉语语块还能在一定程度上诱发他们的学习动机,增强他们的自信心和学习汉语的积极性。用语块理论指导聋生句子教学可从如下几方面入手。

　　(1)强化聋生汉语语块意识

　　阅读教学中,教师可指导聋生寻找和确定语段中的语块,比如用画线法画出一个句子中的语块。让他们把语段中构句功能强的常用搭配找出来,并在此基础上将其作为一个整体来记忆、使用。下面以适用于小学中高段聋生的散文(凌叔华的《小哥儿俩》①)选段(注:有删改)教学为例来说明。

　　　　清明那天,不但大乖二乖上的小学校放一天假,连城外七叔叔教的大学堂也不用上课了。这一天早上的太阳也起得特别早,不等闹钟催过,它就跳进房里来,暖和地爬在靠窗挂的小棉袍上。

　　　　前院传来一阵小孩子尖脆的笑嚷声,七叔叔带来了一只能说会道的八哥。笼子放在一张八仙方桌上,两个孩子跪在椅上目不转睛望着那里头的鸟,爬在桌上乱摇身子笑,欢喜得像得到了一个宝贝一样。他们的眼,一息间都不曾离开鸟笼子。二乖的嘴总没有闭上,他的小腮显得更加饱满圆润了。

　　　　吃饭的时候,大乖的眼总是望着窗外,他最爱吃的春卷也忘了怎样放馅,怎样卷起来吃。二乖因为还小,所以都是妈妈替他卷好

---

① 凌叔华.小哥儿俩[M].北京:中国国际广播出版社,2013:5-7.

的,不过他到底不耐烦坐在背着乌笼子的地方,一吃了两包,他就跑开不吃了。

　　饭后爸爸带大乖二乖去听戏,两个孩子坐在车上还不断地谈起八哥。到了戏园,他们虽然零零碎碎地想起八哥的事来,但台上的锣鼓和打扮得花花绿绿的戏子把他们的精神占住了。

　　快天黑的时候回到家里,大乖二乖正高兴地跳着跑,忽然想到心爱的八哥,赶紧跑到廊下挂鸟笼的地方,不料只有个空笼子掷在地上,八哥竟不见了。

　　"妈——八哥呢?"两个孩子一同高声急叫起来。"给野猫吃了!"妈的声音沉重迟缓。大乖哭出声来,二乖跟着哭,从他们的哭声中听得出来,两个都很伤心。他们也不听妈的话,也不听七叔叔的劝慰,爸爸一脸无奈,出门做生意去了。

　　依据周健的分类,教师可指导聋生从课文中提取出三类语块:(1)习用短语、熟语语块,如"一息间、零零碎碎、目不转睛、花花绿绿、能说会道";(2)句子中连接成分、构造成分等框架语块,如"不但……连……也……""因为……所以……""一……就……""不过……""虽然……但……""也……也……""不料……""像……一样""从……听得出来";(3)词语组合搭配语块,如"沉重—迟缓、八仙—方桌、饱满—圆润、一脸—无奈、做—生意"。

　　(2)针对不同类型的语块开展讲解、记忆与输出练习

　　①习用短语、熟语语块

　　语段中"零零碎碎、目不转睛、花花绿绿"等固定化程度高的语块,不需要聋生变换使用,所以针对这类语块,只要讲解清楚含义,以及一般在什么场合下使用就可以了。比如,"他目不转睛地看着老师讲课"一句中,"目不转睛"表示注意力非常集中,通常在句子中作状语。语义讲解时,可采用例句讲解法,老师给出例句,聋生在教师的启发之下理解语块的含义。在此基础上,再创设语境进行练习,模拟真实的语言环境和场景,帮助聋生记忆这个语块可以在什么时候、什么场合下使用,使用时语气如何,看到别人使用时应做出什么反应和回答等。

　　②框架语块

　　框架语块在句子层面和短语层面起连接和承转的作用,有时以带空语块的形式出现。句子中的连接成分、构造成分都属于框架语块,它们

本身并不创造命题关系,但能使命题关系显性化,体现句子的联结规则,在句子理解中发挥着重要作用。从大学阶段聋生阅读理解测试和日常习作来看,框架语块是他们汉语习得的难点之一,这可能和手语句式通常较为简短,而且多为单句有关。如,汉语"与其毕业后去公司上班,不如自己创业当老板",手语用两个单句来表示:"毕业/公司/上班/不好/,自己/当老板/好。"汉语"我的个子比你高",手语也用两个单句来表示:"我/高/,你/矮。"聋生在汉语句子内部逻辑语义的衔接处理、句子内部结构层次的划分上显得非常吃力,他们的心理词典中缺乏这种汉语的框架语块意识,对汉语多重关系复杂句的理解可能尚处于较低的认知水平阶段。根据朱永生、郑立信、苗兴伟的研究,汉语句子中的连接成分一般通过连词、副词、时间词、连续的处所词、顺序词等来实现,这些连接成分概括而言具有如下三大功能:一是对前面"讲述"内容做进一步说明、评论或解释的"详述"功能;二是从正面或反面增加新的陈述或例外情况的"延伸"功能;三是提供或补充必要信息,从而加强语义并使其更加完整的"增强"功能。[①] 逻辑语义关系与连接词语对应关系如表 4-2 所示。

表 4-2　逻辑语义关系与相应的连接词语

类　型	序　号	连接关系	连接词语(举例)
讲述	1	换言	这就是说;这也是说;换句话说;换言之;具体来说;具体地说
	2	举例	拿……来说;例如;比如;譬如;比如说;举个例子;以……为例
	3	矫正	更准确地说;严格地讲
详述	4	题外	顺便说一下;附带说一下;补充一句;话是这么说;另一方面;至于
	5	毋论	无论;不论(如何);不管怎样
	6	列举	首先……,其次……,最后……;第一……,第二……,第三……;一则……,再则……;其一……,其二……;尤其是……;特别是……;一来……,二来……
	7	继续	回到刚才的话题;回到那个问题上
	8	总结	总之;综上所述;总的来说;总而言之;总的看来;概括起来说;一言以蔽之;一句话;总括起来;由此可见
	9	确认	其实;确切地说;老实讲;不瞒你说;说句心里话

---

① 朱永生,郑立信,苗兴伟.英汉语篇衔接手段对比研究[M].上海:上海外语教育出版社,2001:80-92.

类　型	序　号	连接关系	连接词语(举例)
延伸	10	肯定	再说;再则;而且;还有;此外;况且;更有甚者
	11	否定	也不;既不……也不……;再也不;并非
	12	转折	虽然……但是(可是/可/然而)……;可是;却;只是;不过;从另一方面来说;谁知;哪料到;岂料;岂知
	13	对立	反而;相反;反过来说;恰恰相反
	14	除外	除了;除此之外
	15	选择	要不;或者;不然;宁可……,也不……;与其……,不如……;或者……,或者……;要么……,要么……;是……,还是……;不是……,就是……
增强	16	时空	以后;尔后;而后;后来;此后;接着;正在这时;就在此时;(与此)同时 之前;原先;此前;事前;事先;以前;迄今;最后 立刻;马上;不久;不一会儿;不多时;稍后;半晌;下一次;再次;第二天;次日;一小时后;一年后;那天上午;当年;其间;一直;始终;到那时为止;此时此刻
	17	比较	同样;相比之下;与此相比;对比之下;与此相反;反之
	18	手段	由此;通过这种方法
	19	因果	因为……,所以……;之所以……,是因为……;由于……,因而/因此……;从而;于是;由于;结果;结果是;正因为如此;由于这个原因;以至于;既然……,就……;可见;怪不得;难怪;原来如此;果然;果不其然;终于;要不然
	20	目的	为了;为;以便;借以;旨在;好;为的是;以免;省得;为此目的;鉴于;考虑到
	21	条件	如果(假如/倘若/要是)……,就(那么/那/便)……;如果那样;那么;在这种情况之下;只要……,就……;只有……,才;除非……,才……;无论(不管/不论)……,也(都)……;否则;不然;要不是这样
	22	让步	即使(哪怕/就是/纵然/就算)……,也……;尽管如此;退一步说;固然;诚然
	23	话题	在这方面;在这个问题上;在其他方面;在(文章的)别处

　　框架语块的训练应考虑聋生对结构的把握,让他们能够在框架结构中填补正确的成分,举一反三。教师可采取引导法,给出例句和语块的语义,要求聋生找出语块的结构形式。上面例文中,可以引导聋生找出

"什么事物与什么事物有相似点"的框架结构(像……一样);找出事实、事件之间有前后因果关联的框架结果关联词(因为……所以……);找出意思为"出乎人们意料",表示转折的连词(岂料……)。还可以采取造句归纳法让聋生自己找出语块,理解语义。比如,给出系列例句"这件衣服左看右看,越看越喜欢。""她左思右想,还是决定放弃了。""顾不得周围人们左说右劝,他踏上了南下的列车。"要求聋生从句子中提取出框架结构"左……右……"。"左……右……"表示同类行为的多次重复,嵌入的成分相同或相近,一般在句中作谓语。

在书面语篇教学中,周健提出"框架化范文展示,学生填充式模仿"①是一种有效的语块法训练书面表达的方式,体现了语块的语法功能。他提供了这样一段范文:

中国人的姓氏到底有多少呢? 据最近的调查,中国人的古今姓氏实际上多达22000个。当代中国人使用的姓氏约有3500个。其中李、王、张、刘和陈是中国的大姓。如果把这五个大姓的人口加起来,估计就有三亿五千多万人,几乎占了中国全部人口的三分之一。

教师引导学生提取框架结构语块:

……到底有多少呢?　　　　　　　　　　　　　　　　　【设问】

据……调查(统计、分析、估算)……实际上多达(也有,刚到,不足)……　　　　　　　　　　　　　　　　　　　　　　　　　【回答】

其中……,如果把……加起来(算进去,扣除,除掉,除外),估计……,几乎占了(相当于,差不多,等于)……　　　　　【分析重点】

这些语块可以作为一种回忆线索,教师根据框架结构语块指导聋生进行填充式模仿写作,帮助他们习惯汉语的表达方式,熟悉汉语语法,从而生成正确的汉语句子,同时也有助于语篇整体意识的培养。

③词语组合搭配语块

搭配语块固化程度相对较低,在顺序和位置上搭配比较灵活,同一个词语有时可以和多个词语进行搭配。教师在教学中可采用替换法,帮助聋生理解语言表达中使用搭配语块的必要性。比如上面《小哥儿俩》

① 周健.语块在对外汉语教学中的价值与作用[J].暨南学报(哲学社会科学版),2007(1):99.

例文中"爸爸一脸无奈，出门做生意去了"一句中的"一脸无奈"，与"一脸"搭配的还可以是"茫然""沮丧""嘲笑"等，可以将其中的一个语块（如"一脸无奈"）作为常见的组合搭配语块，要求聋生强化记忆，然后将其余的搭配作为词汇联想的训练材料，帮助聋生缩小语义期待范围，提高语义预测的准确率。

语块训练的方式是多样的。可采取依文填空的方法，将课文中部分语块呈现在 PPT 上，让聋生来补足语块中空缺的部分，如"他们＿＿＿＿＿零零＿＿＿＿地想起八哥的事来，＿＿＿＿台上的锣鼓和打扮得＿＿＿＿绿绿的戏子把他们的精神占住了"。可以给出一个中心词，让聋生打手语依次说出可以与之搭配的词语；还可以设计连线题，请聋生将左右两栏的词语组合成正确的语块。正确使用语块的前提是正确的理解和准确的记忆，教师需要通过各种途径和手段，反复强调所学语块的形式和语义，以帮助聋生加深对语块的理解。课堂用语也要有意识再现课文中新学的语块，帮助他们不断巩固、强化记忆。在聋生完成理解和记忆之后，还应设计交际练习，帮助他们正确输出、运用语块。以例文中的语块"不料……竟"为例，可以请聋生将下面句子连接起来："大乖小乖非常喜欢这只八哥鸟，八哥在他们外出看戏的时候被猫叼走了。"可创设情境："学院通知大家本周周四、周五开运动会，周四早上下起了大雨。"要求聋生运用"不料……竟"造句。可给定话题，请聋生任选三至五个课文中已学习的语块来进行成段表达训练。

第四节　重视聋生汉语学习策略培养

随着认知学习理论的发展，学习者在学习中的作用越来越受到人们的重视。有效的学习者被视为一个积极的信息加工者、解释者和综合者，他能使用各种不同的策略来储存和提取信息，能努力使学习环境适应自己的需求和目标。不论日常教学还是调查研究都表明，学习策略与学习成绩高度相关，会使用高水平学习策略的学生通常能取得较好的学习成绩，而学习策略的选择和使用也会受到多种因素的影响。学习策略是可以训练的，在清晰指导的条件下训练使用不同的学习策略，可以提高学习者的学习效率,提高学习能力。[①]

由于关注视角和侧重点的不同,国外学者建立了多种类型的学习策略框架,比较有代表性的如形式策略、功能策略[②],直接策略、间接策略[③],认知策略、元认知策略与社会情感策略[④],等等。其中认知策略与元认知策略是语言学习中备受国内学者关注的两种策略:认知策略是指学习者在对学习材料进行直接分析、综合和转换等问题解决过程中采取的步骤或操作,它与完成具体学习任务直接联系;元认知策略是指学习者利用对认知过程的认识,通过计划、监控和评价来规范自身的语言学习活动,包括引导注意、自我管理等,元认知策略可以为学习任务的完成提供间接的支持。

在实际教学中,教师和聋生都迫切需要了解:应该训练哪些有利于汉语学习的认知策略与元认知策略,以及如何训练? 目前针对聋生语言学习策略方面的研究尚不多见,聋教育教师对学习策略的认识也有待提高。本节从学习者角度出发,提出聋生汉语学习认知策略与元认知策略的培养建议。

一、汉字学习策略

(一)汉字学习认知策略

一项面向外国留学生的汉字学习策略研究可为聋生汉字教学提供启示[⑤]。该项研究研制了一个汉字学习策略量表,其中汉字认知策略包括以下六种:(1)笔画策略,即学习笔画笔顺并且按照笔画笔顺书写;(2)音义策略,即注重汉字读音和意义;(3)字形策略,即注重汉字整体形状和简单重复;(4)归纳策略,即对形近字、同音字和形声字进行归纳,利用声符意符学习汉字;(5)复习策略,即对学过的汉字进行复习;(6)应用

---

① 冯丽萍.认知视角的对外汉语教学论[M].北京:北京大学出版社,2013:213-215.

② Bialystok E. The role of conscious strategies in second language proficiency [J]. The Modern Language Journal,1981,65:24-35.

③ Oxford R L. Use of language learning strategies: a synthesis of studies with implications for strategy trainingSystem[J]. System,1989,17:235-247.

④ O'Malley J M, Chamot A U. Learning strategies in second language acquisition [M]. Shanghai:Foreign Language Education Press,2001:114-150.

⑤ 江新,赵果.初级阶段外国留学生汉字学习策略的调查研究[J].语言教学与研究,2001(4):10-17.

策略,即应用汉字进行阅读和写作,在实践应用中学习汉字。汉字元认知策略包括两种:(1)监控,即对汉字学习中出现的错误进行自我监控,并对学习进展情况进行自我评价;(2)计划,即制订汉字学习的计划以及要达到的目标。应用该量表对初级阶段外国留学生的汉字学习策略进行分析,结果发现:留学生最常使用的汉字学习策略是字形策略、音义策略、笔画策略和复习策略,其次是应用策略,最不常用的是归纳策略。在元认知策略方面,“汉字圈”国家的学生比“非汉字圈”国家的学生更加经常使用制定计划和设置目标的元认知策略。

聋生的汉字学习策略是怎样的呢?笔者做了一项调查,要求大学一年级聋生对使用的汉字学习方法进行自我报告。结果表明,他们常用的方法是:(1)机械重复汉字的笔画、部件;(2)对汉字的整体外形展开想象,如“这个字看上去像……”。不常用的方式是:(1)利用声旁和形旁去归纳汉字部件组合的原则和深层构字理据;(2)对共用形旁的一组汉字字义进行类推理解(如通过“女”旁去识记一系列同义符汉字“姐、妹、娘、姨、奶、姑、婶、嫂、媳、姥、妇、妯、娌、妪、娥、婆、妻、妾”)。总体来看,他们对汉字构字系统规律缺乏认识。在元认知策略方面,他们缺乏制订汉字学习计划、设置汉字学习目标之类的意识,书面作业中书写质量不高,汉字书写不工整、不端正的现象较为普遍。调查还表明,到了大学阶段,大部分聋生已具备学好汉语书面语是将来职业工作所需的意识,但他们没有将这一工具性动机与将来所从事的职业岗位、职业情境对接,因此汉字学习动机不强。这也从一个侧面提示面向聋生的汉语教材应增加职业类、生活类选文的比重,改变过分倚重文学类选文的倾向。

聋生的汉字学习策略和元认知策略教学可从汉字自身特点出发来实施。象形、指事、会意、形声是汉字的四种主要构字法,其中形声字在现行汉字中占90%左右,比例高且覆盖率大。形声字以声符提示读音,以义符标明义类,又通过声符和义符构成互相关联的形声字家族。聋生由于听力缺失,汉字识别中很难利用声旁提供的语音线索,也不太可能像健听儿童或留学生那样随着汉字量的积累逐步发展出稳固清晰的声旁意识,因此形声字的教学重点不在声旁而在形旁。看形识字,鼓励聋生在汉字学习中有意识地运用归纳策略识记同形旁汉字,帮助他们在不依赖语音线索的情况下加强同形旁汉字之间的字义联结,进而扩大识字量,这是聋生汉字教学的主要策略。在此过程中,还需讲解形旁所表示的意义,以帮助聋生加深对形旁的理解。对于小学中高年级段聋生,当他们积累了一定汉字量后,可开展同形旁汉字识字趣味游戏,如归纳表示植物类形旁("木""禾""竹""瓜""果""豆""草")类汉字,表动物类形旁("虫""犬""鸟""羽""隹""鱼""牛""羊""马""豸""鼠""虎""鹿")类汉字,归纳与材料有关的形旁("金""土""耒""石""玉""田""气""皿""衣""纟""巾""皮""毛""革")类汉字,以及与"人"有关的形旁("人""彳""亻""子""儿""月""肉""身""骨""心""目""歹""耳""口""齿""言""手""曰""足""走")类汉字,通过类似的同形旁汉字的归类记忆游戏,帮助他们提高汉字识记效率。

(二)汉字学习元认知策略

就汉字学习元认知策略来看,应鼓励聋生树立明确的学习目标,指导聋生根据目标制订具体的汉字学习计划。比如,面对今后要从事与中式烹饪工艺相关职业的高等职业教育阶段聋生,教师可指导他们制订专门用途汉语学习计划:大一阶段系统掌握中国饮食流派、菜系、风味菜、筵席、原料、烹饪方法等相关汉字构成的烹饪领域术语,能区分并准确理解、使用"煎、炒、焖、炸、煮、烩、蒸"等汉字;大二阶段要能通读该专业汉语教材,能书写常见菜谱、菜肴制作流程及制作要点,汉字书写规范、无错别字,用字准确,表意清晰;大三顶岗实习阶段要能与企业指导老师开展熟练的笔谈交流,书面沟通基本无障碍。整个大学阶段应养成练硬笔字、记日记的习惯。教师应鼓励聋生经常使用制订计划、设置目标的元认知策略来调节、管理自己的汉字学习活动并加强督促和检查。

二、词汇学习策略

认知心理学的研究成果从不同角度探讨中文词汇的表征与加工方式,揭示了不同背景母语学习者的词汇认知规律,为我们分析聋生词汇加工过程,预测其发展趋势,提供词汇教学方法提供了参考。在词汇教学中,教师应帮助聋生建立心理词典中词素形—义之间的有效联结,建立词素与整词之间的有效联结,引导聋生合理利用词素和汉语构词法的知识来学习汉语词汇[①]。在基本相同的输入条件下,教师还应注意聋生个性差异对词汇学习的影响。不同的聋生个体对汉语词汇和词素的意识、对自身词汇学习方式的理解和监控,以及依据学习目标所采取的学

---

① 冯丽萍.认知视角的对外汉语教学论[M].北京:北京大学出版社,2013:135-139.

习策略有别,这些都会导致学习效果的差异。

(一)词汇学习认知策略

认知心理学界总结出了许多有助于学习者词汇习得的学习策略。基于奥马利(O'Malley)和查莫特(Chamot)的学习策略分类,笔者曾对大学一年级两个班的38名聋生的词汇认知策略做过一次问卷调查。调查表明,聋生对"重复""释义""拓展""归类""推测""构词法"六种词汇学习认知策略的使用有显著差异。他们常用的词汇学习认知策略是如下三种:(1)"重复"策略(有94.3%的聋生选择"经常使用"),即反复拼读或反复抄写。重复策略是聋生选择的最常使用的学习策略,记忆深度的提高离不开精细复述和大量反复的练习,抄写练习可以帮助聋生强化记忆,扩大词汇量,这也是他们从小学阶段开始就使用的学习策略。(2)"释义"策略(有77.8%的聋生选择"经常使用"),即以手语或汉语词典为工具,用已有的语言知识对新知识进行表述或解释。这种策略有助于他们理解词义,还有利于他们在新旧信息之间建立关联,达到"温故知新"的效果。(3)"拓展"策略(有65.3%的聋生选择"经常使用"),即通过遣词造句对词语进行操练,掌握词汇用法并加深记忆。许多聋生在课外生活中习惯用微信、QQ、短信等方式在手机上相互交流,这种自然环境下的语言交际不仅有助于词汇学习,帮助他们掌握日常使用的词汇,而且对于引导他们在关注身边的环境、事件中学习汉语也是非常有效的。笔者发现,日常生活中越是喜欢用微信、QQ等聊天工具的聋生,他们的言语交际能力就越强,汉语词汇量也更大。

相较而言,"归类"策略(有25.9%的聋生选择"经常使用")、"推测"策略(有33.7%的聋生选择"经常使用")、"构词法"策略(有16.3%的聋生选择"经常使用")是聋生不常使用的词汇学习认知策略。"归类"策略是根据词汇的语义场、类属、功能、同义或反义对词语进行分类记忆。归类可以帮助聋生建立词间的网络联系,激活其大脑中相应的词汇网络和知识图式,一有需要就能令其快速准确地提取和选择适当的词汇。归类策略有助于聋生将新知识内化于现有词库,扩展词汇网络,因此也是一种非常有效的词汇学习策略,需要教师在教学中加以重视,帮助聋生有意识地培养、强化。"推测"即猜测词义。调查表明,推测策略是中国学生学习外语的常用学习策略之一①,但在笔者的调查中,聋生使用得很少。遇到新词,聋生不善于利用上下文猜测词义,而习惯用询问同伴或查字典的方式来解决。如果词语的词典释义与语境义产生冲突,他们很难结合上下文对词典义做进一步的加工、转化。

聋生使用得最少的是"构词法"策略。构词法策略具有较强的生成性和事半功倍的学习效果,因此是一种重要的词汇学习策略。据统计,在现代汉语词素系统中,有些词素的构词能力非常强。苑春法等所建的汉语语素数据库中,可独立使用的自由词素有 2878 个(占 37.1%),不自由词素有 3295 个(42.5%)②。张凯以 3500 个常用字为基础建立的汉语构词基本字库中,构词能力最强的前 10 个词素为"子、人、头、大、心、不、水、生、学、地",构词个数均在 200 以上③。孙银新对《倒序现代汉语词典》的统计发现,作为词缀的"子"一共构成了 1003 个词④。上述数据提示我们,如果聋生能掌握汉语词汇系统内部词缀与词根、词根与词根多样化的组合规则,就可以借助词素意义来理解整词意义,极大地提升他们汉语词语的加工效率,扩展词汇量。比如"子"是汉语中常见的后缀,在"院子""桌子""个子""房子""裙子"中"子"是词缀,但在单独使用或其他词语中,还有"原子""义子"等意思。如果聋生掌握了"子"这个名词后缀的用法,也就获取了含有这些后缀的汉语词词义的重要线索,借助后缀意义和语境,提高含后缀"子"类词的词义加工效率。总之,教学中应加强聋生汉语词汇学习策略的训练与指导,强化他们的词汇认知策略意识,促进词汇知识建构和语言能力培养,使其成为自主语言学习者。

(二)词汇学习元认知策略

借鉴语言障碍儿童的评估方法,实施教学前应对聋生的词汇学习元认知策略进行评估。评估的常用方式有三种⑤:一是提供句子,请聋生"切词",计算组成句子的词汇数目,判断聋生是否能准确界定句中词汇

① 侯香勤.英语专业学生词汇习得认知策略及其训练研究[J].外国语文,2011(2):128-130.

② 苑春法,黄昌宁.基于语素数据库的汉语语素及构词研究[J].世界汉语教学,1998(2):7-8.

③ 张凯.汉语构词基本字的统计分析[J].语言教学与研究,1997(1):42-47.

④ 冯丽萍.认知视角的对外汉语教学论[M].北京:北京大学出版社,2013:135-139.

⑤ 锜宝香.儿童语言障碍:理论、评量与教学[M].台北:心理出版社,2013:185-186.

的边界。二是要求聋生进行真词与假词的辨识,如提供带词素"面"的"面塑""面纸""面尺""面生""面膜""面肥""面红"等词语,其中含有假词,测试聋生在词语辨识过程中是否具备反思能力,能否准确识别其中的假词。三是"词汇—意义"的判断,测试聋生分析词汇意义的能力。例如,让他们判断哪个词与"箴言"较接近,是"真言""忠言"还是"净言"。

评估之后开展指导性干预和示范教学。重视同伴的示范作用,让他们运用打手语出声思考策略互动交流。首先,让聋生相互提问、互当老师,在合作中产生最佳答案。互动交流中应提示聋生尽可能完整地告诉其他同学自己是如何猜测词义、如何做出选择的,并对自己的思维过程做出评价。其次,在出声思考过程中,不仅可以用手语交流,还可借助画图、动作演示、板书等方法,鼓励他们尽可能地展示自己内隐的思维过程,使课堂成为认知策略与元认知策略综合培养的场所。对聋生来说,思维过程的视觉呈现是非常有益的学习方法,教师可鼓励聋生上讲台,在黑板上画出某个字词的语义连图,供全班同学做进一步研讨,以"春"字为例,见图 4-3。

当聋生写下与"春"有关的若干词汇后,教师可提示他们寻找词汇之间的语义关联,用横线画出语义连图,对属于同一个上位概念的词作归类整理,如将"春卷""春酒""春饼"归入"民俗特征"类。也可提供"季节""气象特征"等上位概念引导聋生作发散思维训练,并邀请其他同学上台来陈述他们的思考过程,分享"春"的语义连图成果。

三、阅读学习策略

阅读不仅是聋生获取外界信息的主要途径,更是他们融入主流社会的必备技能,阅读教学对聋生的重要性不言而喻。认知视角下的阅读观认为,阅读涉及一系列认知与元认知过程,阅读能力的培养就是要将认知过程和元认知过程以阅读策略的形式教给学生[①]。概括来说,在阅读理解过程中,认知策略直接面向阅读过程,对阅读材料进行信息选择、加工、贮存和保持,它能优化信息加工过程,提高阅读效率,包括利用关键词、猜测词义、查阅词典、利用母语、自我提问、重复阅读、大声朗读等技能;元认知策略用于评价、管理、监控认知策略的使用,主要体现为阅读

---

①　张茂林.听觉障碍学生阅读策略及相关干预[M].南京:南京师范大学出版社,2016:27.

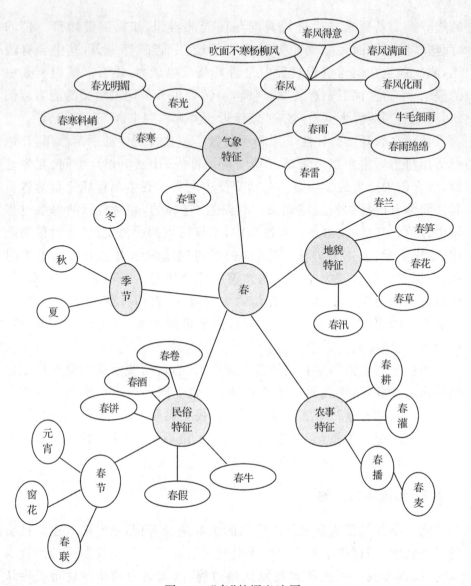

图 4-3 "春"的语义连图

者能积极监控自己的阅读过程,能够在必要的时候采取适当补救策略、调整策略去解决阅读中出现的问题,包括确定目标、选择材料、决定策略、监控理解、自我评价和调整等步骤。

(一)阅读认知学习策略

本书第三章第一节曾对聋生汉语阅读研究进行过综述,已有实验结论认为,聋生与听生阅读过程的加工方式相同,但发展滞后,聋生阅读水平低,阅读能力发展缓慢。聋生词汇量少,知识经验匮乏,更多依赖"自下而上"的加工方式完成阅读任务,即通过低层次的字词识别、解码到高层次的意义提取过程来完成信息的逐步加工,阅读过程中缺乏使用认知策略和元认知策略的意识。《聋校义务教育语文课程标准》(2016)对开展阅读教学提出如下建议:"注重培养聋生感受、理解、欣赏和评价的能力","加强对阅读方法的指导,让聋生逐步学会精读、略读和浏览","要重视朗读、默读及背诵的训练,重视语言积累和体验,培养语感"。① 课标中隐藏的关键问题是,教师应如何帮助聋生感受文本,如何增进理解并帮助他们提高阅读的效率。或者说,如何让他们掌握阅读的方法。课标对这一问题没有做进一步论述,而这正是教学实践中长期以来困扰聋教育汉语教师的难题,也是影响阅读教学质量的关键所在。笔者认为,只有以学定教,从聋生的阅读认知心理入手,抓住他们阅读过程中的薄弱环节,才能有的放矢地开展教学。具体来说,一是注重阅读背景知识的教学,二是重视聋生阅读策略的训练,三是重视阅读过程中聋生元认知监控策略的培养。

　　注重背景知识的教学②。阅读是已有知识经验与所阅读的内容之间建立联系的过程,已有的结构化的背景知识缺乏或不能在阅读中恰当使用,都会影响阅读效率。聋生阅读水平低下与阅读量少、相应背景知识缺乏、已有背景知识难以激活有关。笔者所在学院每年新入学聋生都会接受汉语阅读能力测试,所用试卷取自北京语言大学研制的面向母语非汉语者的汉语水平考试(HSK)五级试卷,试卷中有这样一道题:

　　　　他今年 30 岁,很年轻,在大学学的是法律,却对历史充满了兴趣。5 岁时跟爸爸去逛书店,一本叫《上下五千年》的书吸引了他。……上中学的时候他就读了《二十四史》和《资治通鉴》,这两本书连大学历史系的学生读起来都感到困难,他却一遍又一遍地读。

　　题目要求聋生对《资治通鉴》这本书做出判断。

　　　　根据上文,《资治通鉴》是:　　　　　　　　　　　　　　(　　)

---

　　①　中华人民共和国教育部.聋校义务教育课程标准(2016 年版)[EB/OL].(2016-12-01)[2018-07-05].http://www.moe.gov.cn/srcsite/A06/s3331/201612/t20161213_291722.html.

　　②　董蓓菲.语文教育心理学[M].上海:上海教育出版社,2006:169-175.

A. 很难读懂的法律书　　　　B. 很难读懂的历史书
C. 给中学生读的历史书　　　D. 给大学生读的法律书

笔者做了统计,一个班 20 个聋生中,选正确答案 B 的有 8 人,占 40%;答错的 12 位同学中,选 A 和 C 的同学各有 5 人。选 A 的同学把《资治通鉴》归入法律书籍,很显然他们缺乏有关背景知识,对我国重要的历史人物、经典的历史著作、标志性的历史事件缺乏了解。他们头脑中储存的已有历史知识无法与题干相匹配,A 成为他们的干扰项。选 C 的同学则认为《资治通鉴》是一本给中学生读的历史书,因为文中有"上中学的时候他就读了《二十四史》和《资治通鉴》"这句话,这给聋生提供了直观的视觉判断依据,他们据此认为《资治通鉴》就是给中学生读的,这与聋生日常生活中"看见什么就是什么"的直觉表象思维有关。而下文中很关键的词眼"连……却……"却没能激发他们对整句话做进一步的思考判断,"却"字背后隐藏的是一种更深层次的转折关系,需要聋生具备结合上下句关系进行逻辑推断的能力,这显然是比直觉思维更高层次的抽象思维能力。

背景知识的积累离不开大量的阅读。教师应给聋生提供足够的、不同题材和体裁的阅读材料,并督促聋生每天自觉完成相应的阅读量,养成每天阅读、终身阅读的习惯。要重视发挥课外补充阅读材料的作用,课内与课外阅读材料相结合:一方面增加聋生对所学词汇的熟悉度,扩充词汇量,加快词汇译码速度;另一方面丰富他们的阅读图式,重组认知结构,使相关知识的组织层次更为有序有效。在正式阅读一篇文章之前,应建议聋生采用自我提问策略,用浏览全文的方式回忆与文章有关的知识,激活头脑中已经储存的知识,让其处在备用状态,如"这篇文章涉及哪些背景知识?""我需不需要补充查阅某些背景知识?""这篇文章有哪些生字、生词?""我扫清阅读这篇文章的障碍了吗?"

开展针对性的阅读策略训练。主要方法包括:(1)查找关键词。通过做标记、画线等方式寻找关键词,引导聋生把注意力集中在有效信息上。(2)猜测。通过语言线索、语境线索让聋生猜测不认识的字、词的意思。(3)推理或联想。以上下文为依据,对作者希望表达而又未明确表达的意思进行推理,或根据当前阅读的内容,进行恰当的联想。(4)寻找中心句。从文章开头的总起句,篇章中反复出现的句子,议论性、抒情性语句,文章结尾的总结性句子去查找能够概括文章主要内容的句子。

(5)预测。根据当前字、词、句的意思及上下文,对文章后面的内容进行估计和推测。(6)复述。阅读完成后,用手语或书面语对文章内容进行复述。[①] 仍以上述 HSK 试卷为例,试卷中有这样一道题:

煤和石油目前仍然是人类使用的最重要的能源,然而煤和石油的大量使用,也对地球环境造成了严重的破坏。为了改善我们的环境,寻找新的绿色能源已经成为我们面对的新问题。

题目要求选出与原文内容表述一致的选项: (　　)

    A. 环境破坏得到缓解

    B. 煤、石油对环境的影响不大

    C. 人类已经找到了新的绿色能源

    D. 煤、石油目前对人类仍然很重要

同样在这个班,选正确答案 D 的有 7 人,占 35%;答错的 13 人中,选 A 的同学有 7 人,选 C 的同学有 5 人。为什么有那么多的同学选择了 A 和 C 两个选项呢? 乍一看,A、C 两个答案可以从题干表述中直接得到印证:题干中的"改善"与选项 A"缓解"在语义上存在关联;题干"寻找新的绿色能源"与选项 C"人类已经找到了新的绿色能源"意思相近。 显然,选 A、C 的同学没有有意识地运用推理、预测的阅读策略,而仅仅从 A、C 两个选项字面意思与题干相近就直接得出了结论。这道题考查的是聋生的反向推测、推理能力:寻找新的绿色能源,人类已经找到了吗? 这个问题人类已经解决了吗? 从题干"为了改善环境,人类需要去寻找新能源"推理应该能得出"目前还没有找到新能源"的结论。在此基础上再做进一步推论:正是因为没有找到新能源,所以煤和石油目前对人类仍然很重要,正确答案选 D。

大学阶段聋生的思维发育水平已趋于成熟,但从测试结果来看,他们的语言认知发展明显滞后于同年龄段的听生。 就阅读策略来看,这个年龄段的聋生在阅读中已经能有意识地运用复述策略,但在查找关键词、猜测、推理、预测等阅读的其他认知策略使用方面都明显弱于同龄听生。

---

① 张茂林.听觉障碍学生阅读策略及相关干预[M].南京:南京师范大学出版社,2016:113.

（二）阅读元认知监控策略训练

聋生在阅读时往往缺乏明确的目标意识，拿到文章就读，看得似懂非懂就开始动笔做题，做完题之后就放置一边，很少会主动地在读中质疑或读后反思。因此下发阅读材料前，教师应明确阅读目的，让聋生了解阅读任务要求。可设置一些问题，引导学生思考。比如："我的阅读目的是什么？""我打算采用哪些阅读方法？""从这篇文章的标题看，这篇文章主要是讲什么的？"如果聋生不能自主设立阅读目标，教师也可用明示的方法帮助他们设立目标。

在阅读过程中，教师应指导聋生识别文中的重要信息，将注意力集中于篇章中的主要内容，并对自己的阅读行为进行监控。比如，可引导聋生思考"我是否理解了文章？""我是否能分清哪些是文章的主要内容，哪些是次要内容？""我是否集中精力？阅读的目标是否实现？"由于阅读监控是一种内在的心理活动过程，人们难以观察到，这就给教师的指导工作带来困难。笔者的体会是，可用示范阅读的方法展现理解监控的过程，给聋生提供一个范例。具体做法是：先指定一段课文，与聋生一起默读，并假设自己在理解发生困难时，怎样思考，怎样采取措施，用手语、汉语讲解，将思维的过程展示给聋生。教师也可以假设自己的理解发生困难，请聋生来帮助他思考，采取措施。教师示范、师生互动的方法对发展聋生的阅读监控能力有极大的促进作用①。

阅读完毕，要检查阅读目的是否达成；当意识到理解失败后，应采取补救行动。比如引导他们思考"我的阅读目标完成了吗？""我把握了文章的结构了吗？""该记的知识我都记牢了吗？""我理解课文的每一个句子和段落了吗？""该应用的知识，我都能熟练应用吗？""在阅读中我有没有犯一些错误？若有，今后应该如何改进？"

有学者直接将元认知策略研究过程引进阅读课堂，训练学生研究自己的阅读活动，并且把所得结果运用到自己的阅读中。比如，教师先介绍一个新策略，然后要求学生在完成阅读作业的过程中加以使用，之后再填写一个"策略日志"②。

---

① 董蓓菲.语文教育心理学[M].上海：上海教育出版社，2006：182.
② Auerbach E R，Paxton D."It's not the English thing"：bringing reading research into the ESL classroom[J].Tesol Quarterly，1997(2)：246.

策略日志

1.策略名称:
2.行为描述:在阅读哪些句段的时候用到了这一策略,是怎么用的? 你做了什么?
3.策略效果:你认为这一策略有用吗? 为什么有用(或没用)? 说说这一策略对你的阅读速度和理解的影响。你会不会再次用它? 如果是,你使用的方法会有什么不同吗?

　　"策略日志"完成后,教师把每位学生的日志都打印出来,发给全班同学,使每位同学都有机会看到其他人对同一策略的看法,增进他们批判性地反思自己阅读过程的能力。

　　提高聋生阅读能力的策略有很多,从目前的教学实验看,丰富知识储备、激活背景知识、加大阅读策略及元认知监控策略的训练已被证明是有效的。[①] 开展学习策略训练的目的就是希望聋生把有意识的策略运用最终转变为无意识的策略技能,也就是尽量让聋生自动化地使用有效的策略,而不满足于把策略提升到"问题解决方法"的层面来使用。策略的培养离不开大量的训练,从这个角度说,传统阅读教学中的精讲多练原则、精读与泛读相结合原则、依据学习者水平分级教学的原则都是有科学依据的。

　　长期以来,聋教育汉语教学忽视了聋生认知策略和元认知策略的培养,课堂上强调教师的"教",忽略了聋生的"学"。如果能把成熟母语者的学习策略教给聋生,并通过训练使之内化为他们的学习技能,无疑是有助于提高他们的阅读学习效率的。聋教育教师应积极吸纳认知心理学研究成果,了解聋生阅读心理加工机制,借鉴或自主开发阅读测评工具,对任教班级聋生的整体阅读水平进行合理评估,进而提出改进策略,开展针对性的教学干预、提高他们的思维能力和阅读水平。

　　值得一提的是,在实际教学中,同一个班聋生个体差异非常大,阅读水平参差不齐,因此教学中应处理好字词句教学和聋生学习策略训练两者间的关系。笔者的体会是:即使到了大学阶段,对于汉语水平低的聋生,增加他们的汉字识字量、培养他们的构词意识和汉语句法意识,以及增加他们的汉语知识储备仍是非常重要、艰巨的任务。因为他们在字词

---

　　① 宋永宁,杜晓新,黄昭鸣,等.组织策略及其对聋校语文阅读教学的启示[J].中国特殊教育,2007(1):22-25;张茂林,杜晓新.基于眼动分析的聋人大学生理解监控能力研究[J].中国特殊教育,2012(7):49-54;袁茵,张宁生.听觉障碍中学生汉语阅读辅助策略研究[J].中国特殊教育,2006(1):41-44.

识别方面遇到诸多困难,在阅读过程中花费大量时间精力用来进行字词识读,阅读过程中仍以"自下而上"的加工为主,整体的理解水平较低。当他们在字词、句法方面还存在大量阅读障碍的时候,要求他们对自己的阅读行为进行监控,这恐怕是"巧妇难为无米之炊"。而汉语水平较高的聋生在正字法意识、词法、词汇量方面已经有了较多的知识储备,他们就能将更多的资源分配到策略的使用上,调动尽可能多的策略来处理阅读中遇到的各种问题,对文本的理解程度自然也就更高。因此,面向这部分同学的汉语教学,应有针对性地强化认知与元认知思维训练。总之,聋生的汉语水平是制约他们使用认知策略和元认知策略的重要因素。从教学顺序安排和教学内容的侧重上看,学习策略教学应放在词汇、语法教学之后,特别是在基础教育阶段,汉语字词句教学仍是首要的教学任务。

第五节 本章小结

在前三章基础上,本章围绕聋教育汉语课程建设与教学问题,依次展开了四方面内容的探讨:一是聋教育汉语课程的属性与定位;二是聋教育汉语课程内容的重构;三是如何基于认知规律开展对聋生的汉语教学;四是关注非智力因素在聋生汉语学习中的作用,强调将元认知与认知策略纳入教学设计与课堂管理之中。

面向聋生的汉语言教学将课程名称定为"汉语"更恰当。"语文"面向母语学习者,"汉语"面向二语学习者,汉语是聋人的第二语言。汉语是聋生学习、工作、生活的重要工具,学习汉语的目的是让聋生具备正确使用汉语言文字的能力,具备应对各种信息的沟通交际能力。"汉语"是一门让聋生学习及应用语言的课程,工具性是其突出属性。

聋教育汉语教学应避免教学目标多元化,处理好手语、手势汉语、书面语三者之间的关系,把提升聋生的汉语应用能力作为教学归旨,培养聋生"正确使用祖国语言文字的能力"。聋生语言习得包括手语习得和汉语习得两方面,建议依据聋生语言习得现状开展汉语教学,处理好"自然手语""手势汉语"与"汉语书面语"三者间的关系,认可"手势汉语"在教学中的作用,自然手语、手势汉语在教学中根据需要灵活选用。

聋教育汉语课程内容的重构包括对聋生开展汉语水平测试评估、选取课程内容要素、开展课程设计、确立教学方法等步骤。高等教育阶段聋生汉语课程可开设"高级汉语""专业汉语"两门课程。其中"高级汉语"课程以"汉语阅读与写作"为主体，以"手语汉语互译""沟通与交流：手语与笔谈"为两翼，将三者统整起来实施教学。继续强化汉语阅读、写作技能培养，凸显手语汉语互译、笔谈应用能力的教学，全方位提升聋生汉语应用水平。

作为特殊的学习群体，视觉信息的输入成为聋生获取信息的主渠道，他们的语言学习必然具有与听生不同的特点，汉语教学应遵循聋生的认知特点和规律，基于他们的学习特点设计教学、实施教学，提高教学效率。在汉字教学方面，要选好常用汉字，加强汉字识记训练；根据字形解释字义；知识与能力并重，引导聋生建立稳定有序的心理词典。在词汇教学方面，应发挥聋生手语思维优势，在比较中掌握手语"音位"和构词法，构建语义网络，建立手语与汉语词语意义的对应关系，重视汉语词语语法义与色彩义；用认知语言学相关概念加深对手语、汉语本质规律的认识。在句法教学方面，借鉴母语者句子加工的语法认知机制，在传统的中心词分析法、层次分析法的基础上，引入动词配价理论、语块理论指导聋生的句子学习。

此外，在教学实践中，教师应处理好字词句教学和聋生学习策略培养两者间的关系，开展认知策略与元认知策略的训练，提高聋生汉语学习效率。

第五章　聋生汉语教学活动设计

　　本章包括四个教学活动设计。教学设计所选篇目出自笔者所在学院语言教研室集体编写的聋生《大学语文》教材,该教材由傅敏老师主编,2014年9月经浙江工商大学出版社正式出版。

　　根据人才培养方案总体规划,笔者所在学院语文课程面向各专业开设,是大学一年级聋生的公共必修课。从学情看,大部分聋生的听力障碍水平为中重度,手语是他们的日常生活语言。经语言教研室教师集体研讨和前期试测,笔者与同事采用改编后的汉语水平考试五级试卷对2016—2018级新入学聋生进行了连续三年的汉语水平摸底考试。汉语水平考试是国家汉办组织的一项国际标准化考试,重点考查汉语非第一语言的考生在学习、生活和工作中运用汉语进行交际的能力,改编后的试卷适合考查聋生的汉语应用能力。近三年的测试显示,聋生的阅读理解平均得分为65.8分,写作平均得分为55.4分。考试分析表明,大学一年级聋生已经能理解2500个以上汉语词,能读懂不太复杂的句子,具备独立阅读报纸杂志,欣赏带字幕的影视节目的能力。但总体而言,词汇量有待增加,对汉语复杂句式、句群的理解能力有待加强,尚不具备流利阅读专业领域文献的能力。就写作能力而言,识字量、词汇量不足,汉语句法意识欠缺是制约他们汉语书面语表达的主要因素。他们可以就熟悉的日常话题与听人进行简单的笔谈交流,但有相当一部分聋生不能用笔谈方式清楚、准确、流利地表达自己对某些事件、问题的看法见解。此外,从影响学习的心理因素看,他们学习汉语动机不强,欠缺语言学习的策略意识,学习自觉性不够,课堂上习惯于看老师讲解,缺少主动参与的意识。他们思想较为单纯,看待事物、分析问题容易停留于表面,有较强的模仿能力和动手能力。

基于聋生学情,我们把汉语教学目标定位在:在中学学习基础上,继续培养聋生"正确使用祖国语言文字"的能力,以提升他们的汉语应用能力为宗旨,在阅读与写作、手语汉语互译与笔谈教学中开展适合其认知特点的文本的抽象性、词汇的丰富性、语法结构的复杂性训练;积累汉语词汇,熟练掌握汉语基本句式,提高手语—汉语之间的转译能力,为他们能够胜任今后工作岗位中的各种交际任务,顺利融入主流社会奠定语言的工具性基础。同时,要让他们树立提高语言运用能力就是增进、改善思维水平的意识,激发他们热爱、珍视汉语的情感,唤醒他们提高语言能力的志趣、责任感和主动性,提高他们的语言素养。

第一节　发挥可视化资源的作用
——《藏羚羊跪拜》教学实录

一、设计思路

《藏羚羊跪拜》是作家王宗仁的作品,曾发表于 2000 年 9 月的《新民晚报》。这篇文章讲述了一个非常感人的故事:一只怀孕的藏羚羊为了保护腹中的孩子,以跪拜的方式乞求猎人放生。但老猎人却扣动扳机,杀害了母羊。老猎人得知真相后,后悔不已,从此放下猎枪,云游四方。

前几届教学反馈表明,这篇课文阅读难度不大,聋生能借助工具书读懂课文大意,也能在课堂上用手语较为生动地讲述这个故事。但有些同学内容讲述得不够完整,没有抓住课文的主要情节,特别是在把手语转换为书面语时,还存在较多的问题:词汇贫乏、句子简单、遗漏信息等。如果能把手语中的这些信息记录下来,他们就可以把汉语句子写得更长、更生动,提高汉语书写与表达能力。怎样让他们用书面语把手语中的这些信息完整地记录下来呢?影视图像接近他们的形象思维,聋生对影像信息有一种特别的亲近,与文字相比,他们更倾向于从直观的画面中获取信息。笔者决定换一种教学思路,让学生从阅读《藏羚羊跪拜》的故事短片入手,用故事短片辅助汉语阅读,用视觉媒介帮助他们把握故事情节,理解课文词句;以短片为载体,帮助他们提高手语与汉语书面语之间的转写能力。基于这样的思考,笔者对这篇课文做了如下设计。

【课前准备】

教学课件,教案,"藏羚羊跪拜""斑羚飞渡"视频、图片,学习单。

【教学目标】

1. 能运用本课词语和句式结构基本完整地复述课文内容,词语和句式的正确使用率在 90% 以上。

2. 能细致地观察画面,用准确的动词、形容词完成"藏羚羊跪拜"情节中的细节描写。

3. 能用手语自然、流畅地讲述课文大意,叙述过程中注意手语、书面语的转换,手语自然、流畅、有节奏感。

【教学重点和难点】

1. 理解并记忆课文内容,完整地复述故事情节,语句通顺,无语病。

2. 展开合理的联想和想象,补充视觉画面中观察到的信息,并用书面语完整地写下来。

【教学方法】

讲授法、多媒体演示法、集体讨论法、写作练习法。

【教学时间】

共 2 课时,一讲,约 90 分钟完成。

二、教学过程

(一)图片呈现,自然导入

导入语:在美丽的可可西里,生活着一种雪域精灵,它们体形优美,性格刚强,动作敏捷,善于奔跑,常常出没在人迹罕至的地方,人类极难接近。这幅生动的画面描绘的是什么动物,大家知道吗?

(生:"藏羚羊")

对,它就是藏羚羊。今天,就让我们带着崇敬的心情走近藏羚羊,走近老猎人,去了解藏羚羊与老猎人之间发生的故事。老师先给大家播放这个故事短片,大家边看边思考:这篇课文主要讲了一件什么事?

(二)播放短片,手语概述

PPT 出示要求:认真看短片,看完后用自己的语言复述故事内容。

复述故事力求简洁、完整、清楚。

（观看短片的目的既是帮助聋生熟悉故事情节，又在于提高他们的概括能力。）

师：看完之后，请几位同学说说，这则故事主要讲了什么内容？

生1：老猎人/杀/一/羚羊。

生2：老猎人/开枪/杀/一/羚羊，羊/怀孕，羊/死。

生3：有一天/早上/，老猎人/出门/看到/一/藏羚羊/，母羊/跪下/，开枪/，母羊/死了，老猎人/后悔。

（在老师的提示下，有的同学能用手语较为完整、清楚地描述故事的主要内容。但也有的同学发言时比较犹豫，打手语的时候出现停顿，语句表述不连贯，情节复述不够完整。）

（三）生生合作，汉语复述

师：请根据PPT的提示，在刚才手语复述的基础上，用词语、短语把故事补充完整。注意尽量使用课文中的词语。

（出示PPT）

在藏北高原，有一天，一个手握……的……和往常一样去……，他发现了一只……的藏羚羊。他……那只羊准备……，可是那只羊却……在老猎人……，老猎人扣动扳机，那只羊……。那天晚上，老猎人……。第二天，老猎人对那只羊……，他才发现……。老猎人陷入了深深的……和……之中，他……杈子枪和……，从此……了。

师：接下来我们再进行分组练习，老师会擦掉其中的一些词句，请同桌相互打手语复述给对方看。我们来挑战一下，看能不能复述出来。

（出示PPT）

在……，……，一个……和……一样去……，他发现了……。他……，可是那只羊却……，老猎人……，那只羊……。那天晚上，老猎人……。第二天，老猎人……，他才发现……。老猎人……，从此……了。

（这个教学环节旨在通过由简入繁、由浅入深填补空白复述的方式来反复练习课文，从实际效果看，可以使聋生较好地掌握整篇课文的内容。）

师：有没有同学自告奋勇，站起来复述给全班同学看？

生：在藏北高原，有一天，一个手握杈子枪的老猎人和往常一样去打猎，他发现了一只肥壮的藏羚羊。他瞄准那只羊准备开枪，可是那只羊却跪拜在老猎人面前，老猎人扣动扳机，那只羊倒下了。那天晚上，老猎人久久不能入眠。第二天,老猎人对那只羊开膛剖肚,他才发现母羊的肚子里有一只成型的小羊。老猎人陷入了深深的自责和悔恨之中,他埋掉了权子枪和藏羚羊母子,从此消失了。

师:请大家在学习单上完成复述练习,用自己的话把故事情节写下来,注意用词准确,语句连贯。

(通过"看短片—手语复述—自读课文—抓关键词、汉语填空复述—手势汉语连贯复述—汉语转写"六个步骤,训练聋生抽象思维和概括能力,同时也训练手语与书面语之间的转写能力。手势汉语的概述要求聋生能用汉语语序、汉语词语准确地将课文内容表达出来,同时需要他们抓住课文主要情节,学会完整复述。通过填空复述、分组复述、示范复述活动增加复述难度,在反复训练中固化他们的书面语句法意识。)

(四)细读梳理,动作模拟

师:找出课文中关于母羊细节描写的句子,把它圈画出来,再反复读一读。

(PPT 出示课文段落)

老猎人举枪瞄了起来,奇怪的是,那只肥壮的藏羚羊并没有逃走,只是用乞求的眼神望着他,然后冲着他前行两步,两条前腿扑通一声跪了下来,与此同时只见两行长泪从它眼里流了出来。

师:这是多么感人的画面啊!让我们再一起来回顾一下短片中母羊跪拜的镜头,等会儿请一位同学上讲台来模仿一下母羊的动作,其余同学从课本中圈出与这些动作相对应的动词,填写在学习单上。

(播放短片中母藏羚羊跪拜细节。)

生1:乞求的眼神、望、冲着老猎人前行两步、跪

生2:两行长泪从它眼里流了出来

生3:上台模拟母羊"乞求地望着"—"前行两步"—"跪下来"—"流泪"

(聋生非常善于细致入微地观察事物,能形象、生动地模仿一些具体的动作、神态,让他们上讲台来表演,不仅能发挥他们的动觉优势、活跃课堂氛围、调动他们参与的积极性,更为重要的是,能让他们在这些动作、神态中,建立起与书面语动词之间的对应关系,在心理词典中构建具体的手势动作与书面语动词的语义联结,帮助他们在语境中领会这些动词的用法。在 PPT 上把这些动词用不同颜色、字体等强调、凸显出来,起到了强化视觉刺激,提示学习重点的作用。)

师:是什么让这顽强的雪域精灵向老猎人屈服、跪拜呢?

生：(不约而同地)打手语"母爱！"

师：是啊,课文中有一句话："天下所有慈母的跪拜,包括动物在内,都是神圣的。"请大家找到这句话,全班一起打手语,读两遍。

生打手语齐读。

(五)展开想象,补充细节

师：母藏羚羊用眼神来央求,用跪拜来哀求,用长泪来乞求,它是在求猎人什么呢？请大家模仿藏羚羊的口吻,在学习单上补上母羊想对老猎人说的话,把刚才学过的这些动词用起来。比一比,看谁写得又长又好又生动。

生 1：我是一只怀孕的母羊,你不要杀我。

生 2：求你放了我吧！ 我怀孕了,我跑不动了。

(课文学到这儿,聋生心里都明白,母羊请老猎人放过它是因为腹中的孩子。他们对这幅画面已有深切的心理体验,但落笔之后有的同学句子还是比较简短,用词也较简单,个别同学还会写错字。这里是聋生学习的难点,需要教师放慢教学节奏,加以提示、讲解。)

师：刚才上台表演的同学动作表现得很传神,大家也已经把课本中的动词圈出来了。大家可以再对照课文,回忆一下刚才短片中的画面,把这些动词用起来。

生 3：老猎人,你看见我乞求的眼神了吗,看见我流下的长泪了吗？动物和人是一样的,也是有感情的啊！ 如果您要杀害我,请不要伤害我的孩子！ 我扑通一声向您跪下了！

(教学中往往会碰到这样的情形,聋生无法凭借自己的语感来判断句子写得是否通顺,用词是否准确,这时就需要教师做一些讲解。 生 1"我是一只怀孕的母羊,你不要杀我",在"你不要杀我"前可加上"请"字,改成"请你不要杀我",加上敬辞"请"有"恭敬、恳请"的意思,更符合当时的对话语境与交际氛围。第二句"求你放了我吧！"可以改成"求求你放了我吧！"两个"求"重叠具有动作多次重复的意味,有苦苦哀求、再三恳求义。该句还要提醒聋生语气助词的准确使用,"吧""啊""吗"不能随意换用,生 2用"吧"体现了交际中话语的礼貌原则和协商策略,具有推进话语功能,语气是正确的。后一句"我怀孕了,我跑不动了"两个小句主语相同,可删掉一个主语,避免重复,改成"我怀孕了,跑不动了"。生 3能把视觉记忆中的画面用母羊的口吻写出来,又能结合课文中刚学过的动词、短语把句子写得比较长且通顺、生动。

这个教学环节同时请了几位同学到黑板上来写，并对他们写的句子做订正、修改，还请了一位平时写作较好的同学到黑板上来做示范，通过对比、比较，让他们自主修改，培养书面语句法规范意识。）

（六）视频复述，巩固提高

师：这次课我们借助视频进行了课文内容的复述训练和词句训练。课后有一个小练习，老师给大家准备了《斑羚飞渡》故事视频，请大家先看两遍，然后结合老师给出的词句理清思路，讲述给同学看，最后把复述的内容完整地写在学习单上。

（训练复述能力的过程是搭脚手架和撤脚手架的过程，笔者选择了与课文主题相近的《斑羚飞渡》一文开展课外拓展活动，希望聋生能结合老师提供的句式，选择合适的词语，结合上下文提示，完成成段的表达训练。）

三、课后反思

手语转写成书面语一直是聋生汉语学习的难点，也是教学的重点。这次课做了利用故事短片辅助聋生理解课文、进行写作的尝试，其间共播放了两次短片：一次是完整播放（5分钟），以帮助聋生概述故事大意；一次是择要播放（2分钟），让聋生观看细节，捕捉课文中的动词。适量的视觉刺激可增加他们对文字信息的回忆与识别，提高语言学习效率。从教学效果来看，还是符合预期的，完成了归纳与复述、联想和想象两项思维训练目标：思维训练离不开聋生的语言实践，需要他们深入课文，扎实开展手语、汉语实践。

句子的产出需要头脑中的概念经手语中介到汉语的输出过程，在这个过程中需要对词汇、句法、语义、语用各个层面进行控制与协调。因此，即使对大学一年级的聋生而言，要写出一句完全得体的汉语句子也不是一件容易的事。本次课教学目标之一是希望他们能在短片的启发下，结合课文的动作描写析出母羊心理描写的句子。从聋生写的句子来看，他们在书面语输出中还存在着一些困难，而且不同聋生个体之间差异比较大。对部分汉语水平薄弱的聋生，还需要笔者花时间在课外予以个别指导，帮助找出问题，让他们觉察到书写中的偏误现象，并逐步向正确、地道汉语靠拢。

多媒体信息属于可视化教学资源，可视化教学资源能提供新异的、特征明显的视觉刺激,这对听力缺失的聋生显得尤为重要,是他们从外界获取信息的主渠道。教师要善于在课堂中调动、运用这些资源,吸引聋生的注意力,提高课堂教学效率。除传统的图片、多媒体信息外,还可开发其他可视化资源以辅助聋生学习,如绘制概念图、思维导图、组织框架图等,这也是后续值得深入探究的课题。当然,可视化资源的使用并不意味着教师成为课堂中的"媒体播放员",图片或视频信息过多也会干扰聋生的注意力,不利于聋生语言能力和抽象思维能力的培养。如果认为聋生一看视频就明白了故事大意而忽略了课文的阅读环节,这显然是不对的。

四、学习单

藏羚羊跪拜

一、用自己的话把故事内容大意复述一遍,注意用词准确,语句连贯。

二、根据课文内容填空。

老猎人举枪(   )了起来,奇怪的是,那只肥壮的藏羚羊并没有(   ),只是用(   )的眼神(   )着他,然后(   )着他(   )两步,两条前腿扑通一声(   )了下来,与此同时只见两行长泪从它眼里(   )了出来。

三、请模仿藏羚羊口吻,写下母羊想对老猎人说的话。要求展开想象,争取把句子写得长一些。

第一次:

第二次(修改后):

四、《斑羚飞渡》复述。

提示:一群斑羚被……逼入……,前方是……。斑羚要想……,必须跨越……跳到……。当斑羚们发现……时,显得多么……,其中一只老斑羚竟想奋力……,结果像……一样笔直坠落下去。这时,两座山峰之间出现了……,形成一座连接……的特殊"桥梁"。受到彩虹的启示,镰刀头羊把……分成……,并……搭档一起向……飞渡。……先起跳,借助……技巧和……在老斑羚背上……一下,成功地……。随着……的飞渡,一只只老斑羚……。依靠……方式,斑羚完成了……。

第二节　随课专题语法补偿——《窗》教学实录

一、设计思路

《窗》是澳大利亚作家泰格特的作品。作者在小说中设置了两个人物：靠窗的病人和不靠窗的病人。靠窗的病人每天为不靠窗的病人描绘窗外美景和正在发生的一切，久而久之，不靠窗的病人产生嫉妒心理，对靠窗病人见死不救，堂而皇之地取得靠窗的床位。然而，费尽心机的他最终看到的却是一堵光秃秃的墙。

小说虽然只有 1200 余字，但内涵十分丰富。在《外国小说选刊》发表后，不久即选入多个版本的中学语文教材。面向普通中学的语文教学，教学重点多放在小说精巧的构思、对比手法的使用、"欧·亨利"式的结局以及小说主题的探究上。从实际教学来看，这些文意理解、写法探讨与大学阶段聋生的语言基础、学习需求存在一定差距。曾有聋生下课后告诉笔者，课文写得好，写得美，结尾有趣。当笔者进一步追问：作者揭示了怎样的人性？结局巧妙在哪里？课文标题"窗"有哪几层含义？聋生要么回答不出来，要么就是翻看老师上课时讲过的 PPT。总之，他们的语言基本功还不过关，文学鉴赏取向的作品探究对他们来说还有难度。面向聋生的汉语教学有别于听生的语文教学，需要老师适时开展随课语法补偿，开展语言训练。

笔者在课前下发了一份摸底练习，经过测试发现，聋生的问题主要集中在成语、连接词、量词的理解与使用上。课文有三方面内容可供聋生开展语言训练：一是可针对"扣人心弦、彻夜难眠、不得而知"等 14 个成语开展手语翻译、汉语释义、语境义理解及造句练习。二是课文 1—3 段有"其中，当然，既……又，……只有"等 11 个连接词语，可利用这些词语开展上下文逻辑语义训练。三是课文第五段的 7 个量词。量词在课前测试中的偏误率最高，于是笔者决定把本次课的教学重点放在量词的教学上。

【课前准备】

摸底测试、教学课件、教案、学习单。

【教学目标】

1.掌握"数＋量＋名"结构，了解量词"座、群、对、块、场、排、泓"的语义特征，掌握其用法，能完成学习单语法练习，正确率达到90％以上。

2.能唤起心理词典中的相关词汇，与上述量词搭配使用。

3.能运用比较、分类、归类等策略加深对所学量词的理解，并运用到日常交际中去。

【教学重点】

1.了解手语"类标记"概念，能从物体性状特点出发去思考汉语量词和手语类标记的共同点。

2.了解"个体量词""集合量词"概念，能对所学量词进行分类，初步比较两类汉语量词的异同。

【教学方法】

讲授法、举例法、讨论法、练习法。

【教学时间】

共2课时，一讲，约90分钟完成。

二、教学过程

(一)课前测试，了解学情

课文第五段是集中的环境描写语段，出现了"座、群、对、块、场、排"6个常用量词和"泓"1个不常用量词。笔者抽掉了语段中的量词，让聋生依据语段做课前填空练习，调查他们对量词的掌握情况，结果非常不理想。7个量词全部用对的学生为零，统计全班22位同学的答案，正确率仅为21.7％，错误用例有"一场/支/只公园""一江/条湖水""一只/对/条野鸭、天鹅""一个/人/位年轻的情侣""一张/片网球场""一个/座/把滚木球的草坪""一片/块商店"等等。此外，"个"的泛化使用现象明显，如"一个/公园/湖水/野鸭/网球场/草坪/商店"。当笔者询问他们做这些题目的时候，心里是否有确定的答案时，很多同学都说没什么把握，是模模糊糊凭感觉写的，平时手语中很少会用这类词。

(二)出示语法点，导入教学

师:靠窗病人虽身患重病，但他热爱生命，凭借残剩的精力、羸弱的病体和满腔的热情极力想象，描绘出一幅幅优美的图景，展现出窗外生机勃勃的景象。靠窗病人以此来激励自己同病魔作顽强的斗争,同时也激发病友的生存欲望。请自读课文,找一找,课文中这些描绘优美图景和人类活动的句子主要集中在哪一段?

生:第五段。

师:这节课我们重点学习这段话,体会课文中量词的用法。

(PPT 出示课文语段,组织聋生打手语、齐读课文中的这段话)

很显然,这个窗户俯瞰着一(座)公园,公园里面有一(泓)湖水,湖面上照例漫游着一(群群)野鸭、天鹅。公园里的孩子们有的在扔面包喂这些水禽,有的在摆弄游艇模型。一(对对)年轻的情侣手挽着手在树荫下散步。公园里鲜花盛开,主要有玫瑰花,但四周还有五彩斑斓、争相斗艳的牡丹花和金盏草。在公园那端的一角,有一(块)网球场,有时那儿进行的比赛确实精彩,不时也有几(场)板球赛,虽然球艺够不上正式决赛的水平,但有的看总比没有强。那边还有一(块)用于玩滚木球的草坪。公园的尽头是一(排)商店,在这些商店的后边闹市区隐约可见。

(为唤起聋生视觉注意,语段中的量词用宋体加括号表示。)

(三)与手语对比,解释语法点

师:请一位同学上讲台来,把这些带有量词的短语依次指出来。

生:一(座)公园;一(泓)湖水;一(群群)野鸭、天鹅;一(对对)年轻的情侣;一(块)网球场;几(场)板球赛;一(块)用于玩滚木球的草坪;一(排)商店。

师:我们试着用手语把这些短语打一遍,一起来看看有什么不同?

生1:1/公园;1/湖水;野鸭、天鹅/多/多;1/情侣/年轻。

生2:1/网球场;板球赛/2/3;1/草坪/滚木球;1/商店。

生3:手语中好像不需要专门打出这些词。

师:对,手语简洁,没有独立的量词词类。可是汉语中数词、名词的表达往往离不开量词,量词在汉语中的地位非常重要。而且汉语量词的种类非常丰富,不同的名词要用不同的量词来修饰。请大家仔细想一想,刚才打手语的过程中,"一/湖水"的"湖水","一/草坪"中的"草坪"是怎么打的?

生1:(示范了一下打法)湖水的打法是左手拇、食指张开呈圆形,右手五指张开、掌心朝下,边抖动边向右弧形移动。

生2:(示范了一下打法)草坪的打法是双手食指直立,手背向内,上下交替动几下模拟"草",然后与湖水的打法相似,右手五指张开、掌心朝下,在胸前向右弧形移动。

师:手语中的"草坪""湖水"都有"薄薄一层""扁平状"的特征,因此这两个词共用了部分手形,即"五指张开、掌心朝下,在胸前向右弧形移动",换作别的语境,这个手形还可以修饰"汤水""布料"等具有相似形状或特征的物体。这种具有标记同类事物功能的手形被称为"类标记"。

汉语量词也具有类标记功能,小而圆的东西,如豆子、珍珠等,可用量词"颗"来搭配;细而长的东西,如教鞭、粉笔、香烟等,可用量词"支""根"来搭配。量词"张"修饰的名词具有"平面"的特点,如桌子、白纸、照片等;量词"条"修饰的名词具有弯曲的形状特点,如项链、小路、小河等。汉语量词具有描摹后面名词的特征,量词与名词的组合是有规律的,不同的量词与名词搭配,能唤起人们形象的心理体验。在这一点上,汉语与手语是相通的。只不过手语中没有独立的量词词类,手语模拟物品形状的手势动作中已经包含了量词的意义,量词与其后要修饰的部分名词"黏合"在一起了。大家将手语转写成汉语书面语时,不要忽略手形所描摹的形象,要按照汉语语法要求,把量词补足。

(引入手语语言学"类标记"概念,将手语中的"类标记"与汉语量词做比较,让他们意识到,其实手语中也有类似汉语"量词"功能的手形,并且这种手形与汉语量词一样,也遵循着一定的使用规律。)

(四)查词典,练习语法点

师:课前布置大家查字典,要求大家找出语段中 7 个量词的意思,并写在学习单上。现在,请与身边的同学相互讨论一下,结合量词的形象特点,看看这些汉语量词可以和哪些名词搭配?

生 1:《现代汉语词典》中量词"座"的解释为"多用于较大或固定的物体",这些物体都是有底座的器物或者建筑物。比如,一座城市、一座工厂、一座水电站、一座机场、一座音乐厅、一座灯塔、一座村庄、一座监狱、一座屏风、一座港口、一座水库、一座立交桥。

生 2:词典中量词"泓"的解释是"清水一道或一片叫一泓",如一泓清泉、一泓秋水、一泓湖水。

生 3:汉语量词"群"的解释是"成群的人或东西",如一群孩子、一群马、一群鸟、一群大雁、一群农民、一群工人、一群学生。

生 4:汉语量词"对"的解释是"双",如一对鹦鹉、一对椅子、一对夫妻、一对茶杯、一对花瓶、一对手镯、一对蜡烛。

生5：词典中量词"块"的解释是"某些块状或片状的东西"，如两块香皂、一块桌布、一块试验田、一块手帕、三块手表、几块饼干。

生6：汉语量词"场"的解释是"用于事情的经过"，如一场小雨、一场大战、一场比赛、一场战斗、一场考试、一场游戏。

生7：汉语量词"排"的解释是"用于成行列的东西"，如两排牙齿、一排子弹、一排椅子、一排士兵、一排杨树、一排座位。

（这个教学环节，笔者本来计划直接将答案呈现在PPT上，但仅凭笔者自身讲解，聋生印象不深刻，教学效果不好。通过让他们查字典、抄写、自己站起来打手语"说"等汉语量词的输入与输出活动，可以帮助他们加深对这些量词用法的了解，熟悉一些固定搭配，发展汉语语感。特别是举例环节，如果他们能通过讨论举一反三地讲出一些例子来，就说明已经在思考这个量词的意思了。在教学过程中，有的聋生能举出多个例子，有的只能举出一两个例子，也有的同学举错了例子，笔者尽量调动他们的积极性，鼓励他们多发言，让不同学习程度的聋生都能体会到学习的成就感。）

（PPT出示学生课前测试卷答案，与刚才的练习做比较）

师：这是大家的课前测试答案，看看自己错在哪里，为什么用错了。比如说，有的同学用"对"来修饰"野鸭、天鹅"，课文中用的量词是"群"。为什么不能用"对"而要用"群"呢？"对"的意思是成双出现的，可以写"一对野鸭""一对天鹅"，但不能说把"野鸭、天鹅"组成"一对"，所以这里要用"群"。又如，看到"年轻的情侣"大部分同学都写了"个""位"，"情侣"是相恋中的男女，情侣不能单个出现，这里就应该用"对"。请大家对照自己的试卷，选取1至2个量词，在学习单上写下自己做错的原因。

（先举例，给他们"搭梯子"，启发他们思考，然后让他们写下思考过程，提升语言使用的自我觉知能力。）

生1：我用"条"来修饰"湖水"，不恰当。"条"的手语打法是细长的样子，汉语里"条"的意思也是用来修饰细长、狭长的东西，比如一条路、一条横幅、一条黄瓜。课文中用"泓"来修饰湖水，结合词典的意思，我认为还可以用"片"。

师：（同时在黑板上板书）课文中用的是"泓"，结合不同的语境，还可以用"湾""池""汪""潭""面"等量词来修饰。

生2：我看到"滚木球"，心里想这大概是可以用手握着的一种木头玩具吧,就想到了"把",如果把这个短语看成一个整体,整个短语连起来读一读、想一想,"一"和"滚木球"都是用来修饰后面的"草坪"的,修饰"草坪"的量词应该用"块"。

师:你把自己的想法说得很清楚,很好! 这里还可以用"片"。

(让聋生自己来说,自己查找问题、分析原因并自己纠正,这是一种很重要的认知策略训练。刚开始训练的时候,聋生往往有畏难情绪,不愿意说,或者简单回答"我不知道"。该教学环节,笔者尝试陈述自己的思维过程、做题思路,给聋生做示范;并鼓励他们多"开口",对主动回答的同学加以表扬和激励。通过以上途径培养聋生的学习策略意识,减少对语言学习的畏惧感。)

(五)归纳语法点

师:这节课我们重点学习了语段中的 7 个量词,通过学习我们知道,汉语名量词的表达形式是"数＋量＋名"(板书)。我们发现,不是随便什么名词都可以用"个"来修饰,什么样的名词用什么样的量词修饰是有条件的,我们要善于将汉语和手语进行比较,从名词本身具有的形态特点去选择。接下来,请全班同学跟着老师,用手势汉语把这些量词逐个打一遍。

(生打手语"座、群、对、块、场、排、泓"。)

师:这 7 个量词,可以分作两类:一类是个体量词,一般表示个体事物的名词前都要求有一个特定的量词。个体量词和名词之间的搭配不是随意的,不少个体量词与相应的名词在意义上有某种联系。大家可以抓住量词的语义特征线索去思考可与其搭配的名词,比如本节课中学到的个体量词有 4 个:座、块、场、泓。还有一类是集合量词,一般用于形容成组或成群的事物,集合量词本身就包含了一定的数量,例如对、副、套、批、群、组等都表示大于"一"的数量。本节课中我们学到了 3 个集合量词:群、对、排。

(PPT 辅助呈现讲解要点。)

师:请大家结合课文中的例子,想一想,个体量词和集合量词修饰的名词有什么不同?

生 1:个体量词修饰的是单个的事物,如课文中的"一座公园""一泓湖水""一块网球场";而集合量词要修饰的名词数量要大于"1",如课文中的"一群群野鸭、天鹅""一对对年轻的情侣""一排商店"。

师:"一群野鸭、天鹅"和"一群群野鸭、天鹅"有什么区别?

生 2:"一群群"是指数量很多,手语中动作的重复也有表示数量多的意思。

师:很好! 谁能用"一群群"来造个句子?

生 3:一群群大雁往南飞,一会儿排成个"人"字,一会儿排成个"一"字。

(六)情景操练,拓展巩固语法点

师:请大家观察教室,同桌之间相互交流,用合适的量词描述教室内的物品。黑板的正上方挂着什么? 老师的讲台上放着什么东西,你的桌子上呢? 两侧墙上贴着什么? 后边的墙上呢? 老师手上拿着什么,你的手上呢? 请一位同学完整地说出来。

生:一个钟;一本词典;三本书;一副对联;一张地图;一支粉笔;一张学习单。

师:接下来,请大家仔细观察下面这两张图(图 5-1 和图 5-2),3~4位同学合成一组,选取其中一张,我们来做分组造句练习,注意选用合适的量词。老师会在班里做巡视指导。

图 5-1①　　　　　　　　　　　　图 5-2②

师:今天的课后作业是背诵课文第五段,并完成学习单上的练习。

(学习单提供了选词填空、看图写话、情景化交际几种练习。练习由易到难,句子尽量贴近聋生的生活实际,使其产生亲切感。情景化的交际练习可以为他们现实生活中的笔谈交流做准备。)

---

① 图片来源:http://www.photophoto.cn/pic/14962922.html。

② 图片来源:http://blog.sina.com.cn/s/blog_69e72a420102veb9.html。

三、课后反思

语法的教学是比较枯燥的,受普通教育语文课程淡化语法教学的影响,目前聋教育汉语教学也很少在课文中专门讲解语法知识点。但对聋生而言,学习汉语如同学习一门外语,他们必须要了解汉语这门语言组词造句的规则,养成汉语语法思维意识,积累汉语语感,正确使用汉语。本次课按照"课前测试,了解学情—出示语法点,导入教学—与手语对比,解释语法点—查词典,练习语法点—归纳语法点—情景操练,拓展巩固语法点"六个教学步骤进行,完成了既定的教学任务。通过本次教学,笔者有如下三点体会。

首先,语法点的选取要真实、有效。所谓真实就是要贴近聋生的需求。一篇课文中可能有多个语法点,选取什么来讲,什么不讲,需要做慎重的思考、判断。本节课布置了课前摸底测试,测试表明,量词这个语法点是他们学习的薄弱环节,出错率高,因此笔者将本次课的教学重点锁定在量词的教学上。语法点的教学应该是让他们从不懂到懂、不会到会的过程,这样他们才能体会到学习的获得感和满足感。通过导入、展示、讲解、练习、归纳、拓展等教学环节,聋生经历了一个关于量词的较为完整的学习过程,应该说他们是有收获的。课后有聋生跟笔者说,之前从未留意过汉语中的量词,今后自己写句子会多注意量词的使用。所谓有效是指语法知识教学要避免脱离实际的抽象讲解,避免脱离课文、脱离情境机械地讲解。从课文中的语段出发,结合课文情境来开展语法教学,应该说是一种有益的尝试。

其次,教学中要渗透汉语、手语的比较。汉语是一种成熟的、非常精妙的语言,比手语词汇量要大得多,抽象性更强。拥有丰富的量词是汉语的特色之一,量词的使用十分灵活,汉语母语者对之习焉不察。聋人手语中缺少量词,教学中如果不加强调,会给他们学写汉语句子带来很大的困扰。本节课引入手语"类标记"概念并结合实例讲解,让聋生明白手语中虽然没有量词,但手语"类标记"也具有量词的功能,从而缩短了聋生的心理距离。

再次,要把握好语法教学的深浅度。汉语界对量词的本体研究主要从句法、语义、语用、认知四个方面展开,研究成果颇丰。比如句法方面的研究见于朱德熙、赵元任、吕叔湘等语法大家的语法专著,语用特征的描写主要围绕语体特色、修辞作用、文化内涵等方面展开,认知研究则主要集中在量词的形象性特点上。面向聋生的汉语教学没有必要面面俱到地讲解量词的句法、功能、语义、语用知识,而应把握好教学的深浅度,有选择性地讲解量词的使用要点。比如课文语段中"对"这个量词,《现代汉语词典》的解释是"双",那么为什么可以说"一对情侣",却不能说"一双情侣"呢?这可能是聋生汉语学习的难点,遇到这样的问题需要教师结合生活中的例子做进一步剖析。这次课笔者讲得比较多,留给聋生练习的机会还不够。怎样把语法点、知识点简洁、明了地跟聋生讲清楚、讲明白,把握好教学深浅度,这一点非常考验教师的教学能力,这是笔者需要努力的。

　　此外,从本课文的课前学情测试看,有不少同学在成语解释、表上下文逻辑关系的连接词的使用上,还存在不同程度的困难,这也提示笔者在后续教学中要对此引起重视,结合课文内容适时开展语法补偿教学。

四、课前摸底测试与学习单

【附1:课前摸底测试】

窗

一、请写下你对下面句中加括号的成语的理解。

1.公园里鲜花盛开,主要有玫瑰花,但四周还有(五彩斑斓)、(争相斗妍)的牡丹花和金盏草。

2.公园的尽头是一排商店,在这些商店的后边闹市区(隐约可见)。

3.躺着的病人(津津有味)地听这一切。

4.描述仍在继续:一个孩童怎样差一点跌入湖中,身着夏装的姑娘是多么美丽动人。接着又是一场(扣人心弦)的网球赛。

5他听着这(栩栩如生)的描述,仿佛亲眼看到了窗外所发生的一切。

6.一天下午,当他听到靠窗的病人说到一名板球队员正慢悠悠地把球击得(四处皆是)时,不靠窗的病人,突然产生了一个想法。

7.他白昼无时不为这一想法困扰,晚上,又(彻夜难眠)。医生们对其病因(不得而知)。

8.一天晚上,他的同伴突然醒来,开始大声咳嗽,呼吸急促,(时断时续)。

9.但是,另一位病人却(纹丝不动)地看着。

10.第二天早晨,医护人员送来了漱洗水,发现那个病人早已咽气了,他们静悄悄地将尸体抬了出去,丝毫没有(大惊小怪)。

11.稍过几天,似乎这时开口已经(正当得体)。

12.医生刚一离开,这位病人就十分痛苦地挣扎着,用一只胳膊支起了身子,口中(气喘吁吁)。

二、语段选词填空。

在一家医院的病房里,住过两位病人。（　　）(A.只有　B.其中　C.可是　D.因为)一位病人经允许,可以分别在每天上午和下午扶起身来坐上一个小时。（　　）(A.因此　B.尽管　C.但是　D.而)另一位病人则不得不日夜躺在病床上。（　　）(A.那么　B.即使　C.当然　D.因为),两位病人都需要静养治疗。（　　）(A.但　B.使　C.请　D.因)他们感到尤为痛苦的是,两人的病情不允许他们做任何事情借以消遣,（　　）(A.所以　B.有时　C.既　D.即使)不能读书阅报,(A.也　B.就　C.且　D.而)（　　）不能听收音机、看电视……（　　）(A.只有　B.可以　C.当然　D.不能)静静的躺着。（　　）(A.不但　B.而且　C.因为　D.不能)只有他们两个人。噢,两人经常谈天,一谈就是几个小时。他们谈起各自的家庭妻小,各自的工作,各自在战争中做过些什么,曾在哪些地方度假,等等。每天上午和下午,时间（　　）到(A.快　B.一　C.就　D.没),靠近窗的病人（　　）(A.没　B.就　C.想　D.要)被扶起身来,开始一小时的仰坐。每当这时,他就开始为同伴描述起他所见到的窗外的一切。渐渐地,每天的这两个小时,（　　）(A.全部　B.几乎　C.可能　D.已经)就成了他和同伴生活中的全部内容了。

三、选择合适的量词填空。

很显然,这个窗户俯瞰着一（　　）公园,公园里面有一（　　）湖水,湖面上照例漫游着一（　　）野鸭、天鹅。公园里的孩子们有的在扔面包喂这些水禽,有的在摆弄游艇模型。一（　　）年轻的情侣手挽着手在树荫下散步。公园里鲜花盛开,主要有玫瑰花,但四周还有五彩斑斓、争相斗艳的牡丹花和金盏草。在公园那端的一角,有一（　　）网球场,有时那儿进行的比赛确实精彩,不时也有几（　　）板球赛,虽然球艺够不上正式决赛的水平,但有的看总比没有强。那边还有一（　　）用于玩滚木球的草坪。公园的尽头是一（　　）商店,在这些商店的后边闹市区隐约可见。

四、自我评价。

1.做这些题目的时候,你心里有把握吗?（把握:答对的可能性）

　　A.有把握,大部分题目我都有确定的答案。

　　B.没什么把握,我做题目的时候,心里在犹豫,不知道选哪个更合适。

　　C.没把握,大部分题目我都是猜的。

2.前面三道大题中,你觉得哪一道大题最难?为什么?

【附2:学习单】

窗

一、查《现代汉语词典》,解释短语中的量词,并用该量词举3个以上例子。

1.一座公园:

2.一泓湖水:

3.一群群野鸭、天鹅:

4.一对对年轻的情侣:

5.一块网球场/一块用于玩滚木球的草坪:

6.几场板球赛:

7.一排商店:

续表

二、订正课前测试卷,选取 1 至 2 个量词,写下自己做错的原因。

错题 1:＿＿＿＿＿＿＿＿＿。原因:＿＿＿＿＿＿＿＿＿＿＿＿＿＿＿

错题 2:＿＿＿＿＿＿＿＿＿。原因:＿＿＿＿＿＿＿＿＿＿＿＿＿＿＿

三、课外练习

1.选词填空

(1)我想请你帮我写一（　　）对联。

　　A.副　　　　　B.双　　　　　C.填　　　　　D.块

(2)这（　　）夫妇每天早上都来公园散步。

　　A.对　　　　　B.不填　　　　C.家　　　　　D.个

(3)他笑了,露出两（　　）洁白的牙齿。

　　A.条　　　　　B.行　　　　　C.串　　　　　D.排

(4)第一（　　）数字是什么意思?

　　A.群　　　　　B.列　　　　　C.条　　　　　D.不填

(5)人民医院最近开展了一（　　）控烟知识培训。

　　A.不填　　　　B.项　　　　　C.种　　　　　D.场

(6)草原上,一（　　）野狼正在围攻一匹马。

　　A.匹　　　　　B.群　　　　　C.对　　　　　D.排

2.看图写话

提示:注意观察图片中的人物和人物活动的背景,用合适的量词完成下面列表,然后把这些短语组成一段话。

(1)选用合适的量词填空。

人物	背景
一（　）老爷爷	一（　）路
一（　）帽子	一（　）木屋
一（　）衣服	一（　）茅屋
两（　）手	一（　）扫帚
两（　）腿	一（　）麻袋
一（　）裤子	一（　）木窗
一（　）扁担	两（　）对联
两（　）水桶	一（　）屋檐
……	一（　）晾衣绳
	……

(2)连词成句,用上述量词词组写一段话。

＿＿＿＿＿＿＿＿＿＿＿＿＿＿＿＿＿＿＿＿＿＿＿＿＿＿＿＿＿＿＿＿＿＿

＿＿＿＿＿＿＿＿＿＿＿＿＿＿＿＿＿＿＿＿＿＿＿＿＿＿＿＿＿＿＿＿＿＿

3.根据下面提供的两种情景,模拟其中一种情景,开展笔谈交际练习,每次笔谈交际中要使用 10 个以上不同的量词。

> 情景一:陪室友购物
> 　　地点:西湖数码广场
> 　　聋生 A:想买一台笔记本电脑
> 　　聋生 B:聋生 A 的室友
> 　　商场导购员:推荐不同型号的笔记本

> 情景二:筹备元旦文艺晚会
> 　　地点:学生文体活动中心
> 　　聋生 A:文娱委员,负责班级节目彩排
> 　　聋生 B:同班同学,参与节目表演
> 　　班主任:指导节目的排练

第三节　生活化的任务设计
——笔谈:自助旅游

一、设计思路

假期快到了,看到网上花花绿绿的广告,很多聋生都想出去旅游。旅行过程中会遇到各种问题,需要聋生具备与听人"笔谈"的能力,能与听人有效沟通并达成交际目的。针对聋生的学习需求,教材第四单元设计了以"自助旅游"为主题的笔谈训练。教材呈现了同学间就旅游话题展开的一次讨论,并提供了一个拓展练习。

"自助旅游"涉及的话题范围很广,包括选择旅游路线、买票、住宿、就餐、问路、看指示牌与线路图,以及紧急情况的应对处理等。因此实际教学中,需要对教材进行适当的调整、改编。首先,笔者从聋生感兴趣的和迫切想了解的话题出发,确定"自助旅游"主题下的交际话题。通过班级 QQ 群讨论,把话题聚焦在得票数最高的"预订酒店"环节。其次,筛选"预订酒店"话题的常用词语与常用句型,为笔谈过程中的言语交际做准备。再次,引入真实的交际任务,用任务驱动导向推进"预订酒店"这一交际活动,让他们在活动过程中锻炼言语交际技能,提高解决实际问

题的能力。

基于这样的构思，2018年下半年，笔者在所在学院2018级聋生中开了一次公开课，进行笔谈教学实践。

【课前准备】

完成讲台区的场景布置：事先准备电话机、旅客旅行箱、登记表、笔记本电脑、身份证、服务员胸牌等道具，请聋生将教室讲台区布置成酒店前台，模拟真实场景，为活动营造一种"身临其境"的交际氛围。

酒店前台接待服务视频，三家酒店简介彩页各四份，学习单，任务计划书，小组任务评价表，任务自我评价表。

【教学目标】

1.能准确使用"预订酒店"主题的汉语常用词语：酒店、前台、登记、出示、住宿、入住、打算、签名、身份证、标间、单人间、现金、押金、打折、信用卡、刷卡、确认。

2.能熟练使用"预订酒店"过程中常用的句式进行笔谈交际：

(1)欢迎来到……，请问有什么可以帮您？

(2)我想要预订……

(3)从……到……

(4)……，可以吗？

(5)是……还是……

(6)除……以外，还……

3.了解"预订酒店"过程中注目、点头、微笑、尊称、致谢等常用礼节，并能做出恰当的回应。

4.通过完成任务，克服与听人沟通的畏难情绪，树立主动沟通、积极沟通的意识，提高日常生活中的交往技能和社会化能力。

【教学重点】

1.交际活动中常用词语和句型的熟练使用。

2.了解笔谈过程中待人接物的礼仪，具备与听人主动、积极交际的意识。

【教学方法】

情景交际法、任务驱动法、角色扮演法、练习法。

【教学时间】

共 4 课时,分两讲。其中,"热身活动、任务实施准备、实施任务"为第一讲,"分享展示成果、任务延续训练、小结和评价"为第二讲。每讲两课时,各约 90 分钟。

二、教学过程

(一)热身活动

1. 预习检查

课前布置聋生预习教材第 124 页至 125 页"笔谈:自助旅游"章节,要求他们自读"实例借鉴",熟悉自助旅游话题的常用词语。通过实例分析,明确笔谈应围绕一个主题进行,不能跑题、偏题;提问要有针对性,回答问题时也应紧扣问题。

2. 观看视频

播放一则旅游电视节目"旅游汉语英语轻松学——入住酒店"[①],时间大约三分钟。视频之后用 PPT 出示思考题,教师提问:

(1)视频中的男主人公鹏飞住的是什么类型的酒店?经济型酒店?星级酒店?

(2)他预订酒店采取的是什么方式?电话预订?网上订房?当面预订?为什么?(快捷?经济?稳妥?)

(3)视频中的鹏飞入住酒店时的具体流程是怎样的?(步入酒店大堂前台区—告知预订信息—出示身份证—登记信息—缴纳押金—领取房卡—入住)

(4)前台客服说了哪些常用的服务用语?

(欢迎入住……酒店! 请问您有预订吗? 请出示您的身份证。请稍等。谢谢!)

("热身活动"设计了"预习检查"和"观看视频"两个小环节。"预习检查"督促聋生进入课堂学习状态,"观看视频"吸引聋生注意力,激活他们对"预订酒店"背景知识的思考。前台客服常用的服务用语是需要他们熟悉的,也为下面的语言交际任务做好准备。)

---

① 看世界走天涯. 旅游英语汉语轻松学[EB/OL]. (2017-12-17)[2018-09-06]. http://www.iqiyi.com/w_19rtvq1ogt.html.

（二）任务实施准备

1.头脑风暴,激活背景知识

将20位同学分成四组,五人一组,尝试用"头脑风暴"的方法,在学习单上写下与"预订酒店"有关的尽可能多的词语。提示他们可以从多个角度去思考,比如:从"选择酒店"角度,可以联想到"交通、环境、星级、房型、房价、设施、特色、健身房、影院、美发"等词语;从"预订"角度,可以联想到"房型、价格、会员卡、打折、身份证、标间、单人间"等词语;从与服务员笔谈的角度,可以联想到"酒店、前台、登记、出示、住宿、入住、签名、押金、信用卡、刷卡、退卡"等词语。

2.连词成句训练

（1）将四组同学写下的词语依次投影在白板上,并通过打手语接龙的方式,让全班同学都熟悉这些词语,告诉他们这些词语将作为造句的材料。

（2）用PPT呈现本次笔谈任务要重点训练的句型,笔者做示范。"预订酒店"沟通中,常会用到以下几种句型:

①欢迎来到（四季风情酒店）,请问有什么可以帮您?

②我已经在网上预订了（今天、明天两个晚上的标准间）。

③从酒店到火车站有多远? 从国庆节到元旦;早餐供应从早上七点开始到九点半结束。（从……到……）

④您是喜欢浅色的还是深色的? 您是想住单人间还是双人间? 您是打算预订豪华包间、雅座还是散座?（是……还是……）

⑤1208房间已经有人预订了,给您安排1508房间,可以吗?（……,可以吗?）

⑥酒店除提供住宿服务以外,还提供餐饮、租车、健身等服务。（除……以外,还……）

（3）请四个小组用老师提供的句型做造句练习（图5-3和图5-4）。比一比,试一试,看哪个小组造得又多又好。

（因为缺乏相关体验或背景知识储备不足,有些同学下笔迟滞,需要老师再举一些例子启发他们思考。在小组巡视过程中,对聋生写的句子做订正、修改,对比较集中的语法偏误在班里做集中解答。）

（4）将聋生写的句子投影在白板上,进行集中点评。

对同学们能正确使用"从……到……""预订""打折"等词语表示

肯定:

　　①你能帮我预订从北京到杭州的火车票吗?

　　②请问凭残疾证可以打折吗?

　　对同学们的偏误句进行修改,并指出原因:

　　①你喜欢现代风格的酒店还是儿童主题的酒店?

　　②请问你要订房间吗?

　　③请你告诉手机,我为你找一找。

　　④我们目前没有。

　　①句是一个选择句,"是""还是"后面连接的词组应该是并列关系的,应改成"你喜欢现代风格的酒店还是古典风格的酒店?"②句建议改成"请问有什么可以帮您?"这是酒店客服的习惯性用语。③有语法错误,"告诉"要与"手机号码"搭配,"找一找"过于口语化,改成"查找"更正式一些;④句缺省了宾语,语意不明,应改成"目前没有这项服务"。

　　("任务实施准备"中的"语言训练"环节,通过"头脑风暴"方式开展词句热身训练。以小组为单位,备词语—备句型—修正句型,为第三阶段任务正式实施做好准备。如果时间充裕,教师讲评环节也可由聋生互评来完成,老师把有关的语言现象罗列出来,让聋生讨论之后互相纠正。)

图 5-3　温金燕与王欣在进行手语交流　　图 5-4　王杨杨与张进做造句练习

（三）实施任务

1.小组讨论,自选酒店

　　下发任务计划书和酒店简介彩页。任务计划书提供了三家酒店供选择,分组讨论决定要入住的酒店。

任务计划书				
任务	情境设计	任务目标	可能会用到的词句	是否完成
任务一：酒店选择	每个小组领到三份酒店简介，组内轮流阅读。★上海玩具总动员酒店 ★横店影视城酒店 ★常州恐龙主题度假酒店	了解三个酒店的星级、特点、主要房型、房价、交通出行等情况，根据自己的需要选择其中一个酒店，并陈述理由。	词语：交通、环境、星级、房型、房价、设施、特色、健身房 句型：从……到……不但……而且……酒店位于……之所以……是因为…………	
任务二：网络预订	假设确定要到其中一个酒店入住，想了解关于该酒店的一些细节问题。	设定一人为人工客服，一人为网友。通过QQ、微信等方式与该酒店的在线客服沟通，对酒店的服务情况是否符合自身需求做进一步询问，并完成网上预订。	词语：房型、价格、会员卡、打折、身份证、标间、单人间 句型：请问……？除了……还……凭……可以……是……还是…………	
任务三：前台沟通	假设到达该酒店大堂，到店后选定房间，需要与前台客服做笔谈沟通。	设定一人为前台客服，一人为游客，要求客服与游客之间用已学习的词语、句型开展笔谈交流，完成房间预订任务。	词语：酒店、前台、登记、出示、住宿、入住、签名、押金、信用卡、刷卡 句型：请问……？我需要预订（房型、人数、天数、时间）……请出示您的身份证。……	

（发放任务计划书，让每位同学都了解任务要求。这里有两个步骤：一是笔者向全体同学分配总任务；二是每个小组要进行组内成员组合分工。两个步骤都需要落实，确保人人参与。）

2.分配角色，开展笔谈训练

设定"网友""网络客服""游客""前台客服"等人物角色，进行组内分工，根据所选酒店和提供的情境开展笔谈训练（图 5-5 和图 5-6）。每个

"预订酒店"笔谈交际均有如上三个子任务。要求聋生使用刚才所学词语和句型,按任务一至任务三的顺序,结合已有的生活经验来开展活动。

（这个教学环节笔者把课堂时间交给了聋生,让他们发挥主动性和创造性,自主学习。类似的活动常会出现如下问题:有的小组用手语热烈地讨论,迟迟不下笔,活动进展缓慢;有的小组在某个问题上卡壳,任务推进不下去;个别同学无所事事,游离于话题,不愿参与。这个教学环节应注意调控课堂教学节奏,以推动任务顺利进行。针对上述问题,可采取提醒、帮助、鼓励、督促、建议等策略,如,对任务进展缓慢的小组,可给他们设定时间,完成一个步骤在"任务计划书"上打一个钩,之后进入下一步骤。对游离话题的聋生可多加鼓励,给他分配角色并指定笔谈的同伴。）

3.强调活动要点,巡回指导

活动过程中,每个小组需做到以下几点:一是为本次任务设置一个出行计划,包括出游时间、人物、目的、出行工具、拟游览的景点、费用预算等,为本次出行计划起个名字,如"横店影视城二日游";二是使用提供的词语和句型,特别注意社交用语如指示语、礼貌用语的使用,恰当使用话语标记语;三是笔谈过程中注意面部表情、身体语言的配合。

（在笔谈交际过程中,聋生在语用方面的失误还是很多的,会出现指示语"你""您"的混用,祈使句、疑问句、陈述句中话语标记语"吧""吗""呢""啊"等的混用。"请问残疾证可以打折呢?"这样的语气在听人看来就不自然。汉语"吗""呢"都可以用于疑问句,表示疑问语气,但是"吗"通常用于是非问句,疑问的程度比较强,"呢"通常用于特指问句和选择问句,有缓和语气的作用,需要视不同的语境选用。与听人交往时,因担心书面语水平不过关,聋生往往显得不够自信,遇到一知半解的问题也不太好意思再多问,对"客服"提的问题得到回应后,会写"谢谢"或用微笑示意,这就使得交际很难继续进行下去。遇到这种情况,笔者会适时提醒聋生,面对面的笔谈交流应有目光交流,表情应自然、诚恳。如果有不清楚、不明白的地方,不要觉得不好意思多问,可以在句子中画出关键词,或在某个短语上打问号,请对方再补充解释一下。）

图 5-5　周灵灵与朱雯拟定出行计划　　　　　图 5-6　谢雄杰与于俊杰做笔谈交流

(四)分享展示成果

1.各组推荐最佳组合

选出最佳组合,把任务二"网络预订"和任务三"前台沟通"两个任务的笔谈记录呈现在白板上,一起来分享他们的学习成果。

2.情景剧展演

请每个小组选两位同学上讲台,一位扮演游客(简称"A"),一位扮演前台客服(简称"B"),到"酒店前台区"来模拟演示一下"预订酒店"的过程。其余同学根据"小组任务评价表"给该组同学打分。

(虽然展演前已经过词语学习、句型训练、偏误句修改等活动,上讲台后聋生还会出现用词不当及句法、语用失误。这时不应对他们求全责备,一遇到错误就马上指出,而应以鼓励、肯定为主,让他们将成果完整地展示下去,体验任务完成的收获感和成就感。每个小组上台表演时,其他小组都应认真观看,找出值得赞许的地方,对存在的问题也要一一记录,根据"小组任务评价表",给每组的表现打分。还可以选出最佳小组,在系部或学院组织的开放日活动中展演。)

(五)任务延续训练

布置三个相关的延续任务。

任务一:要求聋生从三个出行计划中任选一个,运用课堂所学的笔谈技能,完成一次真实的出游行动。一是全班同学组团去北京三日游,请班干部、课代表与旅行社联系,完成酒店预订、日程安排等系列工作。二是"402寝室安吉'凯蒂猫'主题乐园二日游",参与成员是寝室六姐妹,时间在周六、周日两天,通过淘宝网"飞猪旅行"的"驴妈妈旅游专卖店"与在线客服沟通,完成酒店及门票预订任务。三是"'超能勇士队'普陀山三日游",参与成员是小组内的五位男生,时间暂定在元旦三天,同样要求通过与网络客服沟通完成预订酒店及门票的任务。

(设置新场景,在任务的难度和语言使用的复杂性方面提出更高要求。)

任务二:每位同学整理本次课小组活动的所有材料,对使用的词语、句型进行梳理和巩固。

任务三:总结本次笔谈训练的收获和感受,指出需要改进之处,并在班级 QQ 群分享。

(六)小结和评价

1.每位同学完成"自我评价表",见附 1。

2.各组之间互评,肯定他组的优点并指出不足,同时也发现本组的优缺点,完成"小组评价表",见附 2。提名"最佳书写奖""最佳风采奖""最佳参与奖"等奖项得主。

3.从主题设计、汉字书写、言语交际的准确性和得体性、角色的投入、表情体态等方面对四个小组的表现做出综合评价。

三、课后反思

本次笔谈教学按照"热身活动—任务实施准备—实施任务—分享展示成果—任务延续训练—小结和评价"的步骤,完成了既定教学目标。教学活动设计了"预订酒店"主题的笔谈交际任务,任务具有一定的开放性、挑战性和探索性。从热身活动开始,要求聋生根据已有知识和经验创设场景、互动交际,通过头脑风暴、师生问答、小组合作、模拟展示,多角度地体验"预订酒店"过程。任务实施准备从词到句、到话题的连接是合理的,之后再将语言学习置身于完成任务的情境之中,在完成任务的过程中自然地、无意识地运用汉语,师生共同将非交际的词语、句型学习转化为真实的言语交际行为,为今后更复杂、更灵活的人际交往打下基础。通过聋生反馈的"自我评价表"看出,88.2%的同学认可自己在课堂上的表现,并认为类似的活动贴近生活,有实践价值;还有 82.4%的同学认为自己"已经能独立完成'预订酒店'的所有任务并能运用到现实生活中去",同时"在使用书面语待人接物和语言表达能力方面有所提高"。

作为任务型教学活动设计,本次教学对笔者的教学能力也提出了更高要求。首先,要分析教材内容及聋生需求,衡量教材内容是否适合采用任务型教学课型。如果适合,要对教材进行改编、处理,根据教学目标对教材内容加以改造。在此基础上确立教学重难点,设计学案(包括学习任务单)、准备道具。

其次,活动应紧扣主题,避免偏题。作为汉语课程的组成部分,笔谈教学应落实言语交际中词语和句型训练任务,要将重心放在交际过程中语法的准确性、语用的得体性指导上,不能偏离这个重心。在小组教学中,笔者看到聋生在与网络客服的沟通中还存在不少语用失误,于是进行了及时指导、纠正。以其中一个小组为例,他们写的第一句是"我们想要预订酒店",笔者建议他们在这句话前增加"你好"二字,用"你好"来打招呼并唤起客服的注意。"请问怎么选择?"表义不明,可改成"请问选择怎样的房型合适?"来准确表达自身需求。教学设计中提供的常用句型也是立足于聋生汉语语块意识的培养,希望他们通过句式的反复输入、输出训练,在头脑中储存这些预制语块,并能在平时交际中顺利地使用,生成规范、地道的汉语表达。

再次,任务型教学课堂上以聋生活动为主,课堂活跃程度较高。这要求教师能很好地设计和组织好课堂活动,掌控课堂秩序,丰富聋生的"实战"经验,这非常考验笔者的课堂组织与管理能力。在任务完成过程中,教师还应扮演好教学过程的协调员和顾问角色。如,在调动聋生的参与积极性方面,有小部分聋生较为被动,游离于课堂之外,可借鉴异质分组思路,将不同性别、不同学习程度、不同性格的同学组合在一起,推进小组成员活动的参与度,强调效率意识,做到既有独立思考,又有合作互动和共享。

最后,做好课程评价。课程评价是依据一定的课程目标对课程效果做出价值判断的过程。通过课程评价的反馈信息,教师可以调控课程内容、教学方式、教学活动、教学时间安排,进而激励学生的"学"和教师的"教"。本次课将"小组评价""个人自评""教师评分"三者结合,对每个同学的表现做出综合评判。在今后教学中,还应针对评价结果及时给予一些补救措施,如请评估分数较低的聋生重新观看教学视频、查找酒店介绍等,进行个别教学指导,更好地发挥评价功能。总之,要汲取经验,为调整完善下一次任务型教学实践做准备。

四、任务评价表

【附1：自我评价表】

序 号	项 目	分 值	得 分
1	我在笔谈过程中，书写流畅，主题明确，表述完整。	10	
2	我创造性地使用了有关"预订酒店"的词语、句型。	10	
3	我出色地完成了笔谈中设定的角色和扮演任务。	10	
4	当我没有完全理解对方意图时，我会换种方式继续提问。	10	
5	我会使用一定的交际策略来推进话题的继续进行。	10	
6	我会有意识地注意自己语言表述的准确性和得体性。	10	
7	我在小组活动中体现了团队精神，积极参与并尊重他人意见。	10	
8	我在使用汉语待人接物和语言表达能力方面有所提高。	10	
9	我相信我已经能独立完成"预订酒店"的所有任务并能运用到现实生活中去。	10	
10	我会把这次课所学的知识和能力迁移到与听人交际的其他场合中去。	10	
总得分			

【附2：小组评价表】

序 号	评价项目	评价要点	分 值	得 分
1	语言掌握	书写流畅，准确使用词语和句子，注意语言表述的规范性、得体性。	30	
2	交际目的的达成	能完成"预订酒店"三个环节的交际任务，顺利达成交际目的。	30	
3	个人参与度	积极参与，发表见解，乐于互助，学习专注。	20	
4	表情体态	笔谈交往中表情自然、态度诚恳，能保持目光交流。	20	

第四节　读写结合、过程导向的写作训练

——介绍一个有特产的城市

一、设计思路

教材第三单元"人与自然"主题下提供了《想北平》《故乡的桂花雨》《藕与莼菜》等几篇精美散文,文中呈现了老北京、浙江永嘉、江苏苏州等地的风土人情,介绍了当地的特色与特产。笔者所在学院的聋生来自全国各地,每位同学对自己的家乡都怀有深厚感情,对当地特色、特产也有一定了解。何不让他们尝试一下,仿照课文的写法,介绍一个有特产的城市呢?对这样的话题,一来聋生不会有畏惧感,每个人都有话可"说";二来通过查找资料、相互交流的方式,可以扩大他们的阅读面和知识储备,开阔他们的视野,增进对祖国风土人情的了解。

整个单元的课文学完之后,笔者决定增加一次拓展性的写作训练。面向聋生的写作指导与听生不同,如果说面向听生的写作指导重点可放在选材立意、谋篇布局、写作手法等方面,面向聋生的写作指导重点则应放在组词成句、组句成段、组段成篇的语言训练上,大学阶段仍应以此为重点。因为他们虽然已经初步掌握了汉语的基本语法结构,具备了一定的词汇量和单句表达的能力,但还不能娴熟地运用汉语词语、复杂句式进行流利、深入的语段表达与交流,汉语表达中往往留有手语语法的印记。因此,教学重点不在写作的技巧、手法上,而重在语言表达上。

基于上述学情分析,笔者尝试用读写结合的方式,从几篇课文中提炼出同类话题较为常用的线索和结构,并提供了两篇范文。读写结合,以过程为导向,为他们提供可资借鉴的参考模式,辅佐他们完成这次写作训练,争取让每位聋生体验写作的成就感。

【课前准备】

改编后的范文《丝绸之府——杭州》《中国瓷都——江西景德镇》,浙江特殊教育职业学院宣传片,城市宣传短片三个,教学课件,教案。

【教学目标】

1.掌握课文中出现的表时间的词语和表处所的词语,学会运用相关

句式,培养聋生成段表达的能力。

2.掌握该类文章的常用结构,能使用从课文中提炼出的成熟的、规范的篇章结构介绍一个有特产的城市。

【教学重点】

1.正确使用时间词语、处所词语,理解其在写作中的连接作用。

2.掌握重点词汇:自、……一带、滨、……来。

3.突出地方的特色,熟悉"总起—分说—总结"的结构,开展成段表达训练,力求层次清楚、详略得当。

【教学方法】

讲授法、举例法、讨论法、练习法。

【教学时间】

共 4 课时,分两讲。每讲两课时,约 90 分钟。本次课仅针对前两课时。

二、教学过程

（一）复习与引入

本单元学习了《想北平》《故乡的桂花雨》《藕与莼菜》等几篇课文,同学们对这几座城市的特产与特色有了一定的了解。这次课的学习任务是写作训练,通过学习我们要完成"介绍一个有特色的城市"的写作任务。我们先一起来复习一下这几篇课文中出现过的时间词语和处所词语。

1.复习常用时间连接词语

（出示 PPT）

• ～前:上课前;不久前;几年前;三千多年前

• ～前后:中秋节前后;春节前后;端午节前后

• 每到/每当……:每到冬天;每到周末;每当新秋的早晨;每当钟声响起的时候

• ～以来/以后:自古以来;入秋以来;从此以后

• 直到……:直到今天;直到我二十七岁;直到最近

• ～时/(的)时候:古时候;唐朝时;当时;大约 17 世纪时;念中学时;叶落深秋的时候;莼菜上市的时候

• 从……到……：从雨后什刹海的蜻蜓一直到我梦里的玉泉山的塔影

• 从……起：从我到学校的第一天起；从我记事起；从我来杭州起

• 在……：在故乡的春天；在那时

2.复习常用处所连接词语

（出示 PPT）

• 建筑的四周；村子周围；西边；东南面；在上海；在北平

• ……边/旁/里：天边；马路两旁；曲曲弯弯的小河边；城里；最小的胡同里

• ……中/前/下/外/上：大宅院中；正屋大厅前；廊檐下；围墙外；水中；墙上城外；青菜摊子上

• 在……里/中/上/外/之间：在产藕的池塘里；在桂花丛中；在山上；在地上；在街上；在较大的水果铺里；在金山苹果吕宋香芒之间；在每条街旁的小河里；在太湖里；坐在石头上

• 沿着……：沿着围墙

• 面向着……：面向着积水潭；面向着西子湖

• 背靠……：背靠老城墙；背靠玉皇山

• 紧连着……：紧连着园林菜圃和农村；紧连着铁路

（对三篇课文中表示时间和处所的词语进行了梳理，并增加了一些课外的例子。通过聋生打手语读、教师提问、启发聋生再举例的方式，输入大量词语，激活他们头脑中储存的关于时间、地点的连接词和相关表达式。）

（二）学习新词

我们生活在杭州这座美丽的城市，在这里愉快地读书、学习。杭州既有举世闻名的西湖，也有茶叶、丝绸等许多特产。老师给大家新增了一篇范文，对照这篇范文，这节课我们再来学习几个表时间、地点的连接词语。

（下发范文《丝绸之府——杭州》。在自读基础上，画出要重点学习的词汇，PPT呈现这篇课文。重点词语加着重号，红色粗黑体显示。）

1.自

领读生词并讲解、练习。

• 介词，从。用在动词后面作补语，限于"来、寄、产、选、出"等少数动词,表示动作发生的处所。

(练一练,PPT 呈现下列句子,请同学造句)

(1)莼菜是哪儿出产的? ……→莼菜产自……

(2)黄颖是广西人,从广西柳州来。……→黄颖来自广西柳州。

(3)佳媛收到了一份礼物,这份礼物……→这份礼物寄自河南洛阳。

(4)有的课文是从报纸新闻中选出来的。……→有的课文选自报纸。

(5)"采菊东篱下,悠然见南山",这句诗是从哪儿来的? ……→这句诗出自晋代田园诗人陶渊明的《饮酒》。

- 出自……之手:……写/画/做的
- 范文:宫廷使用的高级丝绸制品大多出自苏杭工匠之手。

(练一练,PPT 呈现下列句子,请同学造句)

(1)《清明上河图》这幅画是北宋画家张择端画的。……

→《清明上河图》这幅画出自……。

(2)浙江"关心下一代基金会"的标志是我院聋生设计的。……

→浙江"关心下一代基金会"的标志出自……。

2.……一带

领读生词并讲解、练习。

- 名词,泛指某一地方及其附近。

(1)地名＋"一带"

小和山大学城～,有很多非洲留学生在这里求学。

苏州、杭州～的丝绸很有名。

长江三角洲～的经济很发达。

(2)代词＋"一带"

这～常常有野兽出没。

我们家那～又开通了一条高速公路。

- 范文:自古以来,东南沿海的苏、杭一带就以盛产丝绸而闻名,杭州赢得了"丝绸之府"的美称。

(练一练,PPT 呈现下列句子,请同学造句)

(1)海南地区盛产什么水果? ……→海南～盛产什么水果?

(2)旧城改造方案公示了,我们家附近改造力度最大。……

→旧城改造方案公示了,我们家……。

3.滨

领读生词并讲解、练习。

- 名词,指水边。如:海滨、湖滨、江滨。
- 范文:杭州地处东海之畔,钱塘之滨。

(练一练,PPT呈现下列句子,请同学造句)

(1)江苏盐城地处风景秀丽的黄海边。……→……黄海之～。

(2)香港特别行政区位于我国南海附近。……→……南海之～。

4. ……来

领读生词并讲解、练习。

- "来"是方位词。用在表示时间段落的词语后,表示从过去的某个时候到说话时为止的一段时间。表示时间的词语前可加"这、近"等词。其用法与"以来"相近,但"来"前面不能加"从、自、进入"等词。
- 范文:千百年来,杭州丝绸长盛不衰。

"千百年"是指时间跨度很长,成百上千年的时间;又如"亿万年来""许多年来"

(练一练,PPT呈现下列句子,请同学造句)

(1)用"这些天来"造句:～,我心里一直很忐忑。～,她胖了不少。～,我游览了很多地方。

(2)用"近些年来"造句:～,出国留学的学生呈现低龄化趋势。～,社会上学手语的人越来越多。

(笔者提供的范文《丝绸之府——杭州》中出现了"自、……一带、滨、……来"四个表时间和处所的常用词语,作为新的知识点在课堂上讲解,旨在丰富、扩充聋生的词汇知识库,让他们较为全面地掌握这类词语的用法。在讲解过程中,设计了较多的练习,通过精讲多练的方式帮助他们加深理解、记忆并巩固,为后面的独立写句、组句成段做准备。)

(三)精读范文一,用相应的连接词语、句式做表达训练

精读范文一《丝绸之府——杭州》

1. 第一段:聋生自读,教师提问、启发

(1)第一段讲的是什么?(提示:特色、特产)

(2)语言(长短句)练习:人们向往杭州这座丝绸般秀美的城市,既钟情于"淡妆浓抹总相宜"的西子湖,也爱慕那色彩缤纷、优美华贵的丝绸。

改写成短句:人们向往杭州这座城市。人们钟情风景秀丽的西子湖。人们爱慕杭州特产——丝绸。

(3)请用以上任一句式说说自己的家乡。

2.第二段:聋生自读,教师提问、启发

(1)本段的中心句是什么?(提示:杭州赢得了"丝绸之府"的美称。)

(2)围绕这句中心句,文章是从哪几个方面来展开的?(提示:外国人评价、生产历史、地理位置、气候环境。——介绍杭州成为"丝绸之府"、闻名天下的原因。)

(3)请找出该段的处所短语:东南沿海的苏、杭一带;远销国外;地处东海之畔、钱塘之滨;定都杭州。

(4)请找出该段的时间短语:自古以来;2200多年前;自汉代起;三千多年;明清时期。

(5)书面语句式拓展练习:

①自古以来,它就以"……"远近闻名。

②从古至今,它都因"……"而闻名世界。

③家乡地处……之畔/之滨,这一带盛产……。

(6)根据PPT提示,用"总说—分说"关系完成第二段话的手语复述。

总说:……以……而闻名世界,赢得了……的美称。
分说:(1)历史发展:……生产已有……历史。
　　　　自……起,……就远销国外。
　　　　……时期,……盛极一时。
　　　(2)地理位置:……地处……之畔,……之滨。
　　　(3)自然条件:气候……土地……适合……。
　　　(4)西方人评价:……开始传入……时,令西方人大为……。他们赞叹:……。

---

(7)与同桌相互用手语表达:按照"总说—分说"的结构,注意加上时间、位置,用上述句式来介绍自己的家乡或是一个有特产的城市。

3.第三段:聋生自读,教师提问、启发

(1)这一段写了什么? 为什么写这个?

(提示:举例说明:①中国丝绸博物馆的建成;②丝巾成为G20礼物馈赠佳品。使内容更加丰满、生动。)

(2)这一段有哪两个提示时间的词语?(提示:1992年;2016年)

(3)从写作顺序上看,第二、第三段是按照什么顺序来组织材料的?(提示:时间,按照从古至今的顺序组织材料。)

(4)根据PPT提示,用举例说明的方法完成第三段话的手语复述。

> 总说:……来,……产业/销量/市场/规模……迅速发展。
> 分说:(1)举例一:……年,……建成了中国最大的/亚洲一流的/世界闻名的/举世瞩目的……,……已成为……,正吸引着……。
> 　　　(2)举例二:在……上,……被作为珍贵的礼物馈赠给……。

4.第四段:聋生自读,教师提问、启发

(1)本段有一句概括全文内容的中心句,找出来,读一读。

(提示:千百年来,杭州的丝绸业长盛不衰)

(2)从全文来看,课文的结构是怎样的?

(提示:总起—分说—总结)

(3)请找出该段的时间短语:千百年来;如今。

(4)书面语句式拓展练习:

①千百年来,……长盛不衰。

②如今,……这一古老的产业,将……。

(5)根据 PPT 提示,完成第四段话的手语复述。

> ……是……这座城市的……(金名片/代表/特产/象征),浓缩了……。千百年来,……长盛不衰。如今,……这一古老的产业,将……。

(四)自读范文二,用相应的连接词语、句式做表达训练

自读范文二《中国瓷都——江西景德镇》

这篇范文以聋生自学为主,阅读时间控制在 3 分钟以内。读后分组讨论相关问题。全班共分四组,每组重点回答所读段落的问题。

1.第一组重点回答第一段的问题

(1)这一段写什么?(提示:瓷器是中国的伟大发明。景德镇是"瓷都")

(2)在文中的作用是什么?(提示:总起)

(3)怎么写的(连接词是什么)?

(提示:关联词语"如果……,那么……"),请聋生做拓展练习。

2.第二组重点回答第二段的问题

(1)本段从哪几个方面写的?(提示:瓷都发展历史、地理位置、生产条件及西方人评价)

(2)哪方面详写?(提示:发展历史)

(3)怎么写的(时间连接词、地点连接词是什么?)

(提示:以时间为序,写它在不同时代的发展变化——古时东汉时

期、到了北宋景德年间、进入明清时期、一时之间、从那时起。)

（提示：地点连接词"那里"。"位于……的景德镇，是……，那里……"是表示位置的又一种方法——处所短语作定语，中心词在后。请聋生用该句式做拓展练习。)

3.第三组重点回答第三段的问题

(1)本段写了什么？（提示：瓷器质地、制瓷遗址、博物馆、馈赠佳品）

(2)本段作用是什么？（提示：对第二段的补充，使内容更全面、丰富。)

(3)段内连接词语有什么？（提示：不仅……而且……，以……著称，为了……)

(4)处所连接词语有什么？（提示：这里、在市内）

(5)时间连接词语有什么？（提示：新中国成立以后）

4.第四组重点回答第四段的问题

(1)这一段写了什么？（提示：瓷都传承历史、陶瓷走向世界）

(2)这段话作用是什么？（提示：总结全文）

5.提问总结：两篇范文内容有哪些方面的共同点？

（提示：结构上都是"总起—分说—总结"；材料上都围绕"发展历史、地理位置、生产条件、西方人评价、博物馆、馈赠佳品"等几方面展开；内容上都将第二段"发展历史"的介绍作为重点；语言上都大量使用了时间连接词和地点连接词。)

6.模仿表达

看 PPT 提示，根据文章结构及提示词介绍江西景德镇。

（五）观看视频，拓展应用

1.播放浙江特殊教育职业学院宣传片，片中有学院的航拍图和发展历史简介，教师示范介绍浙江特殊教育职业学院，介绍过程中强调两点：一是时间词语、地点词语的准确使用；二是"总起—分说—总结"的结构。

2.提供三个城市宣传片（片段）给聋生观看，每个大约 3～4 分钟：因红茶而闻名的城市——云南普洱；因酿酒而闻名的城市——四川泸州；因白玉而闻名的城市——新疆和田。给聋生提供两种选择：一是从上述主题中任选其一来介绍；二是结合家乡特产来介绍一个自己熟悉的城市，题目自拟。以下题目供参考：

(1)茶乡普洱

(2)兰州拉面甲天下

（3）盱眙龙虾

（4）贵阳老干妈

（5）浓香鼻祖，酒中泰斗——四川泸州

（6）和田美玉

3.采用"旧瓶装新酒"的方式，模仿范文一的结构介绍这个城市。课后先去网上查找相关资料，下次课上进行讨论、交流，然后参考范文一的线索、结构和表达方式组合成一篇文章。要求：

（1）内容围绕以下几方面：①历史发展状况；②生产的有利条件、自然环境与地理位置；③目前销售情况和相关行业发展（可举例说明）。

（2）结构上采用"总起—分说—总结"的方式。

（3）语言上注意时间词语、地点词语的准确使用。

（4）在600字以上。

三、课后反思

目前，面向大学阶段聋生的汉语写作教学尚未形成较为成熟的模式，课程内容建设尤为薄弱。笔者的这次读写结合、过程导向的写作训练在这个领域做了一点初步探索。

就教学目标而言，对大学阶段的聋生，写作教学更强调语段的成段表达，他们应该能运用所学词语、结构和较为复杂的句式、语段语篇连贯的手段，就某一方面的内容或话题进行书面的成段表达。但从聋生的学情看，他们的词汇量有限，汉语中一些不易理解的虚词及虚词结构，一些用法比较特殊或者义项比较多的词语，一些常用的固定结构等，他们掌握的情况普遍不够理想，日常习作中还存在着大量的词汇、语法运用偏误。因此，面向这个阶段聋生的写作教学，既应重视语段训练，同时还应做好词汇、语法的补偿教学。这是笔者本次教案设计的第一个出发点。

大学阶段课文多出自名家之手，每篇课文的谋篇布局都各有特色。但课文篇幅普遍较长，语言点比较零散，难成系统。那么，如何把这些课文串联起来，从中提炼出语言要素，供聋生模仿、借鉴呢？笔者在备课中做了如下两方面的工作：一是从同类主题的文章中提取语言点，《想北平》《故乡的桂花雨》《藕与莼菜》同属回忆性写景散文，文中出现了大量表示时间、地点的词语，这些词在上下文中发挥了重要的衔接作用，用好这些词对聋生连句成段能力的培养具有很大帮助。因此笔者将几篇课文中表处所和时间的词语梳理出来，作为本次写作训练的重点。课堂上通过多种途径的练习，反复训练这些词的用法，以达到激活、积累、巩固的目的，为他们后面的语言输出做准备。二是从谋篇布局的角度为他们再提供两篇可资借鉴的范文，降低写作训练的难度，重点训练"总起—分说—总结"的结构方式。训练中强调突出中心句，选材要详略得当，分述要层次清晰，结尾要有总结句总括全文。"总—分—总"是一种典型的结构方式，如果聋生能较为牢固地掌握这种结构方式，通过反复强化训练，头脑中能自动化、无意识地激活这种结构，那么就能大大减少写作中普遍存在的记流水账、无中心、偏题离题、想到什么写什么、写到哪儿算哪儿的现象。同时，所提供的两篇范文也围绕"介绍一个有特色的城市"这一主题，在时间词语、地点词语语言点的设计上做了进一步补充、拓展。围绕同一个主题，整合相关课文中的知识点，提供可资借鉴的写作结构方式，这是笔者本次教案设计的第二个出发点。

就实际教学来看，有如下几点体会：

首先，读写结合，以读促写的过程法教学可以降低写作难度，让聋生"水到渠成"地写出作文。聋生对汉语书面语写作普遍有畏惧感，平时"能不动笔尽量不动笔"。用什么办法让他们愿意写，有兴趣写呢？笔者选择了《丝绸之府——杭州》这篇范文，在课内进行重点讲解。之所以选择杭州这座城市，是为了给聋生提供一个熟悉的话题，帮助他们建立与日常生活及大脑中已有信息的关联，消除部分同学对写作的畏惧感。"介绍一个有特产的城市"是他们的学习任务，那么，如何实施教学才能让他们顺利完成这个任务呢？笔者从《丝绸之府——杭州》这篇课文出发，从这篇课文中提炼出同类话题较为常用的线索、结构和语言表达式，在课堂上对语言点、句式、语段进行多样化的训练，通过读写结合，以读促写的方式，给他们提供完成写作任务的参考模式。从实际教学效果看，这次作文大部分同学的字数都能在 600 个以上，做到了有话可写、有内容可写。

其次，应处理好手语表达和书面语表达的关系。要想提高聋生的汉语表达能力，课堂上不能忽视手语的作用。本次课字词的识读、语段的复述、范文整体结构的陈述都是让聋生用手语来完成的。手语回答不仅可以活跃课堂气氛，提高教学效率，还可以使同学间互相启发，师生互动，起到较好的教学效果。课堂教学时间有限，尽管是写作课，也不可能让每位同学把每个句子都写下来之后再来回答问题。但从另一个角度看，手语毕竟是与汉语不同的一种语言，用手语"说"和用汉语"写"是两回事儿,当聋生把手语"口头作文"转写成汉语书面语作文时,还是不可避免地会出现一些词汇、语法错误。这提示笔者在教学中应处理好两者间的关系,写作课教学中应重视、强化两种语言的比较、分析,并落实在写作指导上。

再次,要重视布置作业环节,课上课下相结合。写作课是技能训练课,光靠课堂教学时间是远远不够的。课上老师要给聋生输入所需要的材料和表达范式,课下需要他们自己去消化、巩固,将老师"所教"变成自己"所学"。课下的写作练习是课堂教学的延伸,聋生的写作训练主要是在课下。课下他们可以有充裕的时间思考,可以多渠道地收集素材,同学之间可以相互交流、分享,便于他们写出高水平的作文。这就对老师的作业布置提出了更高的要求。笔者的体会是,作文布置的要求越具体、提出的要求越明确,聋生练习起来效果就越好,写出的文章也越容易符合标准。因此,今后应继续加强写作课作业布置环节的教学,争取让每一位聋生都愿意写、知道怎么写。

四、参考范文

【范文一】

丝绸之府——杭州①

千里迢迢来杭州,半为西湖半为绸。人们向往杭州这座丝绸般秀美的城市,既钟情于"淡妆浓抹总相宜"的西子湖,也爱慕那色彩缤纷、优美华贵的丝绸。

中国丝绸开始传入欧洲时,令西方人大为吃惊。他们赞叹:这真像一个美丽的梦。杭州丝绸生产距今已有三千多年的历史。自古以来,东南沿海的苏、杭一带就以盛产丝绸而闻名,杭州赢得了"丝绸之府"的美称。杭州建县于2200多年前的秦代,时称"钱唐",自汉代起,丝绸就远销国外。杭州地处东海之畔、钱塘之滨,气候温和、土地肥沃,适合植桑养蚕。南宋定都杭州,改名临安,丝织业盛极一时。明、清时期杭州也是官营织造的所在地,宫廷使用的高级丝绸制品大多出自苏杭工匠之手。家庭小绸坊更是充盈大街小巷,有"日出万绸,衣被天下"的美誉。

1992年,位于西子湖畔、玉皇山下的中国丝绸博物馆建成,目前已经成为国家一级博物馆,是国内最大的集收藏、传承、展示于一体的纺织类专题博物馆。2016年G20杭州峰会开幕式上,国际货币基金组织总裁拉加德佩戴了一款优雅的蓝绿色长巾"丝水柔情",华美绝伦的丝巾里装满了江南风韵和杭州味道,是杭州送给世界的一份礼物。

丝绸是杭州的三张金名片之一,浓缩了杭州的厚重历史和文化沉淀。千百年来,杭州的丝绸业长盛不衰。如今,丝绸这一古老的行业,借着"一带一路"的东风再次扬帆起航。

---

① 浙江省社会科学界联合会,浙江新闻频道.守望文化家园,传承历史文脉[EB/OL].(2018-02-11)[2018-9-9]. https://baijiahao.baidu.com/s?id=1592108942154507873&wfr=spider&for=pc.

【范文二】

中国瓷都——江西景德镇①

瓷器是中国的伟大发明,如果说中国是世界闻名的"瓷器之国",那么景德镇就是中国的"瓷器之都"。

位于江西省东北部的景德镇是一座历史悠久的江南名城,那里群山绵延,河道宛转。景德镇沿河建窑,在古时即建成了以昌江沿岸为依托、以生产和运输为目的的大片手工业作坊群落。东汉时期,景德镇开始出现小有规模的制陶业。到了北宋景德年间,宋真宗尤为喜爱这里出产的各类瓷器,下令烧造"御器",景德镇制瓷业蓬勃兴起,一批规模宏大的官窑纷纷建立,成为我国唯一以帝王年号作为地名的市镇。进入明清时期,随着大批御窑的设立,此地迅速发展成为全国制瓷业的中心,一时之间"工匠八方来,器成天下走"。从那时起,景德镇出产的青花瓷便被赞为"国瓷",景德镇也获封"瓷都"之誉。明朝时期郑和下西洋,无数精美的瓷器"行于九域,施及外洋",被西方人视为爱不释手的东方珍品。

作为千年窑火不断的产瓷胜地,景德镇不仅制瓷历史悠久,而且瓷器产品质地精良。这里的瓷器以"白如玉、薄如纸、明如镜、声如磬"著称于世,并集工艺、书法、绘画、雕像、诗词于一体。景德镇发掘出了多个制瓷器遗址,为了保护与宣扬陶瓷文化,在市内还建起了中国第一家陶瓷专题艺术博物馆——景德镇陶瓷馆。新中国成立以后,毛泽东、邓小平等国家领导人多次将景德镇瓷器作为珍贵的国礼赠送给友邦。

纵观景德镇两千多年的发展史,这座城市对我国乃至世界的陶瓷文化做出了巨大贡献,是我国出口瓷器的主要生产基地。2004年以后,景德镇连续举办了多届国际陶瓷博览会,继续将中国的陶瓷及其文化不断推向世界。

第五节　本章小结

聋生汉语学习具有二语习得性质,面向聋生的汉语教学具有二语教学的特点。如果说本书第二章至第四章分别从语言学本体论、心理学认识论、教育学方法论三个维度展开论述,那么第五章是把以上三章的成果应用于教学实践的尝试。认知视角下的聋生汉语习得与教学研究,从聋生语言学习心理、学习特点出发,探讨手语对汉语学习的影响,开展聋生汉语课程内容和教学方法研讨,归根结底要落到课堂教学上,也就是要开展以"学习者为中心"的教学设计。

本章立足所任教班级聋生的学情,提供了"阅读""语法""笔谈""写作"四种教学类型的课例,呈现了笔者所任教学院大学阶段聋生汉语课

---

① 小天鹅故事会.古埠情怀,岁月遗落的碎片,中国的瓷都景德镇[EB/OL].(2018-07-20)[2018-09-12]. https://baijiahao.baidu.com/s? id＝1606421169583461157&wfr＝spider&for＝pc.

堂教学的基本样貌。手语是视觉语言,聋生思维具有强烈的视觉化倾向。《藏羚羊跪拜》从利用可视化资源的角度,强调以视频材料为手段,发挥其在"复述""细节描写"等阅读教学环节中的作用。文学鉴赏取向的作品探究对聋生来说还有难度,因此短篇小说《窗》的教学重点不在精巧的构思、对比手法的使用以及"欧·亨利"式的结局上,课例从随课语法补偿的角度,开展了"引入、对比、解释、练习、归纳、操练、拓展"等步骤的语法教学活动,在大学阶段继续强化聋生的汉语语法规则意识,以培养他们的汉语思维习惯,积累汉语语感。笔谈是聋生步入社会必备的交际技能,针对聋生感兴趣的"自助旅游"话题,设计了任务驱动型的笔谈交际练习,将聋生的语言学习活动置身于完成任务的情境之中,教学活动具有一定的开放性、挑战性和探索性。通过积极参与活动并完成任务,学生内化了所学知识,为他们今后更复杂、更灵活的社会交际打下了基础。写作是更高级的汉语学习活动,也是聋生感到最困难的任务。"介绍一个有特产的城市"课例尝试用读写结合的方式,从几篇课文中提炼出同类话题较为常用的线索和结构,并提供了两篇范文,通过读写结合、过程导向的教学方式,为聋生提供可资借鉴的参考模式,重点训练他们组句成段、组段成篇的能力,争取让每位聋生体验写作的成就感。四种类型的课例,均重视手语与汉语的比较,手语、汉语的互译教学落实在相应的教学环节之中。

无论是成功还是失败的教学,都有值得反思和借鉴之处。面向聋生的汉语教学要以符合他们的汉语学习需求、提升其汉语读写能力为归旨。在今后的教学中,仍应加强聋生语言学习心理研究,探索聋生汉语学习规律,培养聋生的阅读、笔谈、写作策略意识,提高教学的针对性和有效性。

参考文献

［1］曹阳,张宁生.聋人常用中草药手语词汇调查报告［J］.绥化学院学报,2011(6):22-24.

［2］陈昌来.现代汉语不及物动词的配价考察［J］.语言研究,1998(2):38-47.

［3］陈凤芸.试论聋童汉语述宾结构的习得特征［J］.中国特殊教育,2008(1):50-55.

［4］陈军.聋人学习语言方法:聋人教师谈怎样学语言［M］.北京:中国戏剧出版社,2005.

［5］陈珂,李本友,孙丽.聋生书面语趋向动词习得研究［J］.中国特殊教育,2016(2):43-48.

［6］陈乐乐.聋儿手语与其认知发展研究述评［J］.中国特殊教育,2015(3):26-27.

［7］陈穗清,张积家.论手语对聋人认知的影响［J］.中国特殊教育,2016(7):38.

［8］陈穗清,张积家.从新的语言关联性理论看语言对听障人群认知的影响［J］.中国听力语言康复科学杂志,2018(2):150-153.

［9］陈穗清,张积家,邓碧琳,等.手语和汉语句法差异对听障学生认知的影响［J］.中国听力语言康复科学杂志,2013(3):207-210.

［10］陈穗清,张积家,李艳霞.聋人的亲属词概念结构:兼与汉族健听人的亲属词概念结构比较［J］.中国特殊教育,2015(1):27-34.

［11］陈穗清,张积家,吴雪云,等.语义类标记在中国手语词词汇识别和

语义提取中的作用[J].心理学报,2012(8):1004-1014.

[12] 陈小红.上海手语动词及类标记结构方向性研究[D].上海:复旦大学,2009.

[13] 陈秀君.汉语动宾结构在上海手语中的表达:以常用动作性及物动词为例[D].上海:复旦大学,2012.

[14] 陈益青,韩睿,龙墨.人工耳蜗植入后言语康复效果的相关因素[J].中国康复医学杂志,2006(7):617-620.

[15] 程益基,丁勇,徐泰来,等.中挪SigAm双语聋教育实验项目终期报告[J].中国特殊教育,2009(4):52-58.

[16] 崔希亮.对外汉语读写课优秀教案集[M].北京:北京语言大学出版社,2016.

[17] 戴耀晶.现代汉语动作类二价动词探索[J].中国语文,1998(1):1-5.

[18] 党玉晓,张积家,章玉祉,等.聋童对基本颜色和基本颜色词的分类[J].中国特殊教育,2008(7):14-19.

[19] 邓慧兰.手语语言学与语言习得研究的关系[J].当代语言学,2002(3):205-221.

[20] 邓慧兰.香港手语动词获得之研究方向[J].当代语言学,2011(2):164-174.

[21] 邓慧兰.聋童语言获得与手语双语共融教育:语言科学研究之知识转移[J].语言科学,2014(1):26.

[22] 邓慧兰,姚勤敏,林慧思,等.手语双语研究对聋人教育的启示[J].当代语言学,2011(2):175-187.

[23] 丁志清,唐勤.中国手语名字与手势汉语名字比较研究[J].现代特殊教育,2013(10):8-10.

[24] 董蓓菲.语文教育心理学[M].上海:上海教育出版社,2006.

[25] 董于雯.对外汉语语用教学研究[M].北京:中国社会科学出版社,2015.

[26] 方红.语文教学要正确运用聋人手语[J].现代特殊教育,2011(7-8):47-48.

[27] 方俊明,何大芳.中国聋人手语脑功能成像的研究[J].中国特殊教育,2003(2):50-57.

[28] 方俊明,张朝.聋人与听力正常人汉字加工认知途径的比较研究

[J].中国特殊教育,1998(4):19-22.

[29] 方绪军.近义动词的配价差异及其对习得的影响[J].海外华文教育,2003(4):11.

[30] 方玉千.国家名称手语的手势探源[J].现代特殊教育,2015(4):65-67.

[31] 冯建新,方俊明.聋童与听力正常儿童汉字识别中笔画数与熟悉度的影响比较[J].中国特殊教育,2004(2):1-4.

[32] 冯建新,方俊明.聋童与听力正常儿童汉字形音义加工比较研究[J].中国特殊教育,2003(6):43-46.

[33] 冯丽萍.中级汉语水平外国学生的中文词汇识别规律分析[J].暨南大学华文学院学报,2003(3):12-13.

[34] 冯丽萍.认知视角的对外汉语教学论[M].北京:北京大学出版社,2013.

[35] 冯丽萍,丁国盛,陈颖.动词配价特征的心理现实性研究[J].语言文字应用,2006(2):66.

[36] 冯敏,韩媛,郭强.聋生汉语词汇识别过程中手语激活的实验研究[J].中国特殊教育,2017(11):25-30.

[37] 傅敏.大学语文[M].杭州:浙江工商大学出版社,2014.

[38] 傅敏.中国手语和汉语人体隐喻的认知对比[J].中国特殊教育,2016(7):32.

[39] 傅敏,褚蓓娟.基于认知语言学的聋人手语转喻研究[J].中国特殊教育,2013(10):23-26.

[40] 傅逸亭,梅次开.聋人手语概论[M].上海:学林出版社,1986.

[41] 高宇翔.试论中国手势语和古汉字的相似性[J].绥化学院学报,2017(1):28-30.

[42] 龚群虎.中国聋人语言及语言教育问题[M]//沈玉林,吴安安,褚朝禹.双语聋教育的理论与实践.北京:华夏出版社,2005.

[43] 龚群虎.聋教育中手语和汉语问题的语言学分析[J].中国特殊教育,2009(3):64.

[44] 顾定倩.聋校课程与教学[M].北京:北京师范大学出版社,2011.

[45] 桂诗春.心理语言学[M].上海:上海外语教育出版社,1985.

[46] 桂诗春,宁春岩.语言学研究方法[J].外语教学与研究,1997(3):18.

[47] 国华.威廉姆·斯多基和他的手语语言学研究评介[J].中国特殊教育,2006(2):35.

[48] 国华.自然手语习得与有声语言习得之比较及其启示[J].中国特殊教育,2007(3):21-35.

[49] 国际聋教育协会.2010年世界聋教育大会(ICED)温哥华宣言:走进聋人参与和合作的新时代[EB/OL].(2010-07-22)[2015-11-14].http://www.iced2010.com/.

[50] 国家手语词汇语料库课题组.中国手语词汇语料库[EB/OL].(2016-08-30)[2018-01-10].http://222.192.176.182:8080/main/index1.aspx.

[51] 哈平安.两种不同的手语[J].中国特殊教育,2002(3):42-45.

[52] 哈平安.聋人的语言及其运用与习得[M].长春:吉林文史出版社,2005.

[53] 哈平安,韦小满,李荣,等.聋校学生的书面语言语法意识[J].中国听力语言康复科学杂志,2004(3):38-41.

[54] 何晓炜,孙蓝,田琳.汉语特殊型语言障碍儿童体标记"了"和"在"的产出研究[J].外语教学,2013(2):27-32.

[55] 贺荟中.聋人阅读研究进展与动态[J].中国特殊教育,2004(5):54.

[56] 贺荟中.聋生与听力正常学生语篇理解过程的认知比较[M].上海:复旦大学出版社,2004.

[57] 贺荟中.汉语聋童对汉字结构中语音线索的意识及其发展[J].西北师大学报(社会科学版),2012(4):75-79.

[58] 贺荟中,贺利中.聋生篇章阅读过程的眼动研究[J].中国特殊教育,2007(11):31-35.

[59] 贺荟中,孙彬彬.不同阅读能力聋人语篇理解中连接推理的眼动比较[J].心理与行为研究,2014(4):447-453.

[60] 洪卡娜.上海手语类标记调查与研究[D].上海:复旦大学,2008.

[61] 侯香勤.英语专业学生词汇习得认知策略及其训练研究[J].外国语文,2011(2):128-130.

[62] 黄甫全.关于教学、课程等几个术语含义的中外比较辨析[J].课程·教材·教法,1993(7):54-57.

[63] 黄国文.语篇分析概要[M].长沙:湖南教育出版社,1988.

[64] 黄红燕.关于聋生书面语技能的培养及训练[J].中国特殊教育,

2004(4):26-29.

[65]黄玉枝.开启聋人参与和合作的新世纪:第21届世界聋人教育会议(ICED)倡议的省思[J].南屏特殊教育,2010(1):101-110.

[66]季佩玉,黄昭明.聋校语文教学法[M].上海:华东师范大学出版社,2006.

[67]贾秀云,张海燕,王玉华.聋童语法能力现状剖析与教学对策[J].中国听力语言康复科学杂志,2005(2):33.

[68]江桂英,李恒.认知隐喻视阈下的手语研究述评[J].中国特殊教育,2011(12):39-42.

[69]江新,赵果.初级阶段外国留学生汉字学习策略的调查研究[J].语言教学与研究,2001(4):10-17.

[70]姜诚.上海手语禁忌语的调查研究[D].上海:复旦大学,2014.

[71]金慧媛,严菁琦,刘海涛.从聋生写作中考察"不"和"没(有)"的习得过程[J].中国特殊教育,2013(8):42-47.

[72]看世界走天涯.旅游英语汉语轻松学[EB/OL].(2017-12-17)[2018-09-06].http://www.iqiyi.com/w_19rtvq1ogt.html.

[73]雷江华,张凤琴,方俊明.字词条件下聋生唇读汉字语音识别的实验研究[J].中国特殊教育,2004(11):37-39.

[74]黎红.汉字识别中的部件加工:错觉性结合实验的证据[J].心理科学,1999(3):213-217.

[75]李德高.青少年聋生的概念结构:一项语言与认知关系的实验研究[M].广州:暨南大学出版社,2010.

[76]李德高.语义表征双语共享性新解[J].浙江大学学报(人文社会科学版),2017(4):104-116.

[77]李德高,张积家.青少年聋生的概念关系模式[J].南京师范大学文学院学报,2018(3):17-25.

[78]李德高,张积家,何维维,等.聋青少年分类学联系概念词词汇联想[J].中国特殊教育,2009(12):28-31.

[79]李德高,张积家.先天聋人的语音、正字法意识和概念知识结构[J].心理科学进展,2006(3):354.

[80]李恒.手语语言学方法论研究综述[J].中国特殊教育,2012(6):23.

[81]李恒,曹宇.第二语言水平对双语者语言抑制能力的影响:来自英语—汉语单通道双语者和英语—美语手语双通道双语者的证据

[J].心理学报,2016(4):331-342.

[82] 李恒,吴玲.手语语料库建设基本方法[J].中国特殊教育,2013(3):37-40.

[83] 李恒,吴铃.中国手语情感隐喻的认知研究[J].语言文字应用,2013(4):55-61.

[84] 李恒,吴玲.手语诗歌研究综述[J].中国特殊教育,2014(4):32-35.

[85] 李恒,吴铃.手语语言学和认知语言学的双向性研究综述:以象似性为例[J].中国特殊教育,2014(7):26-29.

[86] 李恒,吴玲.中国手语空间指代的语篇衔接作用[J].中国特殊教育,2015(5):39-43.

[87] 李恒,吴铃,吾根卓嘎.西藏手语时间隐喻和转喻的认知研究[J].中央民族大学学报(哲学社会科学版),2013(6):160-164.

[88] 李俊宏,丁国盛.手语和口语理解及产生的脑机制对比[J].心理科学进展,2013(9):1560-1569.

[89] 李讷,石毓智.论汉语体标记诞生的机制[J].中国语文,1997(2):82-96.

[90] 李然辉.香港手语的否定式[J].当代语言学,2011(2):109-115.

[91] 李世之.关于阅读教学的几点思考[J].世界汉语教学.1997(1):79.

[92] 李线宜.上海手语类标记结构调查研究[D].上海:复旦大学,2010.

[93] 李向农,周国光,孔令达.1—5岁儿童运用方位句及方位介词情况的调查分析[J].心理科学,1992(3):49-51.

[94] 梁丹丹,刘秋凤.聋生汉语构词偏误的描写与统计分析[J].中国特殊教育,2008(12):41-46.

[95] 林宝贵.沟通障碍:理论与实务[M].台北:心理出版社,2011.

[96] 凌叔华.小哥儿俩[M].北京:中国国际广播出版社,2013.

[97] 刘德华.聋生书面语中动词及相关成分的异常运用[J].中国特殊教育,2002(2):43-46.

[98] 刘鸿宇.类型学视角下的手语代词系统研究[J].中国特殊教育,2013(5):21-25.

[99] 刘鸿宇.上海手语动词的"体"语法范畴研究[J].中国特殊教育,2015(5):33-38.

[100] 刘鸿宇,曹阳,付继林.中国手语动词隐喻调查研究[J].中国特殊

教育,2018(12):29-33.

[101] 刘杰,卢海丹.聋生语法错误类型调查报告及分析[J].中国听力语言康复科学杂志,2007(4):60.

[102] 刘鹏.现代汉语强调表达研究[D].哈尔滨:黑龙江大学,2012.

[103] 刘卿.九年制聋校毕业生书面语言能力发展研究:以南京特教学院2007—2009年聋生语文升学试卷分析为例[J].中国特殊教育,2010(6):29-34.

[104] 刘颂浩.阅读课上的词汇训练[J].世界汉语教学,1999(4):13-14.

[105] 刘颂浩.关于在语境中猜测词义的调查[J].汉语学习,2001(1):45.

[106] 刘颂浩.汉语阅读教学研究[M].北京:北京语言大学出版社,2016.

[107] 刘珣."结构—功能—文化相结合"的汉语教学理念再思考[J].国际汉语教学研究,2014(6):20.

[108] 聋人高中课程标准亟待统一[J].中国残疾人,2016(7):7.

[109] 卢福波.对外汉语教学实用语法[M].北京:北京语言大学出版社,2011.

[110] 鲁川,缑瑞隆,刘钦荣.交易类四价动词及汉语谓词配价的分类系统[J].汉语学习,2000(6):9.

[111] 陆俭明.配价语法理论和对外汉语教学[J].世界汉语教学,1997(1):3-4.

[112] 鹿士义.母语为拼音文字的学习者汉字正字法意识发展的研究[J].语言教学与研究,2002(3):53-57.

[113] 罗琼.上海手语口动调查报告[D].上海:复旦大学,2010.

[114] 吕必松.关于教学内容与教学方法问题的思考[J].语言教学与研究,1990(2):12.

[115] 吕必松.对外汉语教学概论(讲义)(续十五)[J].世界汉语教学.1996(2):71.

[116] 吕必松.对外汉语教学概论(讲义)(续十六)[J].世界汉语教学.1996(4):74.

[117] 吕必松.汉语与汉语作为第二语言教学[M].北京:北京大学出版社,2010.

[118] 吕会华.聋人和留学生汉语生造词比较研究[J].中国听力语言康

复科学杂志,2008(5):43-45.

[119] 吕会华.第二语言习得理论与聋人汉语教学[J].毕节学院学报, 2014(3):50.

[120] 吕会华.中国手语和汉语句法比较:以两类简单句和关系从句为例 [J].北京联合大学学报,2017(1):19.

[121] 吕会华,刘辉.基于 ELAN 软件的中国手语语料库建设研究与实 践[J].中国听力语言康复科学杂志,2014(4):298-301.

[122] 吕叔湘.吕叔湘语文论集[M].北京:商务印书馆,1983.

[123] 吕叔湘.句型和动词学术讨论会开幕词[M]//中国社会科学院语 言研究所现代汉语研究室.句型和动词.北京:语文出版社,1987.

[124] 吕叔湘.中国人学英语[M].北京:中国社会科学出版社,2005.

[125] 马冬梅.口语非流利产出分类体系研究[J].外语与外语教学,2012 (4):30-34.

[126] 毛赛群.西安聋人自然手语句法研究[D].西安:陕西师范大 学,2015.

[127] 梅次开.上海市 1999 年聋校初中毕业生语文阅读能力的测试与分 析[J].特殊教育研究,2000(3):32-35.

[128] 梅芙生.对我国聋人语言教学法的沉思[J].教育科学,1999(3): 44-47.

[129] 倪兰.中国手语动词研究[M].上海:上海大学出版社,2015.

[130] 倪文锦.我看工具性与人文性[J].语文建设,2007(7-8):6-7.

[131] 欧纳.与中国聋校的沟通和合作:中挪手语双语教育的合作经验 [J].中国特殊教育,2009(4):59-69.

[132] 潘梅英,郭加.聋校"沟通与交往"课程教学的实践思考[J].现代特 殊教育,2017(7):30.

[133] 庞佳.论手语与舞蹈交融现象研究的逻辑起点[J].北京舞蹈学院 学报,2015(5):42-45.

[134] 彭聃龄.汉语认知研究[M].济南:山东教育出版社,1997.

[135] 彭聃龄,谭力海.语言心理学[M].北京:北京师范大学出版 社,1991.

[136] 彭盈雪,张金.聋校语文教师课堂手语运用现状研究:以唐山市某 特殊学校为例[J].绥化学院学报,2018(4):32-36.

[137] 亓文香.语块理论在对外汉语教学中的应用[J].语言教学与研究,

2008(4):54.

[138] 锜宝香.儿童语言障碍:理论、评量与教学[M].台北:心理出版社,2013.

[139] 邱云峰,姚登峰,李荣,等.中国手语语言学概论[M].北京:中国国际广播出版社,2018.

[140] 人民教育出版社课程教材研究所.义务教育语文课程标准(2011年版)[EB/OL].(2018-03-31)[2018-06-03].http://old.pep.com.cn/xiaoyu/jiaoshi/tbjx/kbjd/kb2011/.

[141] 任媛媛,赵晓驰.国外手语语料库设计及启示[J].现代特殊教育,2016(14):77-80.

[142] 任媛媛,赵晓驰.国外手语语料库的基本标注[J].现代特殊教育,2017(10):38-41.

[143] 商海静.小学高年级学生错别字现象的调查研究[D].济南:山东师范大学,2012.

[144] 沈玉林,吴安安,褚朝禹.双语聋教育的理论与实践[M].北京:华夏出版社,2005.

[145] 沈玉林,赵锡安.中国手语语素分析[M].北京:华夏出版社,1999.

[146] 斯滕伯格.认知心理学[M].杨炳钧,陈燕,邹枝玲,译.北京:中国轻工业出版社,2006.

[147] 宋永宁,杜晓新,黄昭鸣,等.组织策略及其对聋校语文阅读教学的启示[J].中国特殊教育,2007(1):22-25.

[148] 苏培成.二十世纪的现代汉字研究[M].太原:书海出版社,2001.

[149] 苏新春.文化语言学教程[M].北京:外语教学与研究出版社,2006.

[150] 孙联群.聋校教学手语使用中应注意的问题[J].现代特殊教育,2018(2):65-67.

[151] 孙雨圻,陈穗清,张积家.听觉通道缺失和使用手语对聋生时间空间隐喻的影响[J].中国特殊教育,2012(10):20-26.

[152] 唐承贤.第二语言习得研究中的语言学视野[M].广州:世界图书出版广东有限公司,2014.

[153] 唐思婧.针对泰国学生初级汉语学习形近字的教学探讨[D].成都:四川师范大学,2014.

[154] 田林伟,李晗静,李飞,等.汉语新词语在聋人中认知度的调查研究

[J].北京联合大学学报,2016(2):27-30.

[155] 田延明,王淑杰.心理认知理论与外语教学研究[M].北京:北京大学出版社,2010.

[156] 佟乐泉,李文馥,冯申禁,等.笔画繁简和词性差别对初识字儿童识记汉字的影响[J].心理学报,1979(2):206.

[157] 王晨燕.上海手语数量表达调查报告[D].上海:复旦大学,2009.

[158] 王春茂,彭聃龄.合成词加工中的词频、词素频率及语义透明度[J].心理学报,1999(3):266-267.

[159] 王姣艳.从聋校学生的书面语谈其语言能力与教育对策[J].中国特殊教育,2004(7):17-20.

[160] 王静.中国聋人自然手语和古代汉语之比较[J].中国特殊教育,2008(2):35-38.

[161] 王丽.中年段小学生错别字现象的调查研究:以 M 市 S 小学为例[D].芜湖:安徽师范大学,2017.

[162] 王铭玉.二十一世纪语言学的八大发展趋势(中)[J].解放军外国语学院学报,1999(5):4.

[163] 王乃怡.听力正常人与聋人短时记忆的比较研究[J].心理学报,1993(1):9-16.

[164] 王瑞明,杨静,李利.第二语言学习[M].上海:华东师范大学出版社,2016.

[165] 王守仁.坚持科学的大学英语教学改革观[J].外语界,2013(6):10-11.

[166] 王松茂.汉语时体范畴论[J].齐齐哈尔师范学院学报(哲学社会科学版),1981(6):65-76.

[167] 王甦,汪安圣.认知心理学[M].北京:北京大学出版社,2010.

[168] 王素芳,任红波,刘志印.语前聋儿童人工耳蜗植入后听觉言语康复效果相关因素分析[J].听力学及言语疾病杂志,2015(4):394-396.

[169] 王寅.认知语言学[M].上海:上海外语教育出版社,2006.

[170] 王玉玲,王晨华.聋生汉语言学习问题及各学科汉语言能力培养[M].北京:知识产权出版社,2018.

[171] 温晓虹.汉语作为第二语言的习得与教学[M].北京:北京大学出版社,2012.

[172] 文旭.认知语言学:诠释与思考[J].外国语,2001(2):30.

[173] 吴彩娟.学龄初期聋童与健听儿童汉字学习心理的实验研究[D].大连:辽宁师范大学,2001.

[174] 吴铃.汉语手语语法研究[J].中国特殊教育,2005(8):15-22.

[175] 吴铃.手语语法和汉语语法的比较研究:寻找聋人失落的书面语[J].中国特殊教育,2006(8):51-52.

[176] 吴铃,李恒.中国手语中的时间空间隐喻[J].中国特殊教育,2012(12):25-29.

[177] 吴铃,李恒.手语代词系统研究综述[J].中国特殊教育,2013(9):21-22.

[178] 吴晓波.上海手语否定形式调查报告[D].上海:复旦大学,2013.

[179] 肖晓燕.欧美手语语言学研究[J].中国特殊教育,2011(8):41-42.

[180] 小天鹅故事会.古埠情怀,岁月遗落的碎片,中国的瓷都景德镇[EB/OL].(2018-07-20)[2018-9-12].https://baijiahao.baidu.com/s? id=16064211695834461157&wfr=spider&for=pc&qq-pf-to=pcqq.c2c.

[181] 谢福.基于语料库的留学生"是……的"句习得研究[J].语言教学与研究,2010(2):17-24.

[182] 熊仲儒."是……的"的构件分析[J].中国语文,2007(4):321-330.

[183] 徐彩华.汉字认知与汉字学习心理研究[M].北京:知识产权出版社,2010.

[184] 徐小飞.聋校语文教师课堂语言现状分析[J].现代特殊教育,2014(9):15-16.

[185] 许保生,傅敏.聋人文化视角下手语的省略现象及其语言学分析[J].残疾人研究,2015(1):31-33.

[186] 杨军辉.中国手语和汉语双语教育初探[J].中国特殊教育,2002(1):25.

[187] 杨坤堂.书写语文学习障碍[M].台北:心理出版社,2009.

[188] 姚登峰,江铭虎,阿布力孜,等.中国手语信息处理述评[J].中文信息学报,2015(5):217-227.

[189] 姚剑鹏.自然言语自我重复研究[J].外国语文,2010(5):53-57.

[190] 叶立言.聋校语言教学[M].北京:光明日报出版社,1990.

[191] 叶盼云,吴中伟.外国人学汉语难点释疑[M].北京:北京语言大学

出版社,2008.

[192] 衣玉敏.上海手语的语音调查报告[D].上海:复旦大学,2008.

[193] 衣玉敏.港台手语语言学研究概况[J].金陵科技学院学报(社会科学版),2009(2):72.

[194] 尤浩杰.笔画数、部件数和拓扑结构类型对非汉字文化圈学习者汉字掌握的影响[J].世界汉语教学,2003(2):75.

[195] 游顺钊,徐林.基本手势序和词序共性所受的制约[J].国外语言学,1986(2):55-62.

[196] 游顺钊.视觉语言学[M].台北:大安出版社,1991.

[197] 游顺钊.手势创造与语言起源:离群聋人自创手语调查研究[M].北京:语文出版社,2013.

[198] 于勤.聋校语文阅读与写作教学指导[M].北京:中国轻工业出版社,2016.

[199] 于松梅,钟玲.美国聋人文化略观[J].中国残疾人,2007(2):54.

[200] 于秀金.跨语言时一体的编码类型与认知理据[J].北京第二外国语学院学报,2016(4):42.

[201] 袁茵,张宁生.听觉障碍中学生汉语阅读辅助策略研究[J].中国特殊教育,2006(1):41-44.

[202] 苑春法,黄昌宁.基于语素数据库的汉语语素及构词研究[J].世界汉语教学,1998(2):7-8.

[203] 张道行,刘永祥,杨和钧,等.年龄对语前聋儿人工耳蜗植入听觉言语康复效果的影响[J].听力学及言语疾病杂志,2002(2):113-114.

[204] 张帆.基于语料库的高职聋生程度副词使用偏误分析:以"很、更、最、极"为例[J].现代特殊教育,2013(5):35-37.

[205] 张帆.通用手语建设与地方手语保护的思考[J].现代特殊教育,2016(16):64-68.

[206] 张帆.指尖上的吟唱:手语歌曲的文化源流与艺术特征[J].浙江艺术职业学院学报,2017(1):90-96.

[207] 张帆.高职聋生仿写作文教学行动研究[J].残疾人研究,2012(2):45-48.

[208] 张帆.浙江中高职聋生汉字偏误语料库的建设[J].教育评论,2013(2):120-122.

［200］张帆.中国台湾国文教科书对残疾人群体的关注研究:以康轩版教科书为例[J].教育与教学研究,2015(9):5-8.

［210］张帆.国内近年来聋人学生汉语书面语句法研究述评[J].长春大学学报,2015(11):133-136.

［211］张帆.认知视角下手语与汉语体标记比较[J].绥化学院学报,2018(7):28-31.

［212］张帆,卢苇.无声的绽放:走近聋人文化[M].杭州:浙江大学出版社,2017.

［213］张帆,卢苇.认知视角下浙江聋人地名手语造词策略调查[J].北京联合大学学报,2019(2):71-79.

［214］张华.课程与教学论[M].上海:上海教育出版社,2000.

［215］张会文,吕会华,吴铃.聋人大学生汉语课程的开发[M].北京:华夏出版社,2009.

［216］张积家.青少年聋生的概念结构[M].广州:暨南大学出版社,2010.

［217］张积家.语言关联性理论:语言影响认知[N].中国社会科学报,2015-11-03(3).

［218］张积家,陈磊,陈穗清.语言符号的象似性对手语具体名词语义加工的影响[J].语言文字应用,2013(1):89-98.

［219］张积家,李德高,吴雪云.青少年聋生的分类学联系[J].心理学报,2008(11):1178-1189.

［220］张积家,芦松敏,方燕红.聋人大学生的空间概念及其组织[J].中国特殊教育,2010(1):28-31.

［221］张吉生.上海手语音系[M].上海:华东师范大学出版社,2019.

［222］张凯.汉语构词基本字的统计分析[J].语言教学与研究,1997(1):42-47.

［223］张茂林.听觉障碍学生阅读策略及相关干预[M].南京:南京师范大学出版社,2016.

［224］张茂林,杜晓新.基于眼动分析的聋人大学生理解监控能力研究[J].中国特殊教育,2012(7):49-54.

［225］张宁生.教学实践中耳聋儿童学习语言的某些特点[J].心理学报,1980(4):390-396.

［226］张宁生.手语翻译概论[M].郑州:郑州大学出版社,2009.

[227] 张荣兴.台湾手语地名电子数据库[EB/OL].(2011-08-26)[2018-01-25]. http://signlanguage. ccu. edu. tw/name/placenames _ database. php.

[228] 张荣兴.台湾手语姓氏电子数据库[EB/OL].(2011-08-26)[2018-01-25]. http://signlanguage. ccu. edu. tw/name/familynames _ database. php.

[229] 张馨月.小学中年段学生错别字现象调查及对策研究:基于对锦州市某小学的调查[D].锦州:渤海大学,2018.

[230] 章熊,张彬福,王本华.中学生言语技能训练[M].北京:人民教育出版社,2006.

[231] 张谊生.30 年来汉语虚词研究的发展趋势与当前课题[J].语言教学与研究,2016(3):74-82.

[232] 赵凤陆,印邦枝.合理运用两类手语 提高聋校古诗教学实效[J].绥化学院学报,2017(10):48-50.

[233] 赵锡安.聋人双语双文化教学研究[M].北京:华夏出版社,2004.

[234] 赵晓驰.科学认识中国手语,努力提高应用水平[J].现代特殊教育,2016(11):40.

[235] 赵杨.第二语言习得[M].北京:外语与教学研究出版社,2015.

[236] 赵永峰.《时、体与认识情态的认知研究》述介[J].外语教学与研究,2013(1):148-149.

[237] 浙江省社会科学界联合会,浙江新闻频道.守望文化家园,传承历史文脉[EB/OL].(2018-02-11)[2018-09-09]. https://baijiahao. baidu. com/s? id = 15921089421545507873&wfr = spider&for = pc.

[238] 郑璇.浅论手语对聋儿主流语言学习的影响[J].中国听力语言康复科学杂志,2004(1):51-53.

[239] 郑璇.中国聋人手语的语言地位[D].武汉:武汉大学,2005.

[240] 郑璇.中国手语中的比喻和借代:兼谈手语如何表达非视觉概念[J].中国特殊教育,2010(2):4-8.

[241] 郑璇.双语聋教育中的语言学问题[J].听力学及言语疾病杂志,2011(5):449.

[242] 郑璇,戴旭芳.提升聋生《大学语文》课堂教学有效性的思考[J].绥化学院学报,2014(6):131.

[243] 中国残疾人联合会. 2010 年末全国残疾人总数及各类、不同残疾等级人数统计情况[EB/OL]. (2012-06-26)[2018-03-04]. http://www. cdpf. org. cn/sytj/content/2012-06/26/content_30399867. html.

[244] 中国残疾人联合会教育就业部,中国聋人协会. 中国手语[M]. 北京:华夏出版社,2003.

[245] 中国社会科学院语言研究所词典编撰室. 现代汉语词典[M]. 7 版. 北京:商务印书馆,1997.

[246] 中华人民共和国教育部. 第二期特殊教育提升计划(2017-2020 年)[EB/OL]. (2017-07-18)[2018-06-06]. http://www. moe. gov. cn/srcsite/A06/s3331/201707/t20170720_309687. html.

[247] 中华人民共和国教育部. 关于发布《盲、聋、培智义务教育课程标准(2016 年版)》的通知[EB/OL]. (2016-12-01)[2018-06-05]. http://www. moe. gov. cn/srcsite/A06/s3331/201612/t20161213 _291722. html.

[248] 中华人民共和国教育部. 聋校义务教育课程标准(2016 年版)[EB/OL]. (2016-12-13)[2018-06-03]. http://www. moe. gov. cn/srcsite/A06/s3331/201612/W020161213303084460898. pdf.

[249] 中华人民共和国教育部. 聋校义务教育课程设置实验方案[EB/OL]. (2007-02-02)[2018-10-01]. http://old. moe. gov. cn/publicfiles/business/htmlfiles/moe/s3331/201112/xxgk_128271. html.

[250] 周改丽. 聋人性知识手语调查报告[M]//第七届世界手语大会论文选. 郑州:郑州大学出版社,2014.

[251] 周红. 语篇知识建构与对外汉语写作教学研究[M]. 上海:上海人民出版社,2016.

[252] 周健. 语块在对外汉语教学中的价值与作用[J]. 暨南学报(哲学社会科学版),2007(1):99.

[253] 周明强. 试论语境策略在语文教学中的运用[J]. 浙江教育学院学报,2003(3):94.

[254] 周小兵. 介词的语法性质和介词研究的系统方法[J]. 中山大学学报(社会科学版),1997(3):109-115.

[255] 周小兵,朱其智,邓小宁. 外国人学汉语语法偏误研究[M]. 北京:

北京语言大学出版社,2017.

[256] 朱德熙. 语法讲义[M]. 北京:商务印书馆,1982.

[257] 朱永生,郑立信,苗兴伟. 英汉语篇衔接手段对比研究[M]. 上海:上海外语教育出版社,2001.

[258] Andrews J F, Leigh I W, Weiner M T. 失聪者心理、教育及社会转变中的观点[M]. 陈小娟,邢敏华,译. 台北:心理出版社,2016.

[259] Hickok G, Bellugi U, Klima E S. 人脑如何处理语言[J]. 秦心月,译. 科学,2001(9):38-45.

[260] Siegler R, Alibali M W. 儿童认知发展:概念与应用[M]. 台北:心理出版社,2013.

[261] Albertini J A, Marschark M, Kincheloe P J. Deaf students' reading and writing in college: fluency, coherence, and comprehension[J]. Journal of Deaf Studies and Deaf Education, 2016, 21:303-309.

[262] Allman T M. Patterns of spelling in young deaf and hard of hearing students[J]. American Annals of the Deaf, 2002(1): 46-64.

[263] Ardila A. There are two different language systems in the brain [J]. Journal of Behavioral and Brain Science,2011(1):23-26.

[264] Arfé B, Boscolo P. Causal coherence in deaf and hearing students' written narratives[J]. Discourse Processes,2006,42:271-300.

[265] Auerbach E R, Paxton D. "It's not the English thing": bringing reading research into the ESL classroom[J]. Tesol Quarterly, 1997(2):246.

[266] Battison R. Lexical borrowing in American sign language[M]. Silver Spring, MD: Linstok Press,1978.

[267] Bialystok E. The role of conscious strategies in second language proficiency [J]. The Modern Language Journal,1981,65:24-35.

[268] Bishop M. Language development in exceptional circumstances [M]. East Sussex: Psychology Press, 2000.

[269] Cain K, Oakhill J, Lemmon K. Individual differences in the inference of word meanings from context: the influence of reading comprehension, vocabulary knowledge, and memory capacity[J].

Journal of Educational Psychology,2004,96:671-681.

[270] Campbell R, Burden V, Wright H. Spelling and speaking in prelingual deafness: unexpected evidence for isolated "alphabetic" spelling skills [J]. Psychology, Spelling and Education, 1992: 185-199.

[271] Campbell R, Wright H. Deafness, Spelling and rhyme: how spelling supports written word and picture rhyming skills in deaf subjects[J]. The Quarterly Journal of Experiments Psychology, 1988 (4):771-788.

[272] Clahsen H, Felser C. Grammatical processing in language learner [J]. Applied Psycholinguistics,2006,27(1):3-42.

[273] Coerts J. Constituent order in sign language of the Netherlands [R]// Brennan M,Turner G. Word order issues in sign language: working papers (presented at a workshop held in Durham 18-22 September 1991). Durham: ISLA,1994:47-71.

[274] Croft W. Typology and universals [M]. Cambridge: Cambridge University Press,2003.

[275] De Carli F, Dessi B, Mariani M, et al. Language use affects proficiency in Italian-Spanish bilinguals irrespective of age of second language acquisition [J]. Bilingualism: Language and Cognition,2015, 18(2):324-339.

[276] Dong Y,Gui S,Macwhinney B. Shared and separate meanings in the bilingual mental lexicon [J]. Bilingualism: Language and Cognition,2005,8(3):221-238.

[277] Ducharme D A, Arcand I. How do deaf signers of LSQ and their teachers construct the meaning of a written text? [J]. Journal of Deaf Studies and Deaf Education,2011(1):47-65.

[278] Ferretti T R,Mcrae K,Hatherell A. Integrating verbs, situation schemas, and thematic role concepts[J]. Journal of Memory and Language, 2001, 44(4):516-547.

[279] Flaherty M, Moran A P. An investigation of the Stroop effect among deaf signers in English and Japanese: automatic processing or memory retrieval? [J]. American Annals of the Deaf,2007,

152:283-290.

[280] Foucart A，Frenck-Mestre C. Grammatical gender processing in L2：electrophysiological evidence of the effect of L1-L2 syntactic similarity[J]. Bilingualism：Language and Cognition,2011(14)：379-399.

[281] Friedmann N，Szterman R. Syntactic movement in orally trained children with hearing impairment[J]. Journal of Deaf Studies and Deaf Education,2006(1):56-75.

[282] Galaburda A M. From reading to neurons[M]. Cambridge：MIT Press,1989.

[283] Gallaudet E M. The value of the sign-language to the deaf[J]. American Annals of the Deaf,1997(3):27-30.

[284] Gaustad M G,Kelly R R,Payne J A. Deaf and hearing students' morphological knowledge applied to printed English[J]. American Annals of the Deaf,2002(5):5-21.

[285] Goldin-Meadow S，Mylander C. Spontaneous sign systems created by deaf children in two cultures[J]. Nature,1998,391:279-281.

[286] Hanson V L，Fowler C A. Phonological coding in word reading：evidence from hearing and deaf readers [J]. Memory and Cognition,1987(3):199-207.

[287] Hirotani M，Frazier L，Rayner K. Punctuation and intonation effects on clause and sentence wrap-up：evidence from eye movements[J]. Journal of Memory and Language, 2006, 54:425-443.

[288] Hofmeister P. Representational complexity and memory retrieval in language comprehension [J]. Language and Cognitive Processes,2011, 26:376-405.

[289] Holt J A. Classroom attributes and achievement test scores for deaf and hard of hearing students[J]. American Annals of the Deaf,1994(4):430-437.

[290] Humphries T，Padden C，O'rourke T J. A basic course in American sign language[M]. T. J. Publishers, 1981.

[291] Kellerman E. Towards a characterization of the strategies of

transter in second language learning[J]. Interlanguage Studies Bulletin,1977:258-145.

[292] Kelly L. The interaction of syntactic competence and vocabulary during reading by deaf students[J]. Journal of deaf studies and deaf education,1996(1):75-90.

[293] Kennison S M, Sieck J P, Briesch K A. Evidence for a late-occurring effect of phoneme repetition during silent reading [J]. Journal of Psycholinguistic Research,2003, 32:297-312.

[294] Kimmelman V. Word order in Russian Sign Language: an extended report[J]. Linguistics in Amsterdam,2012(5): 38-72.

[295] Lado R. Linguistics across cultures: applied linguistics for language teachers [M]. Ann Arbor: University of Michigan Press,1957.

[296] Langacker R W. Grammar and Conceptualization[M]. Berlin: Mouton de Gruyter, 1999.

[297] Lederberg A R, Schick B, Spencer P E. Language and literacy development of deaf and hard-of-hearing children: successes and challenges[J]. Developmental Psychology,2013, 49:15-30.

[298] Li C N. Subject and topic[M]. New York: Academic Press,1976.

[299] Li C N. Word order and word order change [M]. Texas: University of Texas Press,1975.

[300] Li D G, Yi K, Kim J Y. Korean deaf adolescents' recognition of written words for taxonomic categories of different levels[J]. Scandinavian Journal of Psychology,2011,52:112.

[301] Li D G,Gao K J,Wu X Y, et al. A reversed-typicality effect in pictures but not in written words in deaf and hard of hearing adolescents[J]. American Annals of the Deaf, 2015, 160 (1): 48-59.

[302] Li D G, Gao K J, Wu X Y, et al. Deaf and hard of hearing adolescents' processing of pictures and written words for taxonomic categories in a priming task of semantic categorization [J]. American Annals of the Deaf,2013(4):426-437.

[303] Li D G,Yi K,Kim J Y. Korean deaf adolescents' recognition of

written words for taxonomic categories of different levels[J]. Scandinavian Journal of Psychology,2011,52:105-112.

[304] Li D G, Zhang X N, Wang G Y. Senior Chinese high school students' awareness of thematic and taxonomic relations in L1 and L2[J]. Bilingualism: Language and Cognition, 2011, 14 (4): 444-457.

[305] Luka B J, van Petten C. Prospective and retrospective semantic processing: prediction, time, and relationship strength in event-related potentials[J]. Brain and Language,2014, 135:115-129.

[306] Marschar M, Clark M D. Psychological perspectives on deafness [M]. Mahwah, NJ:Lawerence Erlbaum,1992.

[307] Marschark M, Lang H G, Albertini J A. Educating deaf students: from research to practice [M]. New York: Oxford University Press,2002.

[308] Marschark M, Sapere P, Convertino C M, et al. Are deaf students' reading challenges really about reading? [J]. American Annals of the Deaf,2009,154(4):354-370.

[309] Marschark M,Convertino C,McEvoy C,et al. Organization and use of the mental lexicon by deaf andhearing individuals[J]. American Annuals of the Deaf,2004(1):51-61.

[310] Marschark M,Lang H G,Albertini J A. Educating deaf students: from research to practice[M]. New York: Oxford University Press,2002.

[311] Mayer C. Issues in second language literacy education with learners who are deaf[J]. International Journal of Bilingual Education and Bilingualism,2009(3):325-334.

[312] O'Malley J M, Chamot A U. Learning strategies in second language acquisition [M]. Shanghai:Foreign Language Education Press,2001.

[313] Ormel E A, Gijsel M A R, Hermans D, et al. Semantic categorization: a comparison between deaf and hearing children [J]. Journal of Communication Disorders,2010,43:347-360.

[314] Oxford R L. Use of language learning strategies: a synthesis of

studies with implications for strategy training System[J]. System, 1989,17:235-247.

[315] Pagliaro C M, Kritzer K L. Discrete mathematics in deaf education: a survey of teachers' knowledge and use[J]. American Annals of the Deaf,2005,150:251-259.

[316] Patterson P. A comparison of deaf and hearing children in visual memory for digits[J]. Journal of Experimental Psychology, 1917 (1):76-88.

[317] Roald I. Norwegian deaf teachers' reflections on their science education: implications for instruction[J]. Journal of Deaf Studies and Deaf Education,2002(1):57-73.

[318] Rosch E H. Cognitive representation of semantic categories[J]. Journal of Experimental Psychology,1975,104:192-233.

[319] Rüschemeyer S A, Zysset S, Friederici A D. Native and non-native reading of sentences: an fMRI experiment [J]. NeuroImage,2006, 31:354-365.

[320] Saito K. Experience effects on the development of late second language learners' oral proficiency[J]. Language Learning,2015, 65:563-595.

[321] Schleper D R. Reading to deaf children: learning from deaf adults [J]. Perspectives in Education and Deafness,1995(13):4-8.

[322] Schwartz B D, Sprouse R A. L2 cognitive states and the full transfer/full access model [J]. Second Language Research,1996, 12(1):40-72.

[323] Shojaei E, Jafari Z, Gholami M. Effect of early intervention on language development in hearing-impaired children[J]. Iranian Journal of Otorhinolaryngology,2016, 28:13-21.

[324] Stokoe W C. Sign language structure[M]. Silver Spring, MD: Linstok Press,1960.

[325] Stokoe W C,Jr. Sign Language structure: an outline of the visual communication systems of the American deaf[J]. Journal of Deaf Studies and Deaf Education,2005(1):3-37.

[326] Sutton-Spence R, Woll E. The Linguistics of British sign

language: an introduction[M]. Cambridge: Cambridge University Press,1999.

[327] Traxler M J, Corina D P, Morford J P, et al. Deaf readers' response to syntactic complexity: evidence from self-paced reading[J]. Memory and Cognition,2014,42:97-111.

[328] van Beijsterveldt L M, van Hell J G. Structural priming of adjective-noun structures in hearing and deaf children[J]. Journal of Experimental Child Psychology,2009,104:179-196.

[329] Whorf B L,Carroll J B. Language,thought,and reality: selected writings of Benjamin Lee Whorf [M]. Cambridge: The MIT Press,2011.

[330] Wilcox S. Symbol and symptom: routes from gesture to signed language[J]. Annual Review of Cognitive Linguistics,2009(1): 89-110.

[331] Wolbers K A, Dostal H M, Bowers L M. "I was born full deaf." Written language outcomes after 1 year of strategic and interactive writing instruction [J]. Journal of Deaf Studies and Deaf Education,2012, 17(1):19-38.

[332] Yi K,Li D G,Park W S, et al. Korean deaf adolescents' awareness of thematic and taxonomic relations among ordinary concepts represented by pictures and written words[J]. Journal of Deaf Studies and Deaf Education,2011,16(3):375-391.

索　引

后　记

　　从普通教育转入特殊教育已近十五年了,这些年一直面向聋生开展汉语教学,教学中感触最深的就是聋生的汉语读写能力普遍低下,而读写能力的滞后又直接影响着他们日后在社会中的生存与发展。如果能通过学校教育提高他们的汉语读写水平,势必将更好地发挥他们的聪明才智,给他们以用武之地,让他们为社会发展做出更多贡献。

　　通过这些年的教学,我体会到,聋教育汉语教学是一种专业性极强的工作,教师需要学习多领域跨学科的知识,要勤于积累,注重反思,对聋生汉语学习中表现出来的问题不仅要"知其然"还应"知其所以然"。作为一名教师,应该从学习者角度出发探索聋生汉语习得过程、认知特点,去发现影响他们语言学习的因素,了解他们学习汉语的方法和策略,只有这样,才能开展有效的教学设计,设计合理的教学流程,选用恰切的教学方法,从而提高教学针对性。

　　书稿撰写过程也是我对多年教学实践的反思、整理过程。本书在撰写过程中,得到浙江外国语学院周明强教授、浙江大学外国语学院李德高教授、浙江工商大学王晓芸博士的指导和帮助,在此深表感谢! 周明强教授是我访学期间的导师,周教授温和亲切,与他的交流总令人有如沐春风之感。李德高教授在心理语言学研究方面造诣颇深,实验研究中他那种务实严谨、一丝不苟的作风深深影响着我,引领着我这个实验研究的门外汉一步步走进聋生汉语认知探索领域,消除我对实验研究的畏惧感。感谢学院 2010—2018 级聋生,没有你们的配合、参与,我不可能完成课题中的大量实验。还要感谢《中国聋人手语 500 例》一书的作者、北京联合大学的吴铃老师和为该书绘制手语图的聋人老师季谦,经两位允许,本书第二章引用了《中国聋人手语 500 例》中的部分图片,季谦老师绘制的手语句子为本书的手语汉语比较研究提供了丰富的图例。此外,本书的成稿也得益于与学院语言教研室袁芯、俞芹、张瑾、韦善贞等同事平日里的切磋交流,感谢这个温暖互助的团队。

限于本人水平和精力,书中的许多观点还显稚嫩,可能还有许多不妥之处。本书的出发点是将自己的所思所学、教学经验与大家分享。我真诚期待着与特教界同行的交流,并诚恳接受大家的批评指正! 我相信,如果语言学界、心理学界、特殊教育界专家能与一线特教教师携手,共同推进聋生汉语认知、习得与教学研究,必将大大提高聋教育汉语教学质量,提高聋生的汉语读写能力! 希望我们一起携手,营造有爱无碍的社会氛围,为帮助聋生学好汉语,融入主流社会尽最大努力!

张 帆

2018 年 11 月